建设与房地产法规

俞洪良　宋坚达　编著

ZHEJIANG UNIVERSITY PRESS
浙江大学出版社
·杭州·

图书在版编目（CIP）数据

建设与房地产法规 / 俞洪良，宋坚达编著. —杭州：
浙江大学出版社，2022.10
ISBN 978-7-308-23070-4

Ⅰ. ①建… Ⅱ. ①俞… ②宋… Ⅲ. ①建筑法－中国
－教材②房地产法－中国－教材 Ⅳ. ①D922.297
②D922.181

中国版本图书馆 CIP 数据核字（2022）第 172975 号

建设与房地产法规

JIANSHE YU FANGDICHAN FAGUI

俞洪良　宋坚达　编著

责任编辑	王　波
责任校对	吴昌雷
封面设计	雷建军
出版发行	浙江大学出版社
	（杭州市天目山路 148 号　邮政编码 310007）
	（网址：http://www.zjupress.com）
排　　版	杭州好友排版工作室
印　　刷	杭州高腾印务有限公司
开　　本	787mm×1092mm　1/16
印　　张	16.75
字　　数	377 千
版 印 次	2022 年 10 月第 1 版　2022 年 10 月第 1 次印刷
书　　号	ISBN 978-7-308-23070-4
定　　价	48.00 元

前　言

中国特色社会主义进入新时代,我国经济已从高速增长转向高质量发展。在此过程中,随着法制化进程的不断推进,在建设与房地产领域,国家先后颁布或修改完善了一系列法律法规,如《中华人民共和国建筑法》《中华人民共和国城乡规划法》《中华人民共和国土地管理法》《中华人民共和国城市房地产管理法》等,这是编著《建设与房地产法规》教材的主要依据。

浙江大学土木工程管理研究所面向土木工程专业研究生、工程管理专业研究生开设"建设与房地产法规"课程已有二十多年了,其间积累了较丰富的教学经验和教学资源,这是编著这一教材的良好基础。

浙江大学十分重视教学工作,鼓励教师在教学、科研和实践的基础上,总结教学及实践经验,吸收最新科研成果,编写各类适用教材。每年通过评审,批准立项若干重点建设教材,给予经费等方面的支持。《建设与房地产法规》就是2020年浙江大学立项建设的教材之一。学校的大力支持是编著这一教材的有力保障。

在编著本教材之前,我们分析了大量已出版的建设与房地产法规等方面的教材的主要内容、知识体系及框架结构,根据有关建设与房地产法规课程教学的要求,经过编者反复讨论和研究,确定了本教材的编写大纲、内容和要求。本书内容包括建设法规概论、基本建设程序法律制度、合同法律制度、建筑法律制度、城乡规划法律制度、土地管理法律制度、城市房地产管理法律制度等。本书通过分析各章的难点、重点,有针对性地改编了中国裁判文书网和北大法宝上公布的相关案例,整理了建设工程与房地产领域专业律师经办的案件,形成各章案例,以期通过一个个真实案例的分析,激发学生的学习热情,并强化学生对相关知识的理解。本书在知识点上注重与国家各类执业资格考试相关内容的衔接,是一本内容丰富、体系完整、有较强理论性与实用性的建设与房地产法规方面的教材。

本书第一、二章由俞洪良编写,第三、四章由俞洪良、宋坚达、俞锦东、窦颖东、陈佳络、郑雨婷、邢科烨编写,第五章由俞洪良、宋坚达、郑雨婷、周凯悦编写,第六、七章由俞洪良、宋坚达、窦颖东、俞锦东、郑雨婷、邢科烨编写,全书由俞洪良统一审阅、定稿。在本书的编著过程中,宋坚达提供了大量的案例素材,郑雨婷、周凯悦、王哲、邢科烨等在文字录入、图表制作、文字校核等方面做了大量工作,浙江大学出版社的王波老师在教材的体例、篇幅控制等方面提出了很多有益的建议。在此,对所有关心和帮助本书出版的同志表示衷心的感谢。另外,本书的编著是在参阅了大量的文献资料的基础上进行的,我们对这些文献资料的作者表示最诚挚的谢意。由于编者水平有限,错误与疏漏之处在所难免,敬请读者批评指正。

编者

2022 年 3 月于求是园

目 录

CONTENTS

第一章　建设法规概论

第一节　概　述

本章课件

一、建设法规的概念和调整对象

（一）建设法规的概念

建设法规是指国家立法机关或其授权的行政机关制定的旨在调整国家及其有关机构、企事业单位、社会团体、公民之间在建设活动中或建设行政管理活动中发生的各种社会关系的法律、法规的统称。它包含了全国人民代表大会及其常务委员会所颁布的法律、国务院颁布的调整工程建设活动的行政法规、地方人民代表大会及其常务委员会颁发的地方性法规、国务院部委颁发的部门规章、有法规制定权的地方人民政府颁发的地方规章等。它纵向涵盖了工程建设主要阶段，横向涉及了各个主要建设阶段的主要环节。

（二）建设法规的调整对象

建设法规的调整对象是在建设活动中所发生的各种社会关系。

1. 建设活动中的行政管理关系

建设活动中的行政管理关系是国家及其建设行政主管部门同建设单位、设计单位、施工单位及其他有关单位（如中介服务机构）之间发生的相应的管理与被管理关系。它包括两个相互关联的方面：一方面是规划、指导、协调与服务；另一方面是检查、监督、控制与调节。其中不但要明确各种建设行政管理部门相互间及内部各方面的责权利关系，还要科学地建立建设行政管理部门同各类建设活动主体及中介服务机构之间规范的管理关系，这些都必须纳入法律调整范围，由有关的建设工程法规来调整。如《建设工程质量管理条例》就规定了建设单位、勘察设计单位、施工单位以及监理单位的质量责任和义务，并规定由国务院建设行政主管部门和县级以上地方人民政府对上述单位的建设工程质量行为进行监督和管理。

2. 建设活动中的经济协作关系

在各项建设活动中，各种经济主体为了自身的生产和生活需要，或为了实现一定的经济利益或目的，必须寻求协作伙伴，随即发生相互间的经济协作关系。

建设活动中的经济协作关系是一种平等自愿、互利互助的横向协作关系，一般应当以建设合同的形式确定。建设合同关系大多具有较强的格式性，这是由建设活动的建设关系自身特点所决定的。在建设活动中,各个经济活动主体为了自身的经济利益,在建设工程法规允许的范围内建立经济协作关系,如勘察设计单位与建设单位的勘察、设计合同关系,建筑安装企业与建设单位的工程施工合同关系等。

3. 建设活动中的民事关系

建设活动中的民事关系是指因从事建设活动而产生的国家、法人、公民之间的民事权利与民事义务关系。主要包括:在建设活动中发生的有关自然人的损害、侵权、赔偿关系,建设领域从业人员的人身和经济权利保护关系,房地产交易中买卖、租赁等产权关系,土地征用、房屋拆迁导致的拆迁安置关系,等等。建设活动中的民事关系既涉及国家社会利益,又关系着个人的权益,因此必须按照《中华人民共和国民法典》(以下简称《民法典》)和建设工程法规中的民事法律规范予以调整。

二、建设法规的基本原则

工程建设活动通常具有周期长、涉及面广、人员流动性大、技术要求高等特点。因此在建设活动的整个过程中,必须贯彻以下基本原则,才能保证建设活动的顺利进行。

1. 工程建设活动应确保工程建设质量与安全原则

工程建设质量与安全是整个工程建设活动的核心,是关系到人民生命、财产安全的重大问题。工程建设质量是指国家规定和合同约定的对工程建设的适用、安全、经济、美观等一系列指标的要求。工程建设活动确保工程建设质量就是确保工程建设符合有关适用、安全、经济、美观等各项指标的要求。工程建设安全是指工程建设对人身的安全和财产的安全,确保工程建设安全就是确保工程建设不能引起人身伤亡和财产损失。

2. 工程建设活动应当符合国家的工程建设安全标准原则

国家的工程建设安全标准是指国家标准和行业标准。国家标准是指由国务院行政主管部门制定的在全国范围内适用的统一的技术要求。行业标准是指由国务院有关行政主管部门制定并报国务院标准化行政主管部门备案的,而又需要在全国范围内适用的统一技术要求。工程建设安全标准是对工程建设的设计、施工方法和安全所做的统一要求。工程建设活动符合工程建设安全标准对保证技术进步、提高工程建设质量与安全性、发挥社会效益与经济效益、维护国家利益和人民利益具有重要作用。

3. 从事工程建设活动应当遵守法律、法规原则

社会主义市场经济是法治经济,工程建设活动应当依法行事。法律是全国人民代表大会及其常务委员会审议通过并发布,在全国有效的规范性文件;行政法规是国务院制定与发布,在全国有效的规范性文件。作为工程建设活动的参与者,从事工程建设勘察、设计的单位、个人,从事工程建设监理的单位、个人,从事工程建设施工的单位、个人,从事建设活动监督和管理的单位、个人,以及建设单位等,都必须遵守法律、法规的强制性规定。

4. 不得损害社会公共利益和他人的合法权益原则

社会公共利益是全体社会成员的整体利益,保护社会公共利益是法律的基本出发

点,从事工程建设活动不得损害社会公共利益也是维护建设市场秩序的保障。

5.合法权利受法律保护原则

宪法和法律保护每一个市场主体的合法权利不受侵犯,任何单位和个人都不得妨碍和阻挠依法进行的建设活动,这也是维护建设市场秩序的必然要求。

三、建设法规的特征与作用

(一)建设法规的特征

1.行政隶属性

这是建设法规的主要特征,也是区别于其他法律的主要特征。这一特征决定其以行政指令为主的方法调整建设法律关系,如授权、命令、禁止、许可、免除、确认、计划、撤销等。建设主管部门使用行政手段对建设活动进行有效控制和管理。

2.经济性

建设法规是经济法规的重要组成部分,因此,经济性是建设法规的又一重要特征。建设活动直接为社会创造财富,实现经济效益,是国家经济增长的一个重要产业,调整工程建设活动是建设法规经济性特征的体现。

3.政策性

建设法规体现着国家的工程建设政策,它一方面是实现国家工程建设政策的工具,另一方面也把国家工程建设政策规范化。

4.技术性

建设法规的技术性体现在它为各行各业提供了最基本的物质环境。完善合理的建设法规体系可以规范工程建设活动,使建筑市场有序运转,建筑业良性健康发展。

(二)建设法规的作用

建设法规的作用就是保护、巩固和发展社会主义的经济基础,最大限度地满足人民日益增长的物质文化需要。具体来讲,建设法规的作用主要有:规范指导建设行为;保护合法建设行为;处罚违法建设行为。

1.规范指导建设行为

建设行为只有在建设法规规定的范围内进行,才能得到国家的承认和保护。规范指导建设行为表现为:

(1)有些建设行为必须做。如《建筑法》第五十八条规定的"建筑施工企业必须按照工程设计图纸和施工技术标准施工",即为义务性的建设行为规定。

(2)有些建设行为禁止做。如《招标投标法》第三十二条规定的"投标人不得相互串通投标报价,不得排挤其他投标人的公平竞争,损害招标人或者其他投标人的合法权益。投标人不得与招标人串通投标,损害国家利益、社会公共利益或者他人的合法权益。禁止投标人以向招标人或者评标委员会成员行贿的手段谋取中标"等,即为禁止性的建设行为规定。

(3)授权某些建设行为。授权某些建设行为即赋予当事人一种权利,它既不禁止人们做出某种建设行为,也不要求人们必须做出这种建设行为,而是赋予了一种权利,做与不做都不违反法律,一切由当事人自己决定。如《建筑法》第二十四条规定的"建筑工程的发包单位可以将建筑工程的勘察、设计、施工、设备采购一并发包给一个工程总承包单位,也可以将建筑工程的勘察、设计、施工、设备采购的一项或者多项发包给一个工程总承包单位",就属于授权性的建设行为。

正是由于有了上述法律的规定,建设行为主体才明确了自己可以为、不得为和必须为的建设行为,并以此指导制约自己的行为,体现出建设法规对具体建设行为的规范和指导作用。

2. 保护合法建设行为

建设法规的作用不仅在于对建设主体的行为加以规范和指导,还应对一切符合法规的建设行为给予确认和保护。这种确认和保护一般是通过建设法规的原则规定反映的,如《建筑法》第四条规定的"国家扶持建筑业的发展,支持建筑科学技术研究,提高房屋建筑设计水平,鼓励节约能源和保护环境,提倡采用先进技术、先进设备、先进工艺、新型建筑材料和现代管理方式",即属于保护合法建设行为的规定。

3. 处罚违法建设行为

建设法规要实现对建设行为的规范和指导作用,必须对违法建设行为给予应有的处罚,否则,建设法规所确定的法律制度由于得不到实施过程中强制手段的法律保障,就会变成无实际意义的规范。因此,建设法规都有对违法建设行为的处罚规定。如《中华人民共和国建筑法》(以下简称《建筑法》)第七十二条规定的"建设单位违反本法规定,要求建筑设计单位或者建筑施工企业违反建筑工程质量、安全标准,降低工程质量的,责令改正,可以处以罚款;构成犯罪的,依法追究刑事责任"。

四、建设法规的法律地位

法律地位,是指建设法规在整个法律体系中所处的位置,建设法规应属于哪一个部门法及其所处的层次。

建设法规调整的三种社会关系中,对于建设活动中的行政管理关系,主要用行政手段加以调整;对于建设活动中的经济协作关系,则采用行政、经济、民事各种手段相结合的方式加以调整;对于建设活动中的民事关系,则主要采用民事手段来加以调整。这表明,建设法规调整的社会关系是多方面的,而其运用的调整手段也是综合的,很难将其明确划归某一法律部门,但就其主要法律规范的性质来看,它主要还是属于行政法和经济法的范畴。

第二节　建设法律关系

一、建设法律关系的概念

法律关系是指由法律规范所确定和调整的人与人或人与社会之间的权利、义务关系。这里的"人",从法律意义上讲,包括两种含义:一是指自然人;二是指法人。

自然人是指基于出生而成为民事法律关系主体的有生命的人,包括公民、外国人和无国籍的人。自然人作为民事法律关系的主体应当具有相应的民事权利能力和民事行为能力。民事权利能力是指法律规定民事主体享有民事权利和承担民事义务的资格,自然人的民事权利能力始于出生,终于死亡,是国家法律直接赋予的。而民事行为能力是指民事主体以自己的行为参与民事法律关系,从而取得享受民事权利和承担民事义务的资格。法律行为主体只有取得了相应的民事权利能力和行为能力以后作出的民事行为法律才能认可。

法人是指具有民事权利能力和民事行为能力,依法独立享有民事权利和承担民事义务的组织。法人应当具备四个条件:一是依法成立;二是有必要的财产和经费;三是有自己的名称、组织和场所;四是能够独立承担民事责任。法人的民事权利能力是法律赋予法人参加民事法律关系,取得民事权利、承担民事义务的资格。法人的民事行为能力是法律赋予法人独立进行民事活动的能力,但其行为能力总是有限的,由其成立的宗旨和业务范围所决定,《民法典》第五十九条规定,法人的民事权利能力和民事行为能力,从法人成立时产生,到法人终止时消灭。

建设法律关系则是由建设法规所确认和调整的,在建筑业管理和建筑活动过程中所产生的具有相关权利、义务内容的社会关系。它是建设法规与建设领域中各种活动发生联系的途径。建设法规通过建设法律关系来实现其调整相关社会关系的目的。

二、建设法律关系的三要素

建设法律关系是由建设法律关系主体、建设法律关系客体、建设法律关系内容三要素构成的。

(一)建设法律关系主体

建设法律关系主体是指参与建筑业活动,受建设法律规范调整,在法律上享有权利和承担义务的当事人,主要有自然人、法人和其他组织,包括政府相关部门、业主方、承包方、中介组织以及公民个人等。

(二)建设法律关系客体

建设法律关系客体是指建设法律关系主体享有的权利和义务所共同指向的事物,一般是财、物、行为、智力成果。它凝聚着承包方的劳动,业主方则以资金的方式来取得它的使用价值。

建设法律关系客体的表现形式可分为以下几类。

1. 表现为财的客体

表现为财的客体一般指资金及各种有价证券。

2. 表现为物的客体

表现为物的客体主要是指建筑材料,例如钢材、木材、水泥以及由各种建筑材料构成的建筑物等。此外,还有各种机械设备等。

3. 表现为行为的客体

例如勘察、设计、施工、检查、验收等活动均属于表现为行为的客体。

4. 表现为智力成果的客体

法律意义上的非物质财富是指人们脑力劳动的成果或智力方面的创作,例如设计单位提供的设计图纸等。

(三) 建设法律关系内容

建设法律关系内容是指建设法律关系主体对他方享有的权利和承担的义务,这种内容要由相关的法律或合同来确定,它是连接主体的纽带。例如开发权、所有权、经营权以及保证工程质量的经济义务和法律责任等都是建设法律关系的内容。

三、建设法律关系的产生、变更和终止

(一) 建设法律关系的产生

建设法律关系的产生是指建设法律关系的主体之间形成了一定的权利和义务关系。例如某建设单位与施工单位签订了建筑工程承包合同,双方产生了相应的权利和义务,此时,受建设法规调整的建设法律关系即宣告产生。

(二) 建设法律关系的变更

一般建设法律关系三要素发生变化即会导致建设法律关系的变更。

1. 主体变更

主体变更主要有以下两种情况:

(1)主体数目发生变化

表现为主体数目的增加或减少。例如总承包方将所承揽的工程进行了分包,会导致主体数目的增加。

(2)主体的变化

例如由另一个新的主体代替原主体享有权利,承担义务。

2. 客体变更

客体变更是指建设法律关系中权利、义务所指向的事物发生变化。客体变更可以是范围变更,也可以是性质变更。

(1)客体范围的变更

主要表现为客体的规模、数量发生了变化。例如由于设计变更,增、减某些工程量引起的客体规模或数量发生变化。

（2）客体性质的变更

主要表现为原有客体已经不复存在,而由新的客体代替原来的客体。例如由于设计变更,将原来合同中的桥梁变为涵洞。

3. 内容变更

建设法律关系主体与客体的变更,必然会导致相应的权利和义务的变更,即内容发生变更,内容变更主要表现为权利增加和权利减少两种形式。例如建设单位与施工单位之间经过协商修改了原合同,由施工单位提供工程师的办公场所,即建设单位的权利增加,施工单位的义务也会随之增加。

（三）建设法律关系的终止

建设法律关系的终止是指某类建设法律关系主体之间的权利、义务不复存在,彼此丧失了约束力。建设法律关系的终止可分为自然终止、协议终止和违约终止三种。

1. 自然终止

建设法律关系的自然终止是指某类建设法律关系所规范的权利、义务顺利得到履行,取得了各自的利益,从而使该法律关系达到完结。例如施工单位按时竣工,建设单位也依照合同约定支付了工程价款,则其法律关系自然终止。

2. 协议终止

建设法律关系的协议终止是指建设法律关系主体之间协商解除某类建设法律关系权利或义务,致使该法律关系归于消灭。协议终止有两种表现形式:

（1）即时协商

即时协商是指当事人双方就终止法律关系事宜即时协商,达成一致意见后终止其法律关系。

（2）约定终止条件

约定终止条件是指当事人在签订合同时就约定了终止条件,当具备该条件时,不需要与另一方当事人协商,一方当事人即可终止其法律关系。

3. 违约终止

建设法律关系的违约终止是指建设关系主体一方违约,或发生不可抗力,致使某类建设法律关系规定的权利不能实现。

第三节 建设法规体系

一、建设法规体系的概念

建设法规体系,是指全部建设法律规范构成的一个相互联系、相互协调的完整统一体系。通常从两个角度来划分法律体系:一是根据法律规范调整的不同社会关系来划分;二是根据规范性法律条文的不同制定机关来划分。在法理上,前者通常被称为法律体系,后者通常被称为立法体系。

二、建设法规体系的构成

所谓法规体系的构成,就是指法规体系采取的结构形式。建设法规体系是由很多不同层次的法规组成的,它的结构形式一般有宝塔型和梯型两种。我国建设法规体系采用的是梯型结构。按照法律规范的效力等级,我国建设法规的渊源分为宪法、法律、行政法规、地方性法规和行政规章五个层次,从而构成完整的建设法规效力体系。

1. 宪法

宪法由全国人民代表大会制定和修改,在法律体系中居于核心地位,一切法律、行政法规、地方性法规均不得与宪法相抵触。宪法是建设法规的重要渊源,如《中华人民共和国宪法》第十条规定,"城市的土地属于国家所有""农村和城市郊区的土地,除由法律规定属于国家所有的以外,属于集体所有;宅基地和自留地、自留山,也属于集体所有""国家为了公共利益的需要,可以依照法律规定对土地实行征收或者征用并给予补偿"。

2. 法律

法律由全国人民代表大会和全国人民代表大会常务委员会制定并颁布实施,其效力等级仅次于宪法,是建设法规的核心,既包括专门的工程建设法律,如《中华人民共和国建筑法》《中华人民共和国城乡规划法》《中华人民共和国土地管理法》《中华人民共和国房地产管理法》和《中华人民共和国招标投标法》等,也包括与工程建设相关的法律,如《中华人民共和国民法典》《中华人民共和国安全生产法》《中华人民共和国仲裁法》和《中华人民共和国环境保护法》等。

除此之外,还有一类特殊的法律,叫国际公约,如国际劳工组织制定的《建筑业安全卫生公约》等。

3. 行政法规

由国务院根据宪法和法律的规定,以及全国人大的授权制定并颁布实施,在全国范围内有效,其效率等级低于宪法和法律,如《建设工程质量管理条例》《建设工程勘察设计管理条例》《建设工程安全生产管理条例》《安全生产许可证条例》《建设项目环境保护管理条例》等。

4. 地方性法规

地方性法规指由省、自治区、直辖市、省会和首府城市、经济特区和经国务院批准的较大的市的人民代表大会及其常务委员会制定的规范性法律文件,仅在本辖区范围内有效,其效力等级低于宪法、法律和行政法规,如《浙江省城乡规划管理条例》《北京市招标投标条例》等。

5. 行政规章

行政规章是由国家行政机关制定的规范性法律文件,包括部门规章和地方政府规章。

部门规章由国务院有关部委制定,其效力低于宪法、法律和行政法规,仅在本部门范围内有效,如《工程建设项目施工招标投标办法》《建筑业企业资质管理规定》《评标委员会和评标办法暂行规定》等。

地方政府规章由省、自治区、直辖市、省会和首府城市、经济特区和经国务院批准的较大的市的人民政府制定,如《北京市建筑工程施工许可办法》(北京市人民政府 2003 年 139 号令)等。其效力低于宪法、法律、行政法规、同级或上级地方性法规,仅在本行政区域内有效。

另外,工程建设标准也是建设法规体系的重要组成部分。

第四节　建设法规的实施

建设法规的实施,指国家机关及其公务员、社会团体、公民实践建设法律规范的活动,包括建设法规的执法、司法和守法三个方面。

一、建设法规的执法

建设法规的执法是指建设行政主管部门和被授权或被委托的单位,依法对各项建设活动和建设行为进行检查监督,并对违法行为执行行政处罚的行为,具体包括以下几种:

1. 建设行政决定

建设行政决定是指执法者依法对相对人的权利和义务作出单方面的处理,包括行政许可、行政命令和行政奖励。

2. 建设行政检查

建设行政检查是指建设行政执法者依法对相对人是否守法的事实进行单方面的强制性了解,主要包括实地检查和书面检查两种。

3. 建设行政处罚

建设行政处罚是指建设行政主管部门或其他权力机关对相对人实行惩戒或制裁的行为,主要包括财产处罚、行为处罚和申诫处罚三种。

4. 建设行政强制执行

建设行政强制执行是指在相对人不履行行政机关所规定的义务时,特定的行政机关依法对其采取强制手段,迫使其履行义务。

二、建设法规的司法

建设法规的司法又包括建设行政司法和专门司法机关司法两方面。

(一) 建设行政司法

建设行政司法是指建设行政机关依据法定的权限和法定的程序进行行政调解、行

政复议和行政仲裁,以解决相互争议的行政行为。建设行政司法包括以下几个方面:

1. 行政调解

行政调解是指在行政机关的主持下,以法律为依据,通过说服、教育等方法,促使双方当事人通过协商达成协议。

2. 行政复议

行政复议是指在相对人不服行政执法决定时,依法向指定的部门提出重新处理申请。

3. 行政仲裁

行政仲裁是指国家行政机关以第三者身份对特定的民事、经济的争议居中调解,并作出判断和裁决。

(二) 专门司法机关司法

专门司法机关是指国家司法机关,该机关的司法主要指人民法院依照诉讼程序对建设活动中的争议与违法行为作出的审理判决活动。

三、建设法规的守法

建设法规的守法是指从事建设活动的所有单位和个人都必须注意及时学习建设法规,正确理解法规条文,按照法规的要求规范建设行为,不得违反。

思考题

1. 简述建设法规的概念和调整对象。
2. 简述建设法规的特征及作用。
3. 建设法规的基本原则是什么?
4. 什么是建设法律关系? 建设法律关系三要素是什么?
5. 简述建设活动中民事关系的主要内容。
6. 简述建设法规体系的构成。

本章测试

第二章 基本建设程序法律制度

第一节 概 述

本章课件

一、工程建设的概念

工程建设是指土木建筑工程、线路管道和设备安装工程、建筑装修装饰工程等工程项目的新建、扩建和改建,是形成固定资产的基本生产过程及与之相关的其他建设工作的总称。

土木建筑工程,包括矿山、铁路、公路、道路、隧道、桥梁、堤坝、电站、码头、飞机场、运动场、房屋(如厂房、剧院、旅馆、商店、学校和住宅)等工程。

线路管道和设备安装工程,包括电力、通信线路、石油、燃气、给水、排水、供热等管道系统和各类机械设备、装置的安装过程。

其他工程建设工作,包括建设单位及其主管部门的投资决策活动以及征用土地、工程勘察设计、工程监理等。

二、工程建设程序的概念

工程建设程序是指在认识工程建设客观规律基础上总结提出的、工程建设全过程中各项工作都必须遵守的先后次序。它也是工程建设各个环节相互衔接的次序。

工程建设具有产品体积庞大、建造场所固定、建设周期长、占用资源多等特点。在建设过程中,存在工作量大、牵涉面广、内外协作关系复杂、活动空间有限及后续工作无法提前进行等矛盾。因此,工程建设就必然存在着一个分阶段、按步骤,各项工作按序进行的客观规律。这种规律是不可违反的,若人为将工程建设的顺序颠倒,就会造成严重的资源浪费和经济损失。我国已制定颁布了不少有关工程建设程序方面的法规。

三、我国工程建设程序的立法现状

当前,我国工程建设程序方面的法规多是部门规章和规范性文件,主要有:

1978年4月22日国家计划委员会等三部门发布的《关于基本建设程序的若干规定》;

1982年9月22日国家计划委员会发布的《关于编制建设前期工作计划的通知》,以及1983年发布的《关于编制建设前期工作计划的补充通知》;

1983 年 10 月 4 日国家计划委员会发布的《基本建设设计工作管理暂行办法》《基本建设勘察工作管理暂行办法》;

1983 年 4 月 26 日国家计划委员会发布的《关于颁发建设项目进行可行性研究的试行管理办法的通知》;

1995 年 7 月 29 日建设部颁布的《工程建设项目实施阶段程序管理暂行规定》;

2000 年 9 月 25 日国务院发布《建设工程勘察设计管理条例》,2015 年 6 月 12 日根据《国务院关于修改〈建设工程勘察设计管理条例〉的决定》对其进行了第一次修订,2017 年 10 月 7 日根据《国务院关于修改部分行政法规的决定》对其进行了第二次修订;

2006 年 7 月 3 日国家发展和改革委员会、建设部发布的《关于建设项目经济评价工作的若干规定》;

2006 年 7 月 3 日国家发展和改革委员会、建设部发布的《建设项目经济评价方法与参数》;

2011 年 1 月 19 日国务院第一百四十一次常务会议通过的《国有土地上房屋征收与补偿条例》(国务院令第 590 号);

2013 年 12 月 2 日住房和城乡建设部印发的《房屋建筑和市政基础设施工程竣工验收规定》;

2016 年 5 月 19 日国务院印发的《清理规范投资项目报建审批事项实施方案》;

2020 年 1 月 19 住房和城乡建设部第十五次部务会议审议通过的《建设工程消防设计审查验收管理暂行规定》,自 2020 年 6 月 1 日起施行;

2020 年 5 月 11 日,住房和城乡建设部颁布的《工程建设项目审批管理系统管理暂行办法》。

另外,在《中华人民共和国土地管理法》(以下简称《土地管理法》)、《中华人民共和国城乡规划法》(以下简称《城乡规划法》)、《建筑法》等法律中,也有关于工程建设程序的一些规定。

其中,《土地管理法》关于工程建设程序有以下规定。

《土地管理法》第四十四条规定,建设占用土地,涉及农用地转为建设用地的,应当办理农用地转用审批手续。永久基本农田转为建设用地的,由国务院批准。在土地利用总体规划确定的城市和村庄、集镇建设用地规模范围内,为实施该规划而将永久基本农田以外的农用地转为建设用地的,按土地利用年度计划分批次按照国务院规定由原批准土地利用总体规划的机关或者其授权的机关批准。

土地管理法
(2019 年修正)

在已批准的农用地转用范围内,具体建设项目用地可以由市、县人民政府批准。在土地利用总体规划确定的城市和村庄、集镇建设用地规模范围外,将永久基本农田以外的农用地转为建设用地的,由国务院或者国务院授权的省、自治区、直辖市人民政府批准。

《土地管理法》第五十二条规定,建设项目可行性研究论证时,自然资源主管部门可以根据土地利用总体规划、土地利用年度计划和建设用地标准,对建设用地有关事项进

行审查,并提出意见。

《土地管理法》第五十三条规定,经批准的建设项目需要使用国有建设用地的,建设单位应当持法律、行政法规规定的有关文件,向有批准权的县级以上人民政府自然资源主管部门提出建设用地申请,经自然资源主管部门审查,报本级人民政府批准。

《土地管理法》第五十六条规定,建设单位使用国有土地的,应当按照土地使用权出让等有偿使用合同的约定或者土地使用权划拨批准文件的规定使用土地;确需改变该幅土地建设用途的,应当经有关人民政府自然资源主管部门同意,报原批准用地的人民政府批准。其中,在城市规划区内改变土地用途的,在报批前,应当先经有关城市规划行政主管部门同意。

《土地管理法》第五十七条规定,建设项目施工和地质勘查需要临时使用国有土地或者农民集体所有的土地的,由县级以上人民政府自然资源主管部门批准。其中,在城市规划区内的临时用地,在报批前,应当先经有关城市规划行政主管部门同意。土地使用者应当根据土地权属,与有关自然资源主管部门或者农村集体经济组织、村民委员会签订临时使用土地合同,并按照合同的约定支付临时使用土地补偿费。临时使用土地的使用者应当按照临时使用土地合同约定的用途使用土地,并不得修建永久性建筑物。临时使用土地期限一般不超过两年。

《土地管理法》第六十一条规定,乡(镇)村公共设施、公益事业建设,需要使用土地的,经乡(镇)人民政府审核,向县级以上地方人民政府自然资源主管部门提出申请,按照省、自治区、直辖市规定的批准权限,由县级以上地方人民政府批准;其中,涉及占用农用地的,依照本法第四十四条的规定办理审批手续。

《建筑法》《城乡规划法》有关工程建设程序的规定详见本书第三章和第四章。

第二节 我国工程建设程序

一、工程建设程序阶段的划分

根据我国现行工程建设程序法规的规定,我国工程建设程序的划分如表 2-1 所示。

表 2-1 我国工程建设程序划分

工程建设程序的阶段划分	各阶段的环节划分
(1)工程建设前期阶段(决策分析阶段)	①投资意向
	②投资机会分析
	③项目建议书
	④可行性研究
	⑤审批立项

续表

工程建设程序的阶段划分	各阶段的环节划分
(2)工程建设准备阶段	①规划
	②获取土地使用权
	③拆迁
	④报建
	⑤工程发包与承包
(3)工程建设实施阶段	①工程勘察设计
	②施工准备
	③工程施工
	④生产准备
(4)工程竣工验收与保修阶段	①工程竣工验收
	②工程保修
(5)工程终结阶段	①生产运营
	②投资后评价

从表 2-1 中可知,我国工程建设程序共分五个阶段,每个阶段又各包含若干环节。各阶段、各环节的工作应按规定顺序进行。

二、工程建设程序各阶段的内容

(一) 工程建设前期阶段的内容

工程建设前期阶段即决策分析阶段,这一阶段主要是对工程项目投资的合理性进行考察和对工程项目进行选择。这个阶段包含投资意向、投资机会分析、项目建议书、可行性研究、审批立项几个环节。

1. 投资意向

投资意向是指投资主体发现社会存在合适的投资机会所产生的投资愿望。它是工程建设活动的起点,也是工程建设得以进行的必要条件。

2. 投资机会分析

投资机会分析是指投资主体对投资机会所进行的初步考察和分析,在认为机会合适、有良好的预期效益时,则可进行进一步的行动。

3. 项目建议书

项目建议书是投资机会分析结果文字化后所形成的书面文件,以方便投资决策者分析、抉择。项目建议书是投资者对准备建设项目提出的大体轮廓性设想和建议,主要确定拟建项目的必要性和是否具备建设条件及拟建规模等,为进一步研究论证工作提供依据。一份完整的项目建议书应包括以下内容:

(1)建设项目提出的必要性和依据;

（2）产品方案、拟建规模和建设地点的初步设想；

（3）资源情况、建设条件、协作关系等的初步分析；

（4）投资估算和资金筹措设想；

（5）经济效益和社会效益初步估计。

4．可行性研究

可行性研究是指项目建议书被批准后，对拟建项目在技术上是否可行、经济上是否合理等内容所进行的分析论证。广义上的可行性研究还包括投资机会分析。

可行性研究应对项目所涉及的社会、经济、技术问题进行深入的调查研究，对各种各样的建设方案和技术方案进行发掘并加以比较、优化。对项目建成后的经济效益、社会效益进行科学的预测及评估，提出该项目建设是否可行的结论性意见。对可行性研究的具体内容和所达到的深度，有关法规都有明确的规定。可行性研究报告必须经有资格的咨询机构评估确认后，才能作为投资决策的依据。

被批准后的可行性研究报告不得随意修改变更，如果在建设规模、产品方案、建设地区、主要协作关系等方面有变动以及突破投资控制，应报原批准机关同意。

5．审批立项

审批立项是有关部门对可行性研究报告的审查批准程序，审查通过后即予以立项，正式进入工程项目的建设准备阶段。

（二）工程建设准备阶段的内容

工程建设准备是指为勘察、设计、施工创造条件所做的建设现场、建设队伍、建设设备等方面的准备工作。这一阶段包括规划、获得土地使用权、拆迁、报建、工程发包与承包等主要环节。

1．规划

在规划区内建设的工程，必须符合城市规划或村庄、集镇规划的要求，其工程选址和布局，必须取得城市规划行政主管部门或村、镇规划主管部门的同意、批准。在城市规划区内建设，要依法先后取得城市规划行政主管部门核发的"选址意见书""建设用地规划许可证""建设工程规划许可证"方能进行征地、设计、施工等相关建设活动。

2．获得土地使用权

土地使用权是指国家机关、企事业单位、农民集体和公民个人，以及三资企业等具备法定条件者，依照法定程序或依约定对国有土地或农民集体土地所享有的占有、利用、收益和有限处分的权利。《土地管理法》第八条规定，城市市区的土地属于国家所有。农村和城市郊区的土地，除由法律规定属于国家所有的以外，属于农民集体所有；宅基地和自留地、自留山，属于农民集体所有。第九条规定，国有土地和农民集体所有的土地，可以依法确定给单位或者个人使用。使用土地的单位和个人，有保护、管理和合理利用土地的义务。

建设工程用地都必须通过国家对土地使用权的出让或划拨取得。需在农民集体所有的土地上进行工程建设的，也必须先由国家征用农民土地，然后再将土地使用权出让或划拨给建设单位或个人。

通过国家出让而取得土地使用权的,应向国家支付土地出让金,并与市县人民政府土地管理部门签订书面出让合同,然后按合同规定的年限与要求进行工程建设。

《土地管理法》第四十六条规定,征收下列土地的,由国务院批准:

(1)永久基本农田;

(2)永久基本农田以外的耕地超过三十五公顷的;

(3)其他土地超过七十公顷的。

征收前款规定以外的土地的,由省、自治区、直辖市人民政府批准。征收农用地的,应当依照《土地管理法》第四十四条的规定先行办理农用地转用审批。其中,经国务院批准农用地转用的,同时办理征地审批手续,不再另行办理征地审批;经省、自治区、直辖市人民政府在征地批准权限内批准农用地转用的,同时办理征地审批手续,不再另行办理征地审批,超过征地批准权限的,应当依照本条第一款的规定另行办理征地审批。

3. 拆迁

拆迁是指取得拆迁许可的单位,根据城市建设规划要求和政府所批准的用地文件,依法拆除建设用地范围内的房屋和附属物,将该范围内的单位和居民重新安置,并对其所受损失予以补偿的法律行为。随着人们法律意识、维权意识的增强,市场化程度的提高,以及城市化进程的加快,有关强权拆迁、拆迁补偿等方面的问题、矛盾,各地都积极研究并制定了许多新的法规政策。

4. 报建

建设项目被批准立项后,建设单位或其代理机构必须持工程项目立项批准文件、银行出具的资信证明、建设用地的批准文件,向当地建设行政主管部门或其授权机构进行报建。凡未报建的工程项目,不得办理招标手续和发放施工许可证,设计、施工单位不得承接该项目的设计、施工任务。

5. 工程发包与承包

建筑工程发包与承包是指建设单位(或总承包单位)委托具有从事建筑活动的法定从业资格的单位为其完成某一建筑工程的全部或部分的交易行为。建设单位或其代理机构在上述准备工作完成后,须对拟建工程进行发包,以择优选定工程勘察设计单位、施工单位或总承包单位。

(三)工程建设实施阶段的内容

1. 工程勘察设计

工程勘察服务于工程建设的全过程,在工程选址、可行性研究、工程施工等阶段,也必须进行必要的勘察。

工程设计是工程项目建设的重要环节,设计文件是制订建设计划、组织工程施工和控制建设投资的依据,对实现投资者的意愿起关键作用。可行性研究报告批准后,建设单位可委托设计单位,按可行性研究报告中的有关要求,编制设计文件。

设计与勘察是密不可分的,设计必须在进行工程勘察,取得足够的地质、水文等基础资料之后才能进行。

2. 施工准备

施工准备包括施工单位在技术、物资方面的准备和建设单位取得开工许可两方面的内容。

(1)施工单位技术、物资方面的准备

这方面的准备包括熟悉、审查图纸,编制施工组织设计,向下属单位进行计划、技术、质量、安全、经济责任的交底,下达施工任务书,准备工程施工所需的设备、材料等活动。

(2)取得开工许可

建设单位具备以下条件,方可按国家有关规定向工程所在地县级以上人民政府建设行政主管部门申领施工许可证:

①已经办理该建筑工程用地批准手续;

②依法应当办理建设工程规划许可证的,已经取得建设工程规划许可证;

③需要拆迁的,拆迁进度符合施工要求;

④建筑施工企业已确定;

⑤有满足施工需要的资金安排、施工图纸和技术资料;

⑥有保证工程质量和安全的具体措施。

未取得施工许可证的建设单位不得擅自组织开工。已取得施工许可证的,应自批准之日起三个月内组织开工,因故不能按期开工的,可向发证机关申请延期,延期以两次为限,每次不超过三个月。既不按期开工,又不申请延期或超过延期时限的,已批准的施工许可证自行作废。

3. 工程施工

工程施工是施工队伍具体配置各种施工要素,将工程设计物化为建筑产品的过程,也是投入劳动量最大,所费时间较长的工作。其管理水平的高低、工作质量的好坏对建设项目的质量和所产生的效益起着十分重要的作用。

工程施工管理具体包括施工调度、施工安全、文明施工、环境保护等几方面的内容。

施工调度是进行施工管理,掌握施工情况,及时处理施工中存在的问题,严格控制工程的施工质量、进度和成本的重要环节。施工单位的各级管理机构均应配备专职调度人员,建立和健全各级调度机构。

施工安全是指施工活动中,对职工的身体健康与安全、机械设备使用的安全及物资的安全等应有的保障制度和所采取的措施。

文明施工是指施工单位应推行现代管理方法,科学组织施工,保证施工活动整洁、有序、合理地进行。具体内容有:按施工总平面布置图设置各项临时设施,施工现场设置明显标牌,主要管理人员要佩戴身份标志,机械操作人员要持证上岗,施工现场的用电线路、用电设施的安装使用和现场水源、道路的设置要符合规范要求等。

环境保护是指施工单位必须遵守国家有关环境保护的法律、法规,采取措施控制各种粉尘、废气、噪声等对环境的污染和危害。

4. 生产准备

生产准备是指工程施工临近结束时,为保证建设项目能及时投产使用所进行的准备活动。如招收和培训必要的生产人员,组织人员参加设备安装调试和工程验收,组建生产管理机构,制定规章制度,收集生产技术资料和样品,落实原材料、外协产品、燃料、水、电的来源及其他配合条件等。

(四) 工程竣工验收与保修阶段的内容

1. 工程竣工验收

工程项目按设计文件规定的内容和标准全部建成,并按规定将工程内外全部清理完毕后称为竣工。根据《建筑法》及国务院《建设工程质量管理条例》等相关法律规定,交付竣工验收的工程,必须具备下列条件:

(1)完成建设工程设计和合同约定的各项内容;

(2)有完整的技术档案和施工管理资料;

(3)有工程使用的主要建筑材料、建筑构配件和设备的进场试验报告;

(4)有勘察、设计、施工、工程监理等单位分别签署的质量合格文件;

(5)有施工单位签署的工程保修书。

工程验收合格后,方可交付使用。此时承发包双方应尽快办理固定资产移交手续和工程结算,将所有工程款项结算清楚。

2. 工程保修

根据《建筑法》及《建设工程质量管理条例》等相关法规的规定,工程竣工验收交付使用后,在保修期限内,承包单位要对工程中出现的质量缺陷承担保修与赔偿责任。

(五) 工程终结阶段的内容

工程终结阶段的内容主要是建设项目投资后评价。

建设项目投资后评价是工程竣工投产、生产运营一段时间后,对项目的立项决策、设计施工、竣工投产、生产运营等全过程进行系统评价的一种技术经济活动。它是工程建设管理的一项重要内容,也是工程建设程序的最后一个环节。目前我国的投资后评价一般分建设单位的自我评价、项目所属行业(地区)主管部门的评价及各级计划部门(或主要投资方)的评价这三个层次进行。

1. 建设单位的自我评价

建设单位的自我评价由建设单位负责,又称自评。所有建设项目竣工投产(使用、运营)一段时间以后,都应进行自我评价。项目后评价是一项复杂细致的系统工作,在开展后评价工作之前,一定要做好各项准备工作,包括组织准备、思想准备和资料准备。

2. 项目所属行业(地区)主管部门的评价

项目所属行业(地区)主管部门必须配备专人主管项目后评价工作。当收到所属项

建筑法
(2019 年修正)

建设工程质量
管理条例

目单位上报的自我评价报告后,首先要进行审查,审查资料是否齐全,自我评价是否实事求是、如实反映。同时,要根据工作需要从行业角度选择一些项目进行评价。在进行行业评价时,应组织一些专家学者和熟悉情况的人士认真阅读项目单位的自我评价报告,针对问题深入现场调查研究,写出评价报告。

3. 各级计划部门(或主要投资方)的评价

各级计划部门(或主要投资方)是建设项目后评价工作的组织者、领导者和方法及制度的制定者。当收到项目单位和行业(或地区)业务主管部门上报的评价报告后,应根据工作需要选择一些项目列入年度计划,开展后评价复审工作,也可委托有资格的咨询公司代为组织实施。

案例分析

案例

一、背景

某建设单位(以下简称 A 公司)与某施工单位(以下简称 B 公司)就某工程签订了施工合同后,B 公司即进场施工。由于 A 公司工程开工前未办理建设工程施工许可证,该工程在施工过程中被行政主管部门勒令停工。停工四个月后,A 公司补办建设工程施工许可证,该工程得以恢复施工。

该工程竣工验收后,A、B 两公司就工程款结算发生纠纷。B 公司将 A 公司诉至法院,要求按合同约定支付工程款;A 公司则以 B 公司工期延误 105天为由提起反诉,要求 B 公司承担相应违约责任。

二、问题

1. 请说明行政主管部门勒令该工程停工的法律依据。

2. A 公司的反诉请求能否得到法院的支持?

三、分析

1. 根据《建筑法》第七条的规定,建筑工程开工前,建设单位应当按照国家有关规定向工程所在地县级以上人民政府建设行政主管部门申请领取施工许可证。本案中,A 公司未取得建设工程施工许可证,就组织施工单位进行施工的行为违反了基本建设程序中有关施工许可的规定。

2. A 公司的反诉请求得不到法院的支持。

由于申领施工许可证是 A 公司的法定义务,该工程因未取得建设工程施工许可证而被行政主管部门勒令停工,属于非施工单位原因造成的停工,所以工期应相应顺延四个月。

思考题

1. 简述工程建设程序的概念。

2. 根据《建筑法》,施工许可证申领的条件有哪些?

3. 交付竣工验收的工程,必须具备哪些条件?

4. 简述工程建设实施阶段的主要内容。

5. 工程建设程序主要划分为哪几个阶段,每个阶段主要包括哪些环节?

本章测试

第三章　合同法律制度

第一节　概　述

本章课件

一、合同概述

（一）合同的概念

合同是指平等主体的自然人、法人、非法人组织之间设立、变更、终止民事权利义务关系的协议。

广义上的合同是指以确定权利、义务为内容的协议，除了包括民事合同外，还包括行政合同、劳动合同等。民法中的合同即民事合同，是指确立、变更、终止民事权利义务关系的协议，它包括债权合同、身份合同等。

债权合同是指确立、变更、终止债权债务关系的合同。法律上的债是指特定当事人之间请求对方作特定行为的法律关系，从权利方面来看，为债权关系；从义务方面来看，为债务关系。

身份合同是指以设立、变更、终止身份关系为目的，不包含财产内容或者不以财产内容为主要调整对象的合同，如结婚、离婚、收养、监护等协议。身份合同为我国《民法典》婚姻家庭编等法律中相关内容所规范；行政合同、劳动合同分别为《中华人民共和国行政法》（以下简称《行政法》）、《中华人民共和国劳动法》（以下简称《劳动法》）所规范。除了身份合同以外的所有民事合同均为《民法典》合同编调整的对象。

民法典

（二）合同的法律特征

合同具有如下法律特征。

1. 合同是一种民事法律行为

民事法律行为是指民事主体通过意思表示设立、变更、终止民事权利义务关系的行为。民事法律行为以意思表示为核心，并且按照意思表示的内容产生法律后果。

2. 合同是两个以上当事人意思表示一致的协议

合同的成立必须有两个以上的当事人相互之间作出意思表示，并达成共识。因此，只有当事人在平等自愿的基础上意思表示完全一致时，合同才能成立。

3. 合同以设立、变更、终止民事权利义务关系为目的

当事人订立合同都有一定的目的，即设立、变更、终止民事权利义务关系。无论当事人订立合同是为了什么目的，只有当事人达成的协议成立以后，才能对当事人产生法律上的约束力。

（三）合同的分类

在市场经济活动中，交易的形式千差万别，合同的种类也各不相同。

1. **按照合同的表现形式，合同可以分为书面合同、口头合同及默示合同**

书面合同是指当事人以书面文字有形地表现内容的合同。《民法典》第四百六十九规定，书面形式是指合同书、信件电报、电传、传真等可以有形地表现所载内容的形式。我们国家的法律规定，某些合同必须采用书面形式订立，如《民法典》第七百八十九条规定，建设工程合同应当采用书面形式。书面合同的特点：一是有凭有据。在当事人履行合同时，便于检查、管理和监督，有利于当事人按约履行；在当事人因履行合同发生纠纷时，有利于各方举证，明确案件事实。二是可以使合同内容更加详细、周密。当事人在将其意思表示通过文字表现出来时，往往会更加审慎，对合同内容的约定也更加全面、具体。

口头合同是指当事人以口头语言的方式（如当面对话、电话联系等）达成协议而订立的合同。口头合同的特点是简便易行、迅速及时，但缺乏证据，当纠纷发生时，举证困难。因此，口头合同一般只适用于即时结清的情况。

默示合同是指当事人并不直接用口头或者书面形式进行意思表示，而是通过实施某种行为或者以不作为的沉默方式进行意思表示而达成的合同。当事人以这种默示方式进行意思表示达成合同的，受到法律的严格控制，仅在两种情形下才能使用：其一，法律有明文规定的。如《民法典》第六百三十八条规定，试用买卖中，试用期间届满，买受人对是否购买标的物未作表示的，视为购买。其二，当事人事先有约定的。这种使用范围上的严格控制，是默示合同的最大特点。

2. **按照给付内容和性质的不同，合同可以分为转移财产合同、完成工作合同和提供服务合同**

转移财产合同是指以转移财产权利，包括所有权、使用权和收益权为内容的合同。此合同标的为物质。《民法典》规定的买卖合同，供电、水、气、热合同，赠与合同，借款合同，租赁合同和部分技术合同等均属于转移财产合同。

完成工作合同是指当事人一方按照约定完成一定的工作并将工作成果交付给对方，另一方接受成果并给付报酬的合同。《民法典》规定的承揽合同、建设工程合同均属于此类合同。

提供服务合同是指依照约定，当事人一方提供一定方式的服务，另一方给付报酬的合同。《民法典》中规定的运输合同、行纪合同和部分技术合同均属于此类合同。

3. **按照当事人是否相互负有义务，合同可以分为双务合同和单务合同**

双务合同是指当事人双方互负对待给付义务的合同。双方的义务具有对等关系，

一方的义务即另一方的权利,一方承担义务是为了获取对应的权利。双务合同为合同常态,《民法典》中规定的绝大多数合同,如买卖合同、承揽合同、建设工程合同等均属于此类合同。

单务合同是指当事人中仅有一方负担义务,而另一方只享有合同权利的合同。例如,在赠与合同中,受赠人享有接受赠与物的权利,但不负担任何义务。

分类的意义:

(1)履行抗辩权仅发生于双务合同中。

(2)在合同被解除、确认无效或者撤销时,双务合同存在双方互为返还给付问题,而单务合同不存在对待给付及返还问题。

4. 按照当事人之间的权利义务关系是否存在着对价关系,合同可以分为有偿合同和无偿合同

有偿合同是指当事人一方享有合同约定的权利必须向对方当事人支付相应对价的合同。如买卖合同、保险合同等。

无偿合同是指当事人一方享有合同约定的权利无需向对方当事人支付相应对价的合同。最典型的无偿合同是赠与合同。

分类的意义:

(1)当事人的注意义务不同。例如,根据《民法典》第八百九十七条、九百二十九条规定,保管合同、委托合同如果为无偿合同,保管人、受托人的注意义务较低,仅对故意或者重大过失造成的损害承担责任;相反,如果保管合同、委托合同为有偿合同,则保管人、受托人对自己的一般过失给对方造成的损害亦须承担责任。

(2)对缔约当事人行为能力的要求不同。订立有偿合同的当事人原则上应具有完全民事行为能力,限制行为能力人非经其法定代理人同意,不能订立超出其行为能力范围的有偿合同;但限制民事行为能力人可以独立订立使自己纯获利益的无偿合同。无民事行为能力人须由其法定代理人代理其订立合同。

(3)善意取得的构成要件以第三人与无权处分人之间是有偿交易为要件。

5. 按照合同的成立是否以交付标的物为必要条件,合同可分为诺成合同和实践合同

诺成合同,又称不要物合同,指只要行为人意思表示一致即告成立的合同,它不以标的物的交付为成立的要件。《民法典》中规定的绝大多数合同都属于诺成合同。

实践合同,又称要物合同,指除当事人意思表示一致以外,还需要以标的物的交付为成立要件的合同。如保管合同,自保管物交付时成立。再如自然人之间的借款合同,自贷款人提供借款时成立。

分类的意义:

(1)判断合同是否成立。

(2)当事人义务的性质不同。在诺成合同中,交付标的物或完成其他给付是当事人的合同义务,违反该义务便产生"违约责任"。而在实践合同中,交付标的物或完成其他给付不是当事人的合同义务,只是先合同义务,违反该义务不产生违约责任,可能构成

"缔约过失责任"。

(3)对作为实践合同的定金合同而言,定金的交付不仅是合同成立的前提,而且实际交付定金数额多于或者少于约定数额的,视为变更定金合同。

6. 按照相互之间的从属关系,合同可以分为主合同和从合同

主合同是指两个相互依存的合同中,不以其他合同的存在为前提而能独立存在的合同,如买卖合同、借贷合同等。

从合同又称附属合同,是指两个相互依存的合同中,以其他合同的存在为前提,自身不能独立存在的合同。如在借贷合同和担保合同中,借贷合同属于主合同,因为它能够单独存在,并不因为担保合同不存在而失去法律效力;而担保合同则属于从合同,它仅仅是为了担保借贷合同的正常履行而存在的,如果借贷合同因为借贷双方履行完合同义务而宣告合同效力解除,担保合同就因为失去存在条件而失去法律效力。主合同和从合同的关系为:主合同和从合同并存时,两者发生互补作用;主合同无效或者被撤销时,从合同也将失去法律效力;而从合同无效或被撤销时,一般不影响主合同的法律效力。

分类的意义:

主、从合同之间具有成立、存续、消灭上的从属关系,所以,主合同变更或消灭,从合同原则上随之变更或消灭。

7. 按照法律对合同形式是否有特别要求,合同可分为要式合同和不要式合同

要式合同是指法律要求必须具备一定形式的合同。《民法典》第七百八十九条规定,建设工程合同应当采用书面形式。可见,建设工程合同属于要式合同。

不要式合同是指法律不要求具备一定形式的合同。合同采用何种形式,完全由合同双方当事人自己决定,可以采用口头形式,也可以采用书面形式、默示形式。

分类的意义:

法律对合同形式的要求可能成为影响合同成立或者生效的因素。不过,为了贯彻鼓励交易的原则,《民法典》第四百九十条规定,法律、行政法规规定或者当事人约定合同应当采用书面形式订立,当事人未采用书面形式但一方已经履行主要义务,对方接受时,该合同成立。该法第四百九十条还规定,当事人采用合同书形式订立合同,在签名、盖章或者按指印之前,当事人一方已经履行主要义务,对方接受时,该合同成立。可见,要式合同的要式性对合同的成立与生效仅具有相对意义。

8. 按照法律是否为某种合同确定了一个特定的名称,合同可分为有名合同和无名合同

有名合同,又称典型合同,是指《民法典》或其他法律已经确定了名称及规则的合同,如《民法典》合同编规定的买卖合同等19类合同等均属于有名合同。

无名合同,又称非典型合同,是指法律上尚未确定一定名称与规则的合同。

分类的意义:

无名合同的法律适用规则为:(1)适用《民法典》合同编的规定;(2)参照适用《民法典》合同编、其他法律最相类似的规定。

二、《民法典》合同编简介

(一)《民法典》合同编结构

《民法典》合同编分为三大部分共 526 条内容。其中通则分别阐述了包括一般规定、合同的订立、合同的效力、合同的履行、合同的保全、合同的变更和转让、合同的权利义务终止、违约责任等共计 8 章 132 条规定,主要叙述了《民法典》合同编的基本原理和基本原则。第二分编部分则对各种不同类型的典型合同作出专门的规定,分别阐述了买卖合同、供用电水气热力合同、赠与合同、借款合同、保证合同、租赁合同、融资租赁合同、保理合同、承揽合同、建设工程合同、运输合同、技术合同、保管合同、仓储合同、委托合同、物业服务合同、行纪合同、中介合同、合伙合同等 19 种包括经济、技术和其他民事等有名合同共计 19 章 384 条规定。第三分编则针对准合同作出专门规定,分别阐述了无因管理与不当得利等共计 2 章 10 条规定。

(二)《民法典》合同编的基本原则

《民法典》合同编的基本原则为下列 7 项:

1. 平等原则

在合同法律关系中,当事人之间的法律地位平等,任何一方都有权独立作出决定,一方不得将自己的意愿强加给另一方。

2. 合同自由原则

合同自由原则即只有在双方当事人经过协商,意思表示完全一致,合同才能成立。合同自由包括缔结合同自由、选择合同相对人自由、确定合同内容自由、选择合同形式自由、变更和解除合同自由。

3. 公平原则

公平原则即在合同的订立和履行过程中,公平、合理地调整合同当事人之间的权利义务关系。

4. 诚实信用原则

诚实信用原则是指在合同的订立和履行过程中,合同当事人应当诚实守信,以善意的方式履行其义务,不得滥用权力及规避法律或合同规定的义务。同时,还应当维护当事人之间的利益及当事人利益与社会利益之间的平衡。

5. 不违反法律,不违背公序良俗

即当事人订立、履行合同应当不违反法律,不违背公序良俗。

6. 合同严守原则

合同严守原则即依法成立的合同在当事人之间具有相当于法律的效力,当事人必须严格遵守,不得擅自变更和解除合同,不得随意违反合同规定。

7. 鼓励交易原则

鼓励交易原则即鼓励合法正当的交易。如果当事人之间的合同订立和履行符合法律及行政法规的规定,则当事人各方的行为应当受到鼓励和法律的保护。

三、合同法律关系

法律关系是指人与人之间的社会关系为法律规范调整时所形成的权利和义务关系,即法律上的社会关系。

合同法律关系又称为合同关系,指当事人相互之间在合同中形成的权利义务关系。

合同法律关系由主体、内容和客体三个基本要素构成,主体是客体的占有者、支配者和行为的实施者,客体是主体合同债权和合同债务指向的目标,内容是主体和客体之间的连接纽带,三者缺一不可,共同构成合同法律关系。

(一)合同法律关系的主体

合同法律关系的主体又称合同当事人,是指在合同关系中享有权利或者承担义务的人,包括债权人和债务人。在合同关系中,债权人有权要求债务人根据法律规定和合同的约定履行义务,而债务人则负有实施一定行为的义务。在实践中,债权人和债务人的地位往往是相对的,因为大多数合同都是双务合同,当事人双方互相享有权利、承担义务,因此,双方互为债权人和债务人。

合同法律关系主体主要有自然人、法人和非法人组织。

1. 自然人

自然人是指基于出生而成为民事法律关系主体的人。自然人包括具有中华人民共和国国籍的自然人、具有其他国家国籍的自然人和无国籍自然人。但是,作为合同主体,自然人必须具备相应的民事权利能力和民事行为能力。民事权利能力是指法律赋予民事法律关系主体享有民事权利和承担民事义务的资格。它是民事主体取得具体的民事权利和承担具体民事义务的前提条件,只有具有民事权利能力,才能成为独立的民事主体,参加民事活动。根据我国宪法和《民法典》的规定,公民的民事权利能力一律平等,民事权利能力始于出生,终于死亡。

民事行为能力是指民事法律关系主体能够以自己的行为取得民事权利和承担民事义务的能力或资格。它既包括合法的民事行为能力,也包括民事主体对其行为应承担责任的能力,如民事主体因侵权行为而应承担损失赔偿责任等。

民事行为能力是民事权利能力得以实现的保证,民事权利能力必须依赖具有民事行为能力的行为,才能得以实现。公民具有民事行为能力,必须具备两个条件:第一,必须达到法定年龄;第二,必须智力正常,可以理智地辨认自己的行为。《民法典》规定,年满18周岁的公民为完全民事行为能力人;16周岁以上不满18周岁的公民,以自己的劳动收入为主要生活来源的,视为具有完全民事行为能力;8周岁以上的未成年人或不能完全辨认自己行为的精神病人是限制民事行为能力人;不满8周岁的未成年人或不能辨认自己行为的精神病人为无民事行为能力人。

2. 法人

法人是指具有民事权利能力和民事行为能力,依法独立享有民事权利和承担民事义务的组织。我国的法人可分为:

①营利法人是指以取得利润并分配给股东等出资人为目的成立的法人。

②非营利法人是指为公益目的或者其他非营利目的成立,不向出资人、设立人或者会员分配所取得利润的法人。

③特别法人是指机关法人、农村集体经济组织法人、城镇农村的合作经济组织法人、基层群众性自治组织法人。

作为法人,应具备以下四个法定条件:

①依法成立。法人必须按照法定程序,向国家主管机关提出申请,经审查合格后才能取得法人资格。

②有必要的财产和经费。法人必须具有独立的财产或独立经营管理的财产和活动经费。

③有自己的名称、组织机构和场所。

④能够独立承担民事责任。

3. 非法人组织

非法人组织是不具有法人资格,但是能够依法以自己的名义从事民事活动的组织。主要包括以下几种类型:

①个人独资企业。

②合伙企业。

③不具有法人资格的专业服务机构。

④符合上述非法人组织特征的其他经济组织(如领取营业执照的法人分支机构)。

(二)合同法律关系的客体

合同法律关系的客体又称为合同的标的,指在合同法律关系中,合同法律关系的主体的权利义务关系所指向的对象。在合同交往过程中,由于当事人的交易目的和合同内容千差万别,合同客体也各不相同。

合同法律关系的客体的种类有:

(1)物,是指民事权利主体能够支配的具有一定经济价值的物质财富,包括自然物和劳动创造物以及充当一般等价物的货币和有价证券等。物是应用最为广泛的合同法律关系客体。

(2)行为,是指合同法律关系主体为达到一定的目的而进行的活动,如完成一定的工作或者提供一定劳务的行为,如工程监理等。

(3)智力成果,也称无形财产,指脑力劳动的成果,它可以适用于生产,转化为生产力,主要包括商标权、专利权、著作权等。

(三)合同法律关系的内容

合同法律关系的内容是指债权人的权利和债务人的义务,即合同债权和合同债务。

1. 合同债权

合同债权又称为合同权利,是债权人依据法律规定和合同约定而享有的要求债务人为一定给付的权利。合同债权具有以下特点:

(1)合同债权是请求权,即债权人请求对方为一定行为的权利。在债务人给付前,债权人不能直接支配标的,更不允许直接支配债务人的人身,只能通过请求债务人为给付行为,以达到自己的目的。

(2)合同债权是给付受领权,即有效地接受债务人的给付并予以保护。

(3)合同债权是相对权。因为合同只在债权人和债务人之间产生法律约束力,除了在由第三者履行的合同中,合同债权人可有权要求第三人履行合同义务外,债权人只能向合同债务人请求给付,无权向其他人提出要求。

2. 合同债务

合同债务又称为合同义务,是指债务人依据法律规定和合同约定向债权人履行给付及与给付相关的其他行为的义务。

第二节 合同的主要条款

《民法典》合同编遵循合同自由原则,仅仅列出合同的主要条款,具体合同的内容由当事人约定。主要条款一般包括以下内容:

1. 当事人的名称(或姓名)和场所。合同中记载的当事人的姓名或者名称是确定合同当事人的标志,而住所则在确定合同债务履行地、法院对案件的管辖等方面具有重要的法律意义。

2. 标的。标的即合同法律关系的客体,是指当事人权利义务指向的对象。合同中的标的条款应当标明标的的名称,以使其特定化,并能够确定权利义务的范围。合同的标的因合同类型的不同而变化,总体来说,合同标的包括有形财物、行为和智力成果。

3. 数量。合同标的的数量是衡量合同当事人权利义务大小的尺度。因此,合同标的的数量一定要确切,应当采用国家标准或行业标准中确定的或者当事人共同接受的计量方法和计量单位。

4. 质量。合同标的质量是指检验标的内在素质和外观形态优劣的标准。它和标的数量一样是确定合同标的的具体条件,是这一标的区别于同类另一标的的具体特征。因此,在确定合同标的的质量标准时,应当采用国家标准或者行业标准。如果当事人对合同标的的质量有特别约定,在不违反国家标准和行业标准的前提下,可双方约定标的的质量要求。合同中的质量条款包括标的的规格、性能、物理和化学成分、款式和质感等。

5. 价款和报酬。价款和报酬是指以物、行为和智力成果为标的的有偿合同中,取得利益一方当事人作为取得利益的代价而应向对方支付的金钱。价款是取得有形标的物应支付的代价;报酬是获得服务应支付的代价。

6. 履行的期限、地点和方式。履行的期限是指合同当事人履行合同和接受履行的时间。它直接关系到合同义务的完成时间,涉及当事人的期限利益,也是确定违约与否的因素之一。履行地点是指合同当事人履行合同和接受履行的地点。履行地点是确定交付与验收标的地点的依据,有时是确定风险由谁承担的依据以及标的物所有权是否转移的依据。履行方式是合同当事人履行合同和接受履行的方式,包括交货方式、实施行为方式、验收方式、付款方式、结算方式、运输方式等。

7. 违约责任。违约责任是指当事人不履行合同义务或者履行合同义务不符合约定时应当承担的民事责任。违约责任是促使合同当事人履行债务,使守约方免受或者少受损失的法律救济手段,对合同当事人的利益关系重大,合同对此应予明确。

8. 解决争议的方法。解决争议的方法有协商、调解、仲裁或诉讼。

第三节　合同的订立

一、合同的订立和成立

合同的订立是指缔约人作出意思表示并达成合意的行为和过程。

合同成立是指合同订立过程的完成,即合同当事人经过平等协商对合同基本内容达成一致意见,合同订立阶段宣告结束,它是合同当事人合意的结果。

合同作为当事人从建立到终止权利义务关系的一个动态过程,始于合同的订立,终结于适当履行或者承担责任。任何一个合同的签订都需要当事人双方进行一次或者多次的协商,最终达成一致意见,而签订合同则意味着合同的成立。

合同成立是合同订立的重要组成部分。合同的成立必须具备以下条件:

(一) 订约主体存在双方或者多方当事人

所谓订约主体即缔约人,是指参与合同谈判并且订立合同的人。作为缔约人,他必须具有相应的民事权利能力和民事行为能力,包括下列几种情况:

1. 自然人的缔约能力。自然人能否成为缔约人,要根据其民事行为能力来确定。具有完全行为能力的自然人可以订立一切法律允许自然人作为合同当事人的合同。限制行为能力的自然人只能订立一些与自己的年龄、智力、精神状态相适应的合同,其他合同只能由其法定代理人代为订立或者经法定代理人同意后订立。无行为能力的自然人,通常不能成为合同当事人,如果要订立合同,一般只能由其法定代理人代为订立。

2. 法人和非法人组织的缔约能力。法人和非法人组织一般都具有行为能力,但是他们的行为能力是有限制的,因为法律往往对法人和非法人组织规定了各自的经营和活动范围。因此,法人和非法人组织在订立合同时,要考虑到自身的行为能力。超越经营或者活动范围订立的合同,有可能不产生法律效力。

3. 代理人的缔约能力。当事人除了订立合同外,还可以委托他人代订合同。在委托他人代理时,应当向代理人进行委托授权,即出具授权委托书。在委托书中注明代理人的姓名(或名称)、代理事项、代理的权限范围、代理权的有效期限、被代理人的签名盖章等内容。如果代理人超越代理权限或者无权代理,则所订立的合同可能不能产生法律效力。

(二) 对主要条款达成合意

合同成立的根本标志在于合同当事人的意思表示一致。但是在实际交易活动中常常因为相距遥远、时间紧迫,不可能就合同的每一项具体条款进行仔细磋商;或者因为当事人缺乏合同知识而造成合同规定的某些条款不明确或者缺少某些具体条款。《民法典》规定,当事人就合同的标的、数量、质量等主要条款协商一致,合同就可以成立。

二、要约

(一)要约的概念

要约也称为发价、发盘、出盘、报价等,是希望和他人订立合同的意思表示,即一方当事人以缔结合同为目的,向对方当事人提出合同条件,希望对方当事人接受的意思表示。构成要约必须具备以下条件:

1. 要约必须是特定人所为的意思表示。要约是要约人向相对人(受约人)所作出的含有合同条件的意思表示,旨在得到对方的承诺并订立合同。只有要约人是具备民事权利能力和民事行为能力的特定的人,受约人才能对他作出承诺。

2. 要约必须向相对人发出。要约必须经过受约人的承诺,合同才能成立,因此,要约必须是要约人向受约人发出的意思表示。受约人一般为特定人,但是,在特殊情况下,对不确定的人作出无碍要约时,受约人可以为不特定人。

3. 要约的内容应当具体确定。要约的内容必须明确,而不应该含糊不清,否则,受约人便不能了解要约的真实含义,难以承诺。同时,要约的内容必须完整,必须具备合同的主要条件或者全部条件,受约人一旦承诺后,合同就能成立。

4. 要约必须具有缔约目的。要约人发出要约是为了订立合同,即在受约人承诺时,要约人即受该意思表示的约束。凡是不是以缔结合同为目的而进行的行为,尽管表达了当事人的真实意愿,但不是要约。是否以缔结合同为目的,是区别要约与要约邀请的主要标志。

(二)要约的法律效力

要约的法律效力是指要约的生效及对要约人、受约人的约束力。它包括:

1. 对要约人的拘束力,即指要约一经生效,要约人即受到要约的拘束,不得随意撤回、撤销,或者对要约加以限制、变更和扩张,从而保护受约人的合法权益,维护交易安全。不过,为了适应市场交易的实际需要,法律允许要约人在一定条件下,即在受约人承诺前,有限度地撤回、撤销要约,或者变更要约的内容。

2. 对受约人的拘束力,是指要约人在要约生效时即取得承诺的权利,取得依其承诺而成立合同的法律地位,正是因为这种权利,所以受约人可以承诺,也可以不予承诺。这种权利只能由受约人行使,不能随意转让,否则承诺对要约人不产生法律效力。如果要约人在要约中明确规定受约人可以将承诺的资格转让,或者受约人的转让得到要约人的许可,那么这种转让是有效的。

3. 要约的生效时间,即要约产生法律约束力的时间。《民法典》规定,要约的生效时间为要约到达受约人时开始。

4. 要约的存续期间。要约的存续期间是指要约发生法律效力的期限,也即受约人得以承诺的期间。一般而言,要约的存续期间由要约人确定,受约人必须在此期间内作出承诺,要约才能对要约人产生拘束力。如果要约人没有确定,则根据要约的具体情况,考虑受约人能够收到要约所必需的时间、受约人作出承诺所必需的时间和承诺到达要约人所必需的时间而确定一个合理的期间。

(三) 要约邀请

1. 要约邀请的概念

要约邀请又称为要约引诱,是指希望他人向自己发出要约的意思表示,其目的在于邀请对方向自己发出要约。如寄送的价目表、拍卖公告、招标公告、商业广告等为要约邀请。在工程建设中,招标公告即要约邀请,投标报价属于要约,中标函则是承诺。要约邀请是当事人订立合同的预备行为,它既不能因相对人的承诺而成立合同,也不能因自己作出某种承诺而约束要约人。

2. 要约与要约邀请的区别

(1)要约是当事人自己主动愿意订立合同的意思表示;而要约邀请则是当事人希望对方向自己提出订立合同的意思表示。

(2)要约中含有当事人表示愿意接受要约约束的意旨,要约人将自己置于一旦对方承诺,合同即宣告成立的无可选择的地位;而要约邀请则不含有当事人表示愿意承担约束的意旨,要约邀请人希望将自己置于一种可以选择是否接受对方要约的地位。

(四) 要约的撤回与撤销

1. 要约的撤回

要约的撤回是指在要约发生法律效力之前,要约人取消要约的行为。要约的撤回有两个要求:(1)发出撤回的通知;(2)撤回的通知先于要约或者与要约同时到达相对人。

2. 要约的撤销

要约的撤销是指在要约生效后,要约人取消要约,使其丧失法律效力的行为。要约的撤销有三个要求:

(1)发出撤销的通知。

(2)撤销的通知须于相对人发出承诺的通知之前到达相对人。

(3)要约属于可撤销的要约。须注意,三种要约属于不可撤销的要约:要约人确定了承诺期限;明示要约不可撤销;受要约人有理由认为要约是不可撤销的,并已经为履行合同作了准备工作。

(五) 要约的消灭

1. 要约消灭的概念

要约的消灭又称为要约失效,即要约丧失了法律拘束力,不再对要约人和受约人产生约束。要约消灭后,受约人也丧失了承诺的效力,即使向要约人发出承诺,合同也不能成立。

2. 要约消灭的条件

《民法典》规定,有下列情况之一的,要约失效:

（1）要约被拒绝；

（2）要约被依法撤销要约；

（3）承诺期限届满，受要约人未作出承诺；

（4）受要约人对要约的内容作出实质性变更。

三、承诺

（一）承诺的概念

承诺是指受约人同意接受要约的全部条件的意思表示。承诺的法律效力在于要约一经受约人承诺并送达要约人，合同便宣告成立。承诺必须具备以下条件，才能产生法律效力：

1. 承诺必须由受约人发出。根据要约所具有的法律效力，只有受约人才能取得承诺的资格，因此，承诺只能由受约人发出。如果要约是向一个或者数个特定人发出的，则该特定人具有承诺的资格。受约人以外的任何人向要约人发出的都不是承诺，而只能视为要约。如果要约是向不特定人发出时，则该不特定人中的任何人都具有承诺的资格。

2. 承诺必须向要约人发出。承诺是指受约人向要约人表示同意接受要约的全部条件的意思表示，在合同成立后，要约人是合同当事人之一，因此，承诺必须是向特定人即要约人发出的，这样才能达到订立合同的目的。

3. 承诺应当在确定的或者合理的期限内到达要约人。如果要约规定了承诺的期限，则承诺应当在规定的期限内作出；如果要约中没有规定期限，则承诺应当在合理的期限内作出。如果承诺人超过了规定的期限作出承诺，则视为承诺迟到，或者称为逾期承诺。一般来说，逾期承诺被视为新的要约，而不是承诺。

4. 承诺的内容应当与要约的内容一致。因为承诺是受约人愿意按照要约的全部内容与要约人订立合同的意思表示，即承诺是对要约的同意，其同意内容必须与要约内容完全一致，合同才能成立。

5. 承诺必须表明受约人的缔约意图。同要约一样，承诺必须明确表明与要约人订立合同，此时合同才能成立。这就要求受约人作出的承诺必须清楚明确，不能含糊。

6. 承诺的传递方式应当符合要约的要求。如果要约要求承诺采取某种方式作出，则不能采取其他方式。如果要约未对此作出规定，承诺应当以合理的方式作出。

（二）承诺的方式

承诺的方式是指受约人通过何种形式将承诺的意思送达给要约人。如果要约中明确规定承诺必须采取何种形式作出，则承诺人必须按照规定发出承诺。如果要约没有对承诺方式作出特别规定，受约人可以采用以下方式作出承诺：

1. 通知。在一般情况下，承诺应当以通知的方式作出，即以口头或者书面的形式将承诺明确告知要约人。要约中有明确规定的，则按照要约的规定作出承诺；如果要约没有作出明确规定，通常采用与要约相同的方式作出承诺。

2. 行为。如果根据交易习惯或者要约明确规定，可以通过行为作出承诺的，则可以通过行为进行承诺,即以默示方式作出承诺,包括作为与不作为两种方式。

（三）承诺的生效时间

承诺的生效时间是指承诺何时产生法律效力。根据《民法典》规定,承诺在承诺通知到达要约人时生效。但是,承诺必须在承诺期限内作出。分为以下几种情况:

1. 承诺应当在要约确定的期限内到达要约人。

2. 如果要约没有确定承诺期限,承诺应当按照下列规定到达:

（1）要约以对话方式作出的,应当即时作出承诺;

（2）要约以非对话方式作出的,承诺应当在合理期限内到达要约人。

（四）对要约内容变更的承诺的处理

按照承诺成立的条件,承诺的内容必须与要约的内容保持一致,即承诺必须是无条件的承诺,不得限制、扩张或者变更要约的内容。如果对要约内容进行变更,就有可能不能成为承诺。

变更分为以下两种情况:

1. 承诺如果对要约的内容进行实质性变更,此时,不能构成承诺而应该视为新的要约。有关合同的标的数量、质量、价款和酬金、履行期限、履行地点和方式、违约责任和争议解决方法的变更,是对要约内容的实质性变更。因为这些条款是未来合同内容所必须具备的条款,如果缺少这些条款,未来的合同便不能成立。因此,当这些变更后的承诺到达要约人时,合同并不能成立,必须等到原要约人无条件同意这些经变更后形成的新要约,再向新要约人发出承诺时,合同方可成立。

2. 承诺对要约的内容作出非实质性变更时,承诺一般有效。《民法典》规定,如果承诺对要约的内容作出非实质性变更,除了要约人及时表示反对或者要约明确表示承诺不得对要约的内容作出任何变更的以外,该承诺有效,合同的内容以承诺的内容为准。对要约内容的非实质性更改包括:

（1）对非主要条款作出了改变。

（2）承诺人对要约的主要条款未表示异议,然而在对这些主要条款承诺后,又添加了一些建议或者表达了一些愿望。如果在这些建议和意见中并没有提出新的合同成立条件,则认为承诺有效。

（3）如果承诺中添加了法律规定的义务,承诺仍然有效。

四、缔约过失责任

（一）概念

缔约过失责任是一种合同前的责任,指在合同订立过程中,一方当事人违反诚实信用原则的要求,因自己的过失而引起合同不成立、无效或者被撤销而给对方造成损失时所应当承担的损害赔偿责任。

（二）特点

缔约过失责任具有以下特点:

1. 缔约过失责任是发生在订立合同过程中的法律责任

缔约过失责任与违约责任最重要的区别在于发生的时间不同。违约责任是发生在合同成立以后,合同履行过程中的法律责任;而缔约过失责任则是发生在缔约过程中当事人一方因其过失行为而应承担的法律责任。只有在合同还未成立,或者虽然成立,但不能产生法律效力而被确定无效或者被撤销时,有过错的一方才能承担缔约过失责任。

2. 承担缔约过失责任的基础是违背了诚实信用原则

诚实信用原则是《民法典》合同编的基本原则之一。根据诚实信用原则的要求,在合同订立过程中,应当承担先合同义务,包括使用方法的告知义务、瑕疵告知义务、重要事实告知义务、协作与照顾义务等。

3. 责任人的过失导致他人信赖利益的损害

缔约过失行为直接破坏了与他人的缔约关系,损害的是他人因为信赖合同的成立和有效,但实际上合同是不成立和无效的而遭受的损失。

(三)缔约过失责任的类型

缔约过失责任的类型包括:

1. 擅自撤回要约时的缔约过失责任;

2. 缔约之际未尽通知等义务给对方造成损失时的缔约过失责任;

3. 缔约之际未尽保护义务侵害对方权利时的缔约过失责任;

4. 合同不成立时的缔约过失责任;

5. 合同无效时的缔约过失责任;

6. 合同被变更或者撤销时的缔约过失责任;

7. 无权代理情况下的缔约过失责任。

第四节　合同效力

一、合同生效

(一)合同生效的概念

合同的成立只是意味着当事人之间已经就合同的内容达成了意思表示一致,但是合同能否产生法律效力还要看它是否符合法律规定。

合同的生效是指已经成立的合同因符合法律规定而受到法律保护,并能够产生当事人所预想的法律后果。《民法典》规定,依法成立的合同,自成立时生效。如果合同违反法律规定,哪怕合同已经成立,甚至可能当事人之间还进行了合同的履行,该合同及当事人的履行行为也不会受到法律的保护,甚至还可能受到法律的制裁。

(二)合同成立与合同生效的区别

合同成立与合同生效是两个完全不同的概念。合同成立制度主要表现了当事人的意志,体现了合同自由的原则;而合同生效制度则体现了国家对合同关系的认可与否,它反映了国家对合同关系的干预。两者区别如下:

1. 合同不具备成立或生效要件承担的责任不同。在合同订立过程中,一方当事人违反诚实信用原则的要求,因自己的过失给对方造成损失时所应当承担的损害赔偿责任,其后果仅仅表现为当事人之间的民事赔偿责任;而合同不具备生效要件而产生合同无效的法律后果,除了要承担民事赔偿责任外,往往还要承担行政责任和刑事责任。

2. 合同成立与合同生效在合同形式方面的要求不同。在法律、行政法规或者当事人约定采用书面形式订立合同而没有采用,而且也没有出现当事人一方已经履行主要义务,对方接受的情况,则合同不能成立;但是,如果法律、行政法规规定合同只有在办理批准、登记等手续才能生效,当事人未办理相关手续则会导致合同不能生效,但并不影响合同的成立。

3. 国家对合同成立与合同生效的干预不同。合同不成立仅仅涉及当事人内部的合意问题,国家往往不能直接干预,而应当由当事人自己解决;有些合同往往由于其具有非法性,违反了国家的强制性规定或者公序良俗而成为无效合同,此时,即使当事人不主张合同无效,国家也有权干预。

(三)合同的生效时间

根据《民法典》规定,依法成立的合同,自成立时起生效,即依法成立的合同,其生效时间一般与合同的成立时间相同。如果法律、行政法规规定应当办理批准、登记等手续生效的,则在当事人办理了相关手续后合同生效。如果当事人约定应当办理公证、签证或者登记手续生效的,当事人未办理的,并不影响合同的生效,合同仍然自成立时起生效。

二、无效合同

(一)无效合同的概念和特征

无效合同是指合同虽然已经成立,但因违反法律、行政法规的强制性规定或者损害社会公共利益,自始不能产生法律约束力的合同。

无效合同具有以下法律特征:

1. 合同已经成立,这是无效合同产生的前提;

2. 合同不能产生法律约束力,即当事人不受合同条款的约束;

3. 合同自始无效。

(二)无效合同的类型

《民法典》合同编未统一列示合同无效情形,但在第五百零八条规定"本编对合同的效力没有规定的,适用本法第一编第六章的规定",也即按第一编《总则》第六章"民事法律行为"的规定来认定。按照《总则》第六章第三节的规定,合同无效情形主要有以下五种:

1. 无民事行为能力人签订的合同无效。所谓无民事行为能力人,指的是:

(1)不满 8 周岁的未成年人;

(2)不能辨认自己行为的成年人；

(3)不能辨认自己行为的 8 周岁以上的未成年人。

2.通谋虚伪表示签订的合同无效。《民法典》第一百四十六条第一款规定，行为人与相对人以虚假的意思表示实施的民事法律行为无效。

3.违反法律、行政法规效力性强制性规定签订的合同无效。《民法典》第一百五十三条第一款规定，违反法律、行政法规的强制性规定的民事法律行为无效。但是，该强制性规定不导致该民事法律行为无效的除外。

上述条文规定了例外情形，即"强制性规定不导致该民事法律行为无效的除外"。按照最高法院的司法解释，强制性规定分为效力性和管理性两种，只有违反了效力性强制性规定才导致合同无效。

4.违背公序良俗签订的合同无效。

《民法典》第一百五十三条第二款规定，违背公序良俗的民事法律行为无效。

5.恶意串通损害他人权益签订的合同无效。

《民法典》第一百五十四条规定，行为人与相对人恶意串通，损害他人合法权益的民事法律行为无效。

（三）《司法解释》关于合同无效的规定

最高人民法院于 2020 年 12 月 29 日出台了《最高人民法院关于审理建设工程施工合同纠纷案件适用法律问题的解释（一）》（以下简称《司法解释》），并于 2021 年 1 月 1 日起正式施行。《司法解释》对建设工程施工合同的效力等法律问题作出了详细的规定。

最高人民法院关于审理建设工程施工合同纠纷案件适用法律问题的解释（一）

1.《司法解释》第一条规定，建设工程施工合同具有下列情形之一的，应当依据《民法典》第一百五十三条第一款的规定，认定无效：(1)承包人未取得建筑业企业资质或者超越资质等级的；(2)没有资质的实际施工人借用有资质的建筑施工企业名义的；(3)建设工程必须进行招标而未招标或者中标无效的。

承包人因转包、违法分包建设工程与他人签订的建设工程施工合同，应当依据《民法典》第一百五十三条第一款及第七百九十一条第二款、第三款的规定，认定无效。

2.《司法解释》第二条规定，招标人和中标人另行签订的建设工程施工合同约定的工程范围、建设工期、工程质量、工程价款等实质性内容，与中标合同不一致，一方当事人请求按照中标合同确定权利义务的，人民法院应予支持。

招标人和中标人在中标合同之外就明显高于市场价格购买承建房产、无偿建设住房配套设施、让利、向建设单位捐赠财物等另行签订合同，变相降低工程价款，一方当事人以该合同背离中标合同实质性内容为由请求确认无效的，人民法院应予支持。

3.《司法解释》第三条规定，当事人以发包人未取得建设工程规划许可证等规划审批手续为由，请求确认建设工程施工合同无效的，人民法院应予支持，但发包人在起诉前取得建设工程规划许可证等规划审批手续的除外。

发包人能够办理审批手续而未办理，并以未办理审批手续为由请求确认建设工程施工合同无效的，人民法院不予支持。

4.《司法解释》第四条规定,承包人超越资质等级许可的业务范围签订建设工程施工合同,在建设工程竣工前取得相应资质等级,当事人请求按照无效合同处理的,人民法院不予支持。

5.《司法解释》第五条规定,具有劳务作业法定资质的承包人与总承包人、分包人签订的劳务分包合同,当事人请求确认无效的,人民法院依法不予支持。

(四) 免责条款无效的法律规定

免责条款是指合同当事人在合同中预先约定的,旨在限制或免除其未来责任的条款。

《民法典》第五百零六条规定,合同中下列免责条款无效:

(1)造成对方人身伤害的;

(2)因故意或者重大过失造成对方财产损失的。

法律之所以规定以上两种情况的免责条款无效,是因为:一是这两种行为都具有一定的社会危害性和法律的谴责性;二是这两种行为都可以构成侵权行为责任,即使当事人之间没有合同关系,当事人也可以追究对方当事人的侵权行为责任,如果当事人约定这种侵权行为免责的话,等于以合同的方式剥夺了当事人合同以外的法定权利,违反了民法的公平原则。

(五) 无效合同的法律后果

无效合同一经确认,即可决定合同的处置方式,但并不说明合同当事人的权利义务关系全部结束。其处置原则为:

1. 制裁有过错方,即对合同无效负有责任的一方或者双方应当承担相应的法律责任。过错方所应当承担的损失赔偿责任必须符合以下条件:被损害人有损害事实;赔偿义务人有过错;接受损失赔偿的一方当事人必须无故意违法而使合同无效的情况;损失与过错之间有因果关系。

2. 无效合同自始没有法律效力。无论确认合同无效的时间是在合同履行前还是履行过程中,或者是在履行完毕,该合同一律从合同成立之时,就不具备法律效力,当事人即使进行了履行行为,也不能取得履行结果。

3. 合同部分无效并不影响其他部分效力,其他部分仍然有效。合同部分无效时,会产生两种不同的法律后果:①因无效部分具有独立性,没有影响其他部分的法律效力,此时,其他部分仍然有效;②无效部分内容在合同中处于至关重要的地位,从而导致整个合同无效。

4. 合同无效并不影响合同中解决争议条款的法律效力。

5. 以返还财产为原则,折价补偿为例外。无效合同自始就没有法律效力,因此,当事人根据合同取得的财产就应当返还给对方;如果所取得的财产不能返还或者没有必要返还的,则应当折价补偿。

6. 对无效合同,有过错的当事人除了要承担民事责任以外,还可能承担行政责任甚至刑事责任。

（六）《司法解释》对无效合同的处理

《司法解释》第六条规定，建设工程施工合同无效，一方当事人请求对方赔偿损失的，应当就对方过错、损失大小、过错与损失之间的因果关系承担举证责任。

损失大小无法确定，一方当事人请求参照合同约定的质量标准、建设工期、工程价款支付时间等内容确定损失大小的，人民法院可以结合双方过错程度、过错与损失之间的因果关系等因素作出裁判。

为了防止业主、转包人、违法分包人以合同无效为由拖欠实际施工人工程款，《民法典》第七百九十三条规定，建设工程施工合同无效，但是建设工程经验收合格的，可以参照合同关于工程价款的约定折价补偿承包人。第四十三条规定，实际施工人以转包人、违法分包人为被告起诉的，人民法院应当依法受理。实际施工人以发包人为被告主张权利的，人民法院应当追加转包人或者违法分包人为本案第三人。在查明发包人欠付转包人或者违法分包人建设工程价款的数额后，判决发包人在欠付建设工程价款范围内对实际施工人承担责任。可以看出，《司法解释》还是依据民法典的立法原意，认定价格条款有效，并不会与合同无效发生矛盾。业主、转包人或违法分包人与实际施工人订立合同的初衷即由实际施工人代为建造一个合格的工程，工程经竣工验收合格即意味其合同目的已经实现，拒付工程款无法律依据而构成不当得利。

三、可撤销合同

（一）可撤销合同的概念和特征

可撤销合同是指因当事人在订立合同的过程中意思表示不真实，经过撤销人请求，由人民法院或者仲裁机构变更合同的内容，或者撤销合同，从而使合同自始消灭的合同。

可撤销合同具有以下特点：

（1）可撤销合同是当事人意思表示不真实的合同；

（2）可撤销合同在未被撤销之前，仍然是有效合同；

（3）对可撤销合同的撤销，必须由撤销人请求人民法院或者仲裁机构作出。

（4）当事人可以撤销合同，也可以变更合同内容，甚至可以维持原合同保持不变。

（二）可撤销合同的法律规定

《民法典》第一百四十七条规定，基于重大误解实施的民事法律行为，行为人有权请求人民法院或者仲裁机构予以撤销。第一百四十八条规定，一方以欺诈手段，使对方在违背真实意思的情况下实施的民事法律行为，受欺诈方有权请求人民法院或者仲裁机构予以撤销。第一百四十九条规定，第三人实施欺诈行为，使一方在违背真实意思的情况下实施的民事法律行为，对方知道或者应当知道该欺诈行为的，受欺诈方有权请求人民法院或者仲裁机构予以撤销。第一百五十条规定，一方或者第三人以胁迫手段，使对方在违背真实意思的情况下实施的民事法律行为，受胁迫方有权请求人民法院或者仲裁机构予以撤销。第一百五十一条规定，一方利用对方处于危困状态、缺乏判断能力等情形，致使民事法律行为成立时显失公平的，受损害方有权请求人民法院或者仲裁机构予以撤销。

因此，下列合同，当事人一方有权请求人民法院或者仲裁机构变更或者撤销：

（1）因重大误解订立的；

（2）在订立合同时显失公平的；

（3）一方以欺诈、胁迫的手段或者乘人之危，使对方在违背真实意思的情况下订立的合同，受损害方有权请求人民法院或者仲裁机构撤销。

（三）可撤销合同与无效合同的区别

可撤销合同与无效合同的相同之处在于合同都会因被确认无效或者被撤销后而使合同自始不具备法律效力。可撤销合同与无效合同的区别在于：

1．合同内容的不法性程度不同

可撤销合同是由于当事人意思表示不真实造成的，法律将处置合同的主动权交给受损害方，由受损害方行使撤销权；而无效合同的内容明显违法，不能由合同当事人决定合同的效力，而应当由法院或者仲裁机构作出，即使合同当事人未主张合同无效，法院也可以主动干预，认定合同无效。

2．当事人权限不同

可撤销合同在合同未被撤销之前仍然有效，撤销权人享有撤销权和变更权，当事人可以向法院或者仲裁机构申请行使撤销权和变更权，也可以放弃该权利。法律把处置这些合同的权利给了当事人。而无效合同始终不能产生法律效力，合同当事人无权选择处置合同的方式。

3．期限不同

对于可撤销合同，撤销权人必须在法定期限内行使撤销权，超过法定期限未行使撤销权的合同为有效合同，当事人不得再主张撤销合同。无效合同属于法定无效，不会因为超过期限而使合同变为有效合同。

（四）撤销权消灭

《民法典》规定，有下列情况之一的，撤销权消灭：

（1）当事人自知道或者应当知道撤销事由之日起一年内、重大误解的当事人自知道或者应当知道撤销事由之日起90日内没有行使撤销权；

（2）当事人受胁迫，自胁迫行为终止之日起一年内没有行使撤销权；

（3）当事人知道撤销事由后明确表示或者以自己的行为表明放弃撤销权；

（4）当事人自民事法律行为发生之日起五年内没有行使撤销权的，撤销权消灭。

四、效力待定合同

（一）效力待定合同的概念

效力待定合同是指合同虽然已经成立，但因其不完全符合合同的生效要件，因此其效力能否发生还不能确定，一般须经权利人追认才能生效的合同。

（二）效力待定合同的类型

效力待定合同有下列五种类型。

1. 限制民事行为能力人订立的合同

根据《民法典》规定,限制民事行为能力人实施民事法律行为由其法定代理人代理或者经其法定代理人同意、追认;但是,可以独立实施纯获利益的民事法律行为或者与其年龄、智力相适应的民事法律行为。因此,可以将其订立的合同分为两种类型:

(1)纯获利合同或者与其年龄、智力、精神健康状况相适应的合同,如获得报酬、奖励、赠与等,这些合同不必经法定代理人同意。

(2)未经法定代理人同意而订立的其他合同。这些合同只能是效力待定合同,必须经过法定代理人的追认,合同才能产生法律效力。

2. 无民事行为能力人订立的合同

一般来讲,无民事行为能力人只能由其法定代理人代理签订合同,他们不能自己订立合同,否则合同无效。如果他们订立合同,该合同必须经过其法定代理人的追认,合同才能产生法律效力。

3. 无权代理人订立的合同

无权代理分为狭义无权代理、表见代理两种情况。

(1)狭义无权代理,是指行为人没有代理权或超越代理权限,而以他人的名义进行民事、经济活动。其表现形式为:

①无合法授权的代理行为。代理权是代理人进行代理活动的法律依据,未经当事人的授权而以他人的名义进行的代理活动是无权代理最主要的表现形式。

②代理人超越代理权限而为的代理行为。在代理关系形成过程中,关于代理人代理权的范围均有所界定,特别是在委托代理中,代理权的权限范围必须明确规定,代理人应依据代理权限进行代理活动,超越此权限的活动即越权代理,这也属于无权代理。

③代理权终止后的代理行为。代理权终止后,代理人的身份随之消灭,从而无权再以被代理人的名义进行代理活动。

《民法典》明确规定,行为人没有代理权、超越代理权或者代理权终止后,仍然实施代理行为,未经被代理人追认,对被代理人不发生效力。由此可见,无权代理将产生下列法律后果:

①被代理人的追认权。根据《民法典》规定,无权代理一般对被代理人不发生法律效力,但是,在无权代理行为发生后,如果被代理人认为无权代理行为对自己有利,或者出于某种考虑而同意这种行为,则有权作出追认的意思表示。无权代理行为一经被代理人追认,则对被代理人发生法律效力。

②被代理人的拒绝权。在无权代理行为发生后,被代理人为了维护自身的合法权益,对此行为及由此而产生的法律后果享有拒绝的权利。被代理人没有进行追认或者拒绝追认的义务。

③相对人的催告权。在无权代理行为发生后,相对人有权催告被代理人自收到通知之日起 30 日内予以追认。被代理人未作表示的,视为拒绝追认。

④善意相对人的撤销权。善意相对人是指不知道或者不应当知道无权代理人没有

代理权的相对人。善意相对人在无权代理人的代理行为被代理人追认前,享有撤销的权利。

(2)表见代理,是指善意相对人有理由相信无权代理人具有代理权,且据此而与无权代理人订立合同。对于表见代理,《民法典》规定,该代理行为有效,即合同订立后,应由被代理人对善意相对人承担合同责任。如果是因为无权代理给被代理人造成损失的,可以向行为人追偿。构成表见代理的情形包括:

①本人以直接或者间接的意思表示声明授予他人代理权,但事实上并未授权;

②将具有代理权证明意义的文件或者印鉴交给他人,或者允许他人作为自己的分支机构以其代理人名义活动;

③代理权授权不明,相对人有理由相信行为人有代理权;

④代理权虽然已经消灭,但未告知相对人;

⑤行为人与被代理人之间存在某种特定关系。

4. 法定代表人、负责人超越权限订立的合同

《民法典》规定,法人的法定代表人或者非法人组织的负责人超越权限订立的合同,除了相对人知道或者应当知道其超越权限的以外,该代表行为有效,订立的合同对法人或非法人组织发生效力。

5. 无权处分财产人订立的合同

所谓无权处分财产人订立的合同,是指不享有处分财产权利的人处分他人财产权利而订立的合同。因无权处分行为而订立的合同,如果经权利人追认或者无权处分人在订立合同后取得处分权,则合同有效;否则该合同无效。如果合同相对人善意且有偿取得财产,则合同相对人能够享有财产所有权,原财产所有权人的损失,由擅自处分人承担赔偿责任。在实践中,无权处分财产的情形主要包括:

(1)因其他合同关系占有财产的人擅自处分他人财产;

(2)某一共有人未经其他共有人同意擅自处分共有财产;

(3)将通过非法手段获得的他人财产进行处分;

(4)采用欺诈手段处分他人财产。

第五节　合同的履行

一、合同的履行原则

合同订立并生效后,合同便成为约束和规范当事人行为的法律依据。合同的履行是指合同债务人按照合同的约定或法律的规定,全面地、正确地履行自己所承担的债务。合同当事人必须按照合同约定的条款全面、适当地完成合同义务,如交付标的物、提供服务、支付报酬或者价款、完成工作等。合同的履行是合同当事人订立合同的根本目的,也是实现合同目的的最重要和最关键的环节,直接关系到合同当事人的利益,而

履行问题往往最容易出现争议和纠纷。因此,合同的履行成为《民法典》合同编中的核心内容。

(一) 合同履行的基本原则

为了保证合同当事人依约履行合同义务,必须规定一些基本原则,以指导当事人具体地去履行合同,处理合同履行过程中发生的各种情况。合同履行的基本原则构成了履行合同过程中总的和基本的行为准则,成为合同当事人是否履行合同以及履行是否符合约定的基本判断标准。《民法典》中规定,在合同履行过程中必须遵循三项基本原则:

1. 全面履行原则

全面履行是指合同当事人应当按照合同的约定全面履行自己的义务,不能以单方面的意思改变合同义务或者解除合同。全面履行原则,要求当事人保质、保量、按期履行合同义务,否则即应承担相应的责任。根据全面履行原则可以确定当事人在履行合同中是否有违约行为及违约的程度,对合同当事人应当履行的合同义务予以全面制约,充分保护合同当事人的合法权益。

2. 诚信原则

在合同履行过程中,当事人应当遵循诚信原则,根据合同的性质、目的和交易习惯履行通知、协助、保密等义务。合同的履行应当严格遵循诚实信用原则。一方面,要求当事人除了应履行法律和合同规定的义务外,还应当履行依据诚实信用原则所产生的各种附随义务,包括相互协助和照顾义务、瑕疵的告知义务、使用方法的告知义务、重要形式的告知义务、忠实的义务等。另一方面,在法律和合同规定的内容不明确或者欠缺规定的情况下,当事人应当依据诚实信用原则履行义务。

3. 绿色原则

在合同履行过程中,当事人应当避免浪费资源、污染环境和破坏生态。

(二) 与合同履行有关的其他原则

与合同履行有关的其他原则有下列三项:

1. 协作履行原则

协作履行原则是指合同双方当事人不仅应履行自己的债务,还应当协助对方履行债务。当事人有协作履行原则,不仅有利于全面、实际地履行合同,也有利于增强当事人之间彼此相互信赖、相互协作的关系。

2. 效益履行原则

效益履行原则是指履行合同时应当讲求经济效益,尽量以最小的成本,获得最大的效益,以及合同当事人为了谋求更大的效益,或者为了避免不必要的损失,变更或解除合同。

3. 情势变更原则

情势变更原则是指在合同订立后,如果发生了订立合同时,当事人不能预见并且不能克服的情况,改变了订立合同时的基础,使合同的履行失去意义或者履行合同将使当事人之间的利益发生重大失衡,应当允许当事人变更或者解除合同。

二、合同履行中的义务

(一)通知义务

通知义务是指合同当事人负有将与合同有关事项通知给对方当事人的义务。包括有关履行标的物到达对方的时间、地点、交货方式的通知,合同提存的有关事项的通知,后履行抗辩权行使时要求对方提供充分担保的通知,情势变更的通知,不可抗力的通知等。

(二)协助义务

协助义务是指合同当事人在履行合同过程中应当相互给予对方必要的和能够的协助和帮助的义务。

(三)保密义务

保密义务是指合同当事人负有为对方的秘密进行保守,使其不为外人知道的义务。如果因为未能为对方保守秘密,使外人知道对方的秘密,给对方造成损害的,应当对此承担责任。

三、合同履行中约定不明情况的处置

1. 合同生效后,合同的主要内容包括质量、价款或者报酬、履行地点等内容没有约定或者约定不明确的,可以协议补充。不能达成补充协议的,按照合同有关条款或者交易习惯确定。

2. 如果合同当事人双方就有关合同内容约定不明确,依据前条规定仍不能确定的,适用下列规定:

(1)质量要求不明确的,按照强制性国家标准履行;没有强制性国家标准的,按照推荐性国家标准履行;没有推荐性国家标准的,按照行业标准履行;没有国家标准、行业标准的,按照通常标准或者符合合同目的的特定标准履行。

(2)价款或者报酬不明确的,按照订立合同时履行地市场价格履行;依法执行政府定价或者政府指导价的,按照规定执行。

(3)履行地点不明确,给付货币的,在接受货币一方所在地履行;交付不动产的,在不动产所在地履行;其他标的,在履行义务一方所在地履行。

(4)履行期限不明确,债务人可以随时履行,债权人也可以随时要求履行,但应当给对方必要的准备时间。

(5)履行方式不明确的,按照有利于实现合同目的的方式履行。

(6)履行费用的负担不明确的,由履行义务一方负担。因债权人原因增加的履行费用,由债权人负担。

四、合同中执行政府定价或者指导价的法律规定

《民法典》规定,执行政府定价或者政府指导价的,在合同约定的交付期限内政府价

格调整时,按照交付时的价格计价。逾期交付标的物的,遇价格上涨时,按照原价格执行;价格下降时,按照新价格执行。逾期提取标的物或者逾期付款的,遇价格上涨时,按照新价格执行;价格下降时,按照原来的价格执行。

由此可见,在原价格和新价格中,执行对违约方不利的那种价格,这是对不按期履行合同的一方从价格结算上给予的一种惩罚。需要注意的是,这种价格制裁只适用于当事人因主观过错而违约,不适用于因不可抗力所造成违约的情况。

五、《司法解释》关于垫资的规定

垫资承包是指建设单位未全额支付工程预付款或未按工程进度按月支付工程款(不含合同约定的质量保证金),由建筑业企业垫款施工。2006年1月4日联合发出《关于严禁政府投资项目使用带资承包方式进行建设的通知》(建市〔2006〕6号),通知规定,政府投资项目一律不得以建筑业企业带资承包的方式进行建设,不得将建筑业企业带资承包作为招投标条件;严禁将此类内容写入工程承包合同及补充条款。同时要对政府投资项目实行告知性合同备案制度。2018年12月5日国务院第33次常务会议通过的《政府投资条例》第二十二条规定,政府投资项目所需资金应当按照国家有关规定确保落实到位。政府投资项目不得由施工单位垫资建设。

关于严禁政府投资项目使用带资承包方式进行建设的通知

政府投资条例

对于非政府投资工程,《司法解释》第二十五条规定,当事人对垫资和垫资利息有约定,承包人请求按照约定返还垫资及其利息的,人民法院应予支持,但是约定的利息计算标准高于垫资时的贷款利率或者同期贷款市场报价利率的部分除外。当事人对垫资没有约定的,按照工程欠款处理。当事人对垫资利息没有约定,承包人请求支付利息的,人民法院不予支持。

六、合同履行规则

(一)向第三人履行债务的规则

合同履行过程中,由于客观情况变化,有可能会引起合同中债权人和债务人之间债权债务履行的变更。法律规定债权人和债务人可以变更债务履行,这并不会影响当事人的合法权益。从一定意义上来讲,债权人与债务人依法约定变更债务履行,有利于债权人实现其债权以及债务人履行其债务。

《民法典》规定,当事人约定由债务人向第三人履行债务的,债务人未向第三人履行债务或履行债务不符合约定,应当向债权人承担违约责任。从《民法典》中可以看出三方的权利义务关系如下:

1. 债权人。合同的债权人有权按照合同约定要求债务人向第三人履行合同,如果债务人未履行或者未正确履行合同义务,债权人有权追究债务人的违约责任,包括债权人和第三人的损失。

2. 债务人。债务人应当按照约定向第三人履行合同义务。如果合同本身已经因为某种原因无效或者被撤销,债务人可以依此解除自己的义务。如果债务人未经第三人同意或者违反合同约定,直接向债权人履行债务,并不能解除自己的义务。需要说明的是,一般来说,向第三人履行债务原则上不能增加履行的难度及履行费用。

3. 第三人。第三人是合同的受益人,当事人约定由债务人向第三人履行债务,债务人未向第三人履行债务或者履行债务不符合约定的,应当向债权人承担违约责任。第三人可以直接请求债务人向其履行债务,第三人未在合理期限内明确拒绝,债务人未向第三人履行债务或者履行债务不符合约定的,第三人可以请求债务人承担违约责任;债务人对债权人的抗辩,可以向第三人主张。

此外,合同的撤销权或解除权只能由合同当事人行使。

（二）由第三人履行债务的规则

《民法典》规定,当事人约定由第三人向债权人履行债务的,第三人不履行债务或者履行债务不符合约定,债务人应当向债权人承担违约责任。从中可以看出三者的权利义务关系如下:

1. 第三人。合同约定由第三人代为履行债务,除了必须经债权人同意外,还必须事先征得第三人的同意。同时,在没有事先征得债务人同意的情况下,第三人一般也不能代为履行合同义务,否则,债务人对其行为将不负责任。

2. 债务人。第三人向债权人履行债务,并不等于债务人解除了合同的义务,而只是免除了债务人亲自履行的义务。如果第三人不履行债务或履行债务不符合约定,债务人应当向债权人承担违约责任。

3. 债权人。当合同约定由第三人履行债务后,债权人应当接受第三人的履行,而无权要求债务人自己履行。但是,如果第三人不履行债务或履行债务不符合约定,债权人有权向债务人主张自己的权利。

（三）提前履行规则

《民法典》规定,债权人可以拒绝债务人提前履行债务,但提前履行不损害债权人利益的除外。债务人提前履行债务给债权人增加的费用,由债务人负担。

（四）部分履行规则

《民法典》规定,债权人可以拒绝债务人部分履行债务,但部分履行不损害债权人利益的除外。债务人部分履行债务给债权人增加的费用,由债务人负担。部分履行规则是针对可分标的的履行而言,如果部分履行并不损害债权人的利益,债权人有义务接受债务人部分履行。债务人部分履行必须遵循诚实信用原则,不能增加债权人的负担,如果因部分履行而增加了债权人的费用,应当由债务人承担。

（五）中止履行规则

《民法典》规定,债权人分立、合并或者变更住所没有通知债务人,致使履行发生困难的,债务人可以中止履行或者将标的物提存。本条规定指明了债权人情况不明时的履行规则。债权人因自身的情况发生变化,可能对债务履行产生影响的,债权人应负有通知债务人的附随义务。如果债权人分立、合并或者变更住所时没有履行该义务,债务人可以采取中止履行的措施,当阻碍履行的原因消灭以后再继续履行。

（六）债务人同一性规则

《民法典》规定，合同生效后，当事人不得因姓名、名称的变更或者法定代表人、负责人、承办人的变动而不履行合同义务。合同生效后，债务人的情况往往会发生变化，有的债务人以某一变动为理由拒绝履行合同，这是错误的。因为这些变化仅仅是合同的外在表现形式的变更而非履行主体的变更，债务人与名称变动前相比具有同一性，不构成合同变更和解除的理由，新的代表人应当代表原债务人履行合同义务，拒绝履行的，应承担违约责任。

七、合同履行中的抗辩权

（一）抗辩权的概念和特点

《民法典》中的抗辩权是指在合同履行过程中，债务人对债权人的履行请求权加以拒绝或者反驳的权利。抗辩权是为了维护合同当事人双方在合同履行过程中的利益平衡而设立的一项权利。作为对债务人的一种有效的保护手段，合同履行中的抗辩权要求对方承担及时履行和提供担保等义务，可以避免自己在履行合同义务后得不到对方履行的风险，从而维护了债务人的合法权益。抗辩权具有以下特点：

1. 抗辩权的被动性

抗辩权是合同债务人针对债权人根据合同约定提出的要求债务人履行合同的请求而作出拒绝或者反驳的权利，如果这种权利经过法律认可，抗辩权便宣告成立。由此可见，抗辩权属于一种被动防护的权利，如果没有请求权，便没有抗辩权。

2. 抗辩权仅仅产生于双务合同中

双务合同双方的权利义务是对等的，双方当事人既是债权人又是债务人，既享有债权又承担债务，享有债权是以承担债务为条件的，为了实现债权不得不履行各自的债务。造成合同履行的关联性，即要求合同当事人双方履行债务。一方不履行债务或者对方有证据证明他将不能履行债务，另一方原则上也可以停止履行。一方当事人在请求对方履行债务时，如果自己未履行债务或者将不能履行债务，则对方享有抗辩权。

（二）同时履行抗辩权

1. 同时履行抗辩权的概念

同时履行抗辩权即指双务合同的当事人一方在对方未为对待给付之前，有权拒绝对方请求自己履行合同要求的权利。如果双方当事人的债务关系没有先后顺序，双方当事人应当同时履行合同义务。一方当事人在请求对方履行合同债务时，如果自己没有履行合同义务，则对方享有暂时不履行自己的债务的抗辩权。

《民法典》规定，当事人互有债务，没有先后履行顺序的，应当同时履行。一方在对方履行之前有权拒绝其履行要求。一方在对方履行债务不符合约定时，有权拒绝其相应的履行要求。

2. 同时履行抗辩权的构成条件

（1）双方当事人互负对待给付。同时履行抗辩权只适用于双务合同，而且必须是双方当事人基于同一双务合同互负债务,承担对待给付的义务。如果双方的债务是因为两个或者两个以上的合同产生的,则不能适用同时履行抗辩权。

(2)双方当事人负有的对待债务没有约定履行顺序。如果合同中明确约定了当事人的履行顺序,就必须按照约定履行,应当先履行债务的一方不能对后履行方行使同时履行抗辩权。只有在合同中未对双方当事人的履行顺序进行约定的情况下,才发生合同的履行顺序问题。正是由于当事人对合同的履行顺序产生了歧义,所以才应按照一定的方式来确定当事人谁先履行谁后履行,以维护双方当事人的合法权益。

(3)须对方未履行债务或未完全履行债务。这是一方能行使其同时履行抗辩权的关键条件之一。其适用的前提就是双方当事人均没有履行各自的到期债务,其中一方已经履行其债务的,则不再出现同时履行抗辩权适用的情况,另一方也应当及时对其债务作出履行,对方向其请求履行债务时,不得拒绝。

(4)双方当事人的债务已届清偿期。合同的履行以合同履行期已经届满为前提,如果合同的履行还未到期,则不会产生履行合同义务问题,自然就不会涉及同时履行抗辩权适用问题。

3. 同时履行抗辩权的效力

同时履行抗辩权具有以下效力:

(1)阻却违法的效力。阻却违法是指因其存在,使本不属于合法的行为失去其违法的根据,而变为一种合理的为法律所肯定的行为。同时履行抗辩权是法律赋予双务合同的当事人同时履行合同债务时,保护自己利益的权利。如果因对方未履行或者未完全履行债务而拒绝向对方履行债务,该行为不构成违约,而是一种正当行为。

(2)对抗效力。同时履行抗辩权是一种延期的抗辩权,可以对抗对方的履行请求,而不必为自己的拒绝履行承担法律责任。因此,它不具有消灭对方请求权的效力,在被拒绝后,不影响对方再次提出履行请求。同时,同时履行抗辩权的目的不在于完全消除或者改变自己的债务,只是延期履行自己的债务。

(三) 后履行抗辩权

1. 后履行抗辩权的概念

后履行抗辩权是指按照合同约定或者法律规定负有先履行债务的一方当事人,届期未履行债务或履行债务严重不符合约定条件时,相对人为保护自己的到期利益或为保证自己履行债务的条件而中止履行合同的权利。《民法典》规定,当事人互负债务,有先后履行顺序的,先履行一方未履行的,后履行一方有权拒绝其履行要求,先履行一方履行债务不符合约定的,后履行一方有权拒绝其相应的履行要求。

后履行抗辩权属于负有后履行债务一方享有的抗辩权,它的本质是对先期违约的对抗,因此,后履行抗辩权可以称为违约救济权。如果先履行债务方是出于属于免责条款范围内(如发生了不可抗力)的原因而无法履行债务的,该行为不属于先期违约,因此,后履行债务方不能行使后履行抗辩权。

2. 后履行抗辩权的构成条件

后履行抗辩权的适用范围与同时履行抗辩权相似,只是在履行顺序上有所不同,具体有：

(1)由同一双务合同互负债务,互负的债务之间具有相关性。

(2)债务的履行有先后顺序。当事人可以约定履行顺序,也可以由合同的性质或交易习惯决定。

(3)先履行一方不履行或者不完全履行债务。

(四) 不安抗辩权

1. 不安抗辩权的概念

不安抗辩权,又称为保证履约抗辩权,是指按照合同约定或者法律规定负有先履行债务的一方当事人,在合同订立之后,履行债务之前或者履行过程中,有充分的证据证明后履行一方将不会履行债务或者不能履行债务时,先履行债务方可以暂时中止履行,通知对方当事人在合理的期限内提供适当担保,如果对方当事人在合理的期限内提供担保,中止方应当恢复履行;如果对方当事人未能在合理期限内提供适当的担保,中止方可以解除合同。

《民法典》规定,应当先履行债务的当事人有确切证据证明对方有下列情况之一的,可以中止履行:经营状况严重恶化;转移财产,抽逃资金以逃避债务;丧失商业信誉;有丧失或者可能丧失履行债务能力的其他情形。

2. 不安抗辩权的适用条件

(1)由同一双务合同互负债务并具有先后履行顺序。不安抗辩权同样也产生于双务合同中,与双务合同履行上的关联性有关。互负债务并具有先后履行顺序是不安抗辩权的前提条件。

(2)后履行一方有不履行债务或者可能丧失履行债务能力的情形。不安抗辩权设立的目的就是在于保证先履行的一方当事人在履行其债务后,不会因为对方不履行或者不能履行合同债务而受到损失。《民法典》中规定了四种情形,可概括为不履行或者丧失履行能力的情形。如果这些情形出现,就可能危及先履行一方的债权。

(3)先履行一方有确切的证据。作为享有的权利,先履行一方在主张不安抗辩权时,必须有充分的证据证明对方当事人确实存在不履行或者不能履行其债务的情形,这主要是防止先履行一方滥用不安抗辩权。如果先履行一方无法举出充分证据来证明对方丧失履行能力,则不能行使不安抗辩权,其拒绝履行合同义务的行为即为违约行为,应当承担违约责任。

3. 不安抗辩权的效力

(1)中止履行。不安抗辩权能够适用的原因在于可归责于对方当事人的事由,可能给先履行一方造成不能得到对待给付的危险,先履行债务一方最可能的就是暂时不向对方履行债务。所以,中止履行是权利人首先能够采用的手段,这种行为是一种正当行为,不构成违约。

(2)要求对方提供适当的担保。不安抗辩权的适用并不消灭先履行一方的债务,只是因特定的情况,暂时中止履行其债务,双方当事人的债权债务关系并未解除。因此,先履行一方可要求对方在合理的期限内提供担保,来消除可能给先履行债务一方造成损失的威胁,并以此决定是继续维持,还是终止债权债务关系。

(3)恢复履行或者解除合同。中止履行只是暂时性的保护措施,并不能彻底保护先履行债务一方的利益。所以,为及早解除双方当事人之间的不确定的法律状态,有两种处理结果:如果对方在合理期限内提供担保,则中止履行一方继续履行其债务;否则可以解除合同关系。

4. 不安抗辩权的附随义务

(1)通知义务。先履行债务一方主张不安抗辩权时,应当及时通知对方当事人,以避免对方因此而遭受损失,同时也便于对方获知后及时提供充分保证来消灭抗辩权。

(2)举证义务。先履行债务一方主张不安抗辩时,负有举证义务,即必须能够提出充分证据来证明对方将不履行或者丧失履行债务能力的事实。如果提供不出证据或者证据不充分而中止履行的,则构成违约,应当承担违约责任。如果后履行一方本可以履行债务,而因对方未举证或者证据错误而导致合同被解除,由此造成的损失由先履行债务一方承担。

第六节　合同的保全

一、合同保全的概念和特征

合同保全,是指法律为防止因债务人的财产本不应减少却被不当地减少或本应增加却不当地未增加而给债权人的债权带来损害,允许债权人行使撤销权或代位权,以保护其债权。《民法典》合同编通则单独设立一章(第五章)规定了合同的保全,在该章中,具体规定了债权人的代位权和债权人的撤销权。

合同保全主要有以下特点:

1. 合同保全的基本方法是确认债权人享有代位权或撤销权。这两种措施都旨在通过防止债务人财产不当减少或恢复债务人财产,从而保障债权人的权利实现。无论债务人是否实施了违约行为,只要债务人实施了不当处分其财产的行为而有害于债权人的债权时,债权人就可以采取保全措施。可见,合同保全与违约责任是不同的。

2. 合同保全是合同相对性规则的例外。根据合同的相对性规则,合同之债主要在合同当事人之间产生法律效力。但是代位权或撤销权的行使,都会对第三人产生效力,这种现象可以看作是合同相对性规则的例外。

3. 合同保全主要发生在合同有效成立期间。也就是说,在合同生效后至履行完毕前,都可以采取保全措施,但合同根本没有成立、生效,或已被解除,或被宣告无效、被撤销,则不能采取保全措施。

二、代位权

1. 代位权的概念

债权人的代位权是指因债务人怠于行使其到期债权，对债权人造成损害的，债权人可以向人民法院请求以自己的名义代为行使债务人债权的权利。代位权的核心是以自己的名义行使债务人对第三人的债权。

2. 代位权的成立条件

（1）债务人对次债务人的债权不具有专属性。下列金钱债权具有专属性：

①基于人身伤害产生的损害赔偿请求权。

②基于身份关系产生的债权，如基于抚养关系、赡养关系。

③基于劳动关系产生的债权，如劳动报酬、退休金。

④人寿保险合同的保险金请求权。

（2）债务人怠于行使其到期债权。怠于行使债权是指债务人在债权可能行使并且应该行使的情况下消极地不行使。债务人消极地不行使权利，就可能产生债权因时效届满而丧失诉讼权等不利后果，会给债权人的债权造成损害，所以，才有行使代位权的必要。

（3）债务人不行使债权，有造成债权消灭或者丧失的危险。债务人如果暂时消极地不行使债权，对其债权存在的法律效力没有任何影响的，因而没有构成对债务人的债权消灭或者丧失的危险，就没有由债权人行使债权的必要，债权人的代位权也就没有适用的余地。

（4）债务人的行为对债权人造成损害。债务人怠于行使债权的行为，已经对债权人的债权造成现实的损害，是指因为债务人不行使其债权，造成债务人应当增加的财产没有增加，导致债权人的债权到期时，会因此而不能全部清偿。

3. 代位权的效力

代位权的效力包括对债权人、债务人和第三人三方的效力。

（1）债权人。债权人行使代位权胜诉时，可以代位受领债务人的债权，因而可以抵销自己对债务人的债权，让自己的债权受偿。

（2）债务人。代位权的行使结果由债务人自己承担，债权人行使代位权的费用应当由债务人承担。

（3）第三人。对第三人来说，无论是债务人亲自行使其债权，还是债权人代位行使债务人的债权，均不影响其利益。如果由于债权人行使代位权而造成第三人履行费用增加的，第三人有权要求债务人承担增加的费用。

4.《司法解释》关于代位权的规定

《司法解释》第四十四条规定，实际施工人依据《民法典》第五百三十五条规定，以转包人或者违法分包人怠于向发包人行使到期债权或者与该债权有关的从权利，影响其到期债权实现，提起代位权诉讼的，人民法院应予支持。

债权属于对人权,具有相对性,原则上不能对抗第三人。债权人只能向债务人主张权利,这是债权与物权、知识产权、人格权等对世权最根本的区别,也是民法的基本原则。同时,债权的实现依赖于债务人的责任财产,为了提高债权实现的可能性,防止债务人的不当行为影响债权人的债权的实现,债法上有债的保全制度,在特定情况下赋予债权人向第三人主张权利或者撤销债务人特定行为的权利。《民法典》关于债权保全的规定体现为代位权和撤销权制度。从实际施工人、转包人或者违法分包人以及发包人三方的关系看,《民法典》第五百三十五条规定的代位权制度最适于保护实际施工人的权利。

本条规定与《司法解释》第四十三条规定有相通之处,二者都是对合同相对性的突破,都涉及实际施工人、转包人或者违法分包人及发包人三方当事人的两个法律关系。本条规定是将实际施工人对发包人的请求权引入代位权诉讼的法律框架内,而《司法解释》第四十三条是关于实际施工人权利保护的特殊规定。

《民法典》颁布后,在对相关司法解释进行清理时,《司法解释》保留了《最高人民法院关于审理建设工程施工合同纠纷案件适用法律问题的解释(二)》(法释〔2018〕20 号)第二十五条规定,同时依据《民法典》第五百三十五条规定的内容对文字表述作了相应修改。

三、撤销权

1. 撤销权的概念

撤销权是相对于债权人而言的,它是指债权人在债务人实施减少其财产而危及债权人的债权实现时,请求法院予以撤销的权利。

2. 撤销权的成立条件

(1)债务人实施了处分财产的法定行为。包括放弃到期债权、无偿转让财产的行为,或者以明显不合理的低价转让财产的行为。这些会对债权人的债权产生不利的影响,因此,债权人可以行使撤销权,以保护自己的债权。如果债务人没有上述行为,对债权人的债权未造成不利影响,债权人无权行使撤销权。

(2)债务人的行为已经产生法律效力。对于没有产生法律效力的行为,因为在法律上不产生任何意义,对债权人的债权不产生现实影响,所以债权人不能对此行使撤销权。

(3)债务人的行为是法律行为,具有可撤销性。债务人的行为必须是可以撤销的,否则,如果财产的消灭是不可以回转的,债权人行使撤销权也于事无补,此时就没有必要行使撤销权。

(4)债务人的行为已经或将要严重危害到债权人的债权。只有在债务人的行为对债权人的债权的实现产生现实的危害时,债权人才能行使撤销权,以消除因债务人的行为带来的危害。

3. 撤销权的法律效力

撤销权的法律效力包括对债权人、债务人和第三人三方的效力。

（1）债权人。债权人有权代债务人要求第三人向债务人履行或者返还财产,并在符合条件的情况下将受领的履行或财产与对债务人的债权作抵销。如果不符合抵销条件,则应当将收取的利益也加入债务人的责任财产,作为全体债权的一般担保。

（2）债务人。债务人的行为被撤销后,行为将自始无效,不发生行为的效果,意图免除的债务或转移的财产仍为债务人的责任财产,应当以此清偿债权。同时,应当承担债权人行使撤销权的必要费用和向第三人返还因有偿行为获得的利益。

（3）第三人。如果第三人对债务人负有债务,则免除债务的行为不产生法律效力,第三人应当继续履行。如果第三人已经受领了债务人转让的财产,应当返还财产。原物不能返还的,应折价赔偿。但第三人有权要求债务人偿还因有偿行为而得到的利益。

4. 撤销权的行使期限

《民法典》规定,撤销权自债权人知道或应当知道撤销事由之日起 1 年内行使。自债务人的行为发生之日起 5 年内没有行使撤销权的,该撤销权消灭。

第七节　合同的变更、转让和终止

一、合同的变更

（一）合同变更的概念

合同变更有两层含义。广义的合同变更包括合同三个构成要素的变更:合同主体的变更、合同客体的变更以及合同内容的变更。但是,考虑到合同的连贯性,合同的主体不能与合同的客体及内容同时变更,否则,变化前后的合同就没有联系的基础,就不能称之为合同的变更,而是一个旧合同的消灭与一个新合同的订立。

根据《民法典》规定,合同当事人的变化为合同的转让。因此,狭义的合同变更专指合同成立以后履行之前或者在合同履行开始之后尚未履行完之前,当事人不变而合同的内容、客体发生变化的情形。合同的变更通常分为协议变更和法定变更两种。协议变更又称为合意变更,是指合同双方当事人以协议的方式对合同进行变更。《民法典》中所指的合同变更,即指协议变更合同。

（二）合同变更的条件

1. 当事人之间已经存在合同关系

合同的变更是新合同对旧合同的替代,所以必然在变更前就存在合同关系。如果没有这一作为变更基础的现存合同,就不存在合同变更,只是单纯订立了新合同,发生新的债务。另外,原合同必须是有效合同,如果原合同无效或者被撤销,则合同自始就没有法律效力,不发生变更问题。

2. 合同变更必须有当事人的变更协议

当事人达成了变更合同的协议也是一种民事合同,因此也应符合《民法典》有关合同的订立与生效的一般规定。合同变更应当是双方当事人的自愿与真实的意思表示。

3. 原合同内容发生变化

合同变更按照《民法典》的规定仅为合同内容的变更,所以合同的变更应当能起到使合同的内容发生改变的效果,否则不能认为是合同的变更。合同的变更包括合同性质的变更、合同标的物的变更、履行条款的变更、合同担保的变更、合同所附条件的变更等。

4. 合同变更必须按照法定的方式

合同当事人协议变更合同,应当遵循自愿互利原则,给合同当事人以充分的合同自由。国家对合同当事人协议变更合同应当加以保护,但也必须从法律上实行有条件的约束,以保证当事人对合同的变更不至于危及他人、国家和社会利益。

(三)合同变更的效力

双方当事人应当按照变更后的合同履行。合同变更后有下列效力:

1. 变更后的合同部分,原有的合同失去效力,当事人应当按照变更后的合同履行。合同的变更就是在保持原合同的统一性的前提下,使合同有所变化。合同变更的实质是以变更后的合同取代原有的合同关系。

2. 合同的变更只对合同未履行部分有效,不对合同中已经履行部分产生效力,除了当事人约定以外,已经履行部分不因合同的变更而失去法律依据。即合同的变更不产生追溯力,合同当事人不得以合同发生变更而要求已经履行的部分归于无效。

3. 合同的变更不影响当事人请求损害赔偿的权利。合同变更以前,一方因可归责于自己的原因而给对方造成损害的,另一方有权要求责任方承担赔偿责任,并不因合同变更而受到影响。但是合同的变更协议已经对受害人的损害给予处理的除外。合同的变更本身给一方当事人造成伤害的,另一方当事人也应当对此承担赔偿责任,不得以合同的变更是双方当事人协商一致的结果为由而不承担赔偿责任。

(四)合同变更内容约定不明的法律规定

合同变更内容约定不明是指当事人对合同变更的内容约定含义不清,令人难以判断约定的新内容与原合同的内容的本质区别。《民法典》规定,当事人对合同变更的内容约定不明确的,推定为未变更。有效的合同变更,必须有明确的合同内容的变更,即在保持原合同的基础上,通过对原合同作出明显的改变,而成为一个与原合同有明显区别的合同。否则,就不能认为原合同进行了变更。

二、合同的转让

(一)合同转让的概念

合同转让是指合同成立后,当事人依法可以将合同中的全部或部分权利(或者义务)转让或者转移给第三人的法律行为。也就是说合同的主体发生了变化,由新的合同当事人代替了原合同当事人,而合同的内容没有改变。合同转让有两种基本形式:债权让与和债务承担。

（二）债权让与

1. 债权让与的概念及法律特征

债权让与即合同权利转让,是指合同的债权人通过协议将其债权全部或者部分转移给第三人的行为。债权的转让是合同主体变更的一种形式,它是在不改变合同内容的情况下,合同债权人的变更。其法律特征有:

(1)合同权利的转让是在不改变合同权利内容的基础上,由原合同的债权人将合同权利转移给第三人;

(2)合同债权的转让只能是合同权利,不应包括合同义务;

(3)合同债权的转让可以是全部转让也可以是部分转让;

(4)转让的合同债权必须是依法可以转让的债权,否则不得进行转让,转让不得进行转让的合同,债权协议无效。

2. 债权让与的构成条件

根据《民法典》规定,债权让与的成立与生效的条件包括:

(1)让与人与受让人达成协议。债权让与实际上就是让与人与受让人之间订立了一个合同,让与人按照约定将债权转让给受让人。合同当事人包括债权人与第三人,不包括债务人。该合同的成立、履行及法律效力必须符合法律规定,否则不能产生法律效力,转让合同无效。合同一旦生效,债权即转移给受让人,债务人对债权让与同意与否,并不影响债权让与的成立与生效。

(2)原债权有效存在。转让的债权必须具有法律上的效力,任何人都不能将不存在的权利让与他人。所以,转让的债权应当是为法律所认可的具有法律约束力的债权。对于不存在或者无效的合同,债权的转让协议是无效的,如果因此而造成受让人利益损失,让与人应当承担赔偿责任。

(3)让与的债权具有可转让性。并非所有的债权都可以转让,必须根据合同的性质,遵循诚实信用原则以及具体情况判断是否可以转让。其标准为是否改变了合同的性质,是否改变了合同的内容,增加了债务人的负担等。

(4)履行必需的程序。《民法典》规定,法律、行政法规规定转让权利或者转移义务应当办理批准、登记等手续的,依照其规定办理。

(5)需通知债务人。《民法典》规定,债权人转让债权,未通知债务人的,该转让对债务人不发生效力。债权转让的通知不得撤销,但是经受让人同意的除外。

3. 债权让与的限制

不得进行转让的合同债权主要包括:

(1)根据债权性质不得转让的合同债权。主要有:合同的标的与当事人的人身关系相关的合同债权;不作为的合同债权;与第三人利益有关的合同债权。

(2)按照当事人的约定不得转让的债权,即债权人与债务人对债权的转让作出了禁止性约定,只要不违反法律的强制性规定或者公共利益,这种约定都是有效的,债权人不得将债权进行转让。

（3）依照法律规定不得转让的债权，是指法律明文规定不得让与或者必须经合同债务人同意才能让与的债权。如《民法典》中规定，最高额抵押担保的债权确定前，部分债权转让的，最高额抵押权不得转让，但是当事人另有约定的除外。

4. 债权让与的效力

（1）债权让与的内部效力。合同债权转让协议一旦达成，债权就发生了转移。如果合同债权进行了全部转让，则受让人取代了让与人成为新的债权人；如果是部分转让，则受让人加入了债的关系，按照债的份额或者连带的与让与人共同享有债权。同时，受让人还享有与债权有关的从权利。所谓合同的从权利是指与合同的主债权相联系，但自身并不能独立存在的合同权利。大部分是由主合同的从合同所规定的，也有本身就是主合同内容的一部分，如被担保的权利就是主权利，担保权则为从权利。常见的从权利除了保证债权、抵押权、质押权、留置权、定金债权等外，还有违约金债权、损害赔偿请求权、合同解除权、债权人的撤销权以及代位权等属于主合同的规定或者依照法律规定所产生的债权人的从权利。《民法典》规定，债权人转让债权的，受让人取得债权有关的从权利，但该从权利专属于债权人自身的除外。

（2）债权让与的外部效力。债权让与通知债务人后即对债务人产生效力，包括让与人与债务人之间以及受让人与债务人之间的效力。对让与人与债务人来说，就债权转让部分，债务人不再对让与人负有任何债务，如果债务人向让与人履行债务，债务人并不能因债权清偿而解除对受让人的债务；让与人也无权要求债务人向自己履行债务，如果让与人接受了债务人的债务履行应负返还义务。对受让人与债务人来说，就债权转让部分，债务人应当承担让与人转让给受让人的债务，如果债务人不履行其债务，应当承担违约责任。

5. 债权让与时让与人的义务

让与人必须对受让人承担下列义务：

（1）将债权证明文件交付受让人。让与人对债权凭证保有利益的，由受让人自付费用取得与原债权证明文件有同等证据上效力的副本。

（2）将占有的质物交付受让人。

（3）告知受让人行使债权的一切必要情况。

（4）应受让人的请求做成让与证书，其费用由受让人承担。

（5）承担因债权让与而增加的债务人履行费用。

（6）提供其他为受让人行使债权所必要的合作。

同时，让与人应当将债权让与情况及时通知债务人，从而使债权让与对债务人产生法律效力。如果让与人未将其转让行为通知债务人，该转让对债务人不发生法律效力。债权让与的通知应当以到达债务人时产生法律效力，产生法律效力后，让与人不得再行撤销，只有在受让人同意撤销转让以后，债权让与的协议才失去效力。

6. 债权抵销

债权抵销是指当双方互负债务时，各以其债权充当债务的清偿，而使其债务与对方

的债务在相同数额内相互消灭,不再履行。《民法典》规定,有下列情形之一的,债务人可以向受让人主张抵销:

(1)债务人接到债权转让通知时,债务人对让与人享有债权,且债务人的债权先于转让的债权到期或者同时到期;

(2)债务人的债权与转让的债权基于同一合同产生。

(三)债务承担

1. 债务承担的概念

合同义务的转移又称债务承担,是指基于债权人、债务人与第三人之间达成的协议将债务移转给第三人承担。债务的转移可分为全部转移和部分转移。债务的全部转移,是指由新的债务人取代原债务人,即合同的主体发生变化,而合同内容保持不变;债务的部分转移则是指债务人将合同义务的一部分转交给第三人,由第三人对债权人承担一部分债务,原债务人并没有退出合同关系,而是又加入一个债务人,该债务人就其接受转让的债务部分承担责任。

《民法典》第七百九十一条规定,工程建设中,总承包人或者勘察、设计、施工承包人经发包人同意,可以将自己承包的部分工作交由第三人完成。同时规定,承包人不得将其承包的全部建设工程转包给第三人或者将其承包的全部建设工程肢解以后以分包的名义分别转包给第三人。由此可见,在建设工程中,法律明确规定,承包商的债务转移只能是部分转移。

2. 债务承担的构成条件

债务承担生效与成立的条件包括:

(1)承担人与债务人订立债务承担合同;

(2)存在有效债务;

(3)拟转移的债务具有可转移性,即性质上不能进行转让,或者法律、行政法规禁止转让的债务,不得进行转让;

(4)合同债务的转移必须取得债权人的同意。

其中,转移必须经债权人同意既是债务承担生效条件,也是债务承担与债权让与最大的不同。因为债务承担直接影响到债权人的利益。债务人的信用、资历是债权人利益得以实现的保障,如果债务人不经债权人同意而将债务转移,则债权人的利益将难以确定,有可能会因为第三人履行债务能力差而使债权人的利益受损。所以,为了保护债权人的利益,债务承担必须事先征得债权人的同意。

3. 债务承担的效力

债务承担的效力主要表现在以下几方面:

(1)承担人代替了原债务人承担债务,原债务人免除债务。由于实行了债务转让,转移后的债务应当由第三人承担,债权人只能要求承担人履行债务且不得拒绝承担人的履行。同时,承担人以自己的名义向债权人履行债务并承担未履行或者不适当履行债务的违约责任,原债务人对承担人的履行不承担任何责任。需要说明的是,此处所说的债务是指经债权人同意后转让的债务,否则不能产生法律效力;同时,该债务仅限于转让部分,对部分转让的,原债务人不能免除未转移部分的债务。

(2)承担人可以主张原债务人对债权人的抗辩。既然承担人经过债务转让而处于债务人的地位,所有与所承担的债务有关的抗辩,都应当同时转让给承担人并由其向债权人提出。承担人拥有的抗辩权包括法定的抗辩事由,如不可抗力以及在实际订立合同以后发生的债务人可以加以对抗债权人的一切事由。但这种抗辩必须符合两方面条件:一是该行为必须有效;二是承担人履行的时间应当在转让债务得到债权人的同意之后,如果抗辩事由发生在债务转移之前,则为债务人自己对债权人的抗辩。

(3)承担人同时负担从债务。对于附属于主债务的从债务,在原债务人转移债务后,无论在转让协议中是否约定,承担人应当一并对从债务进行承担。但是,从债务专属于原债务人,承担人不予承担,仍然由原债务人负担,债权人无权要求承担人履行这些债务。

(四) 债权债务的概括转移

1. 债权债务的概括转移的概念

债权债务的概括转移是指由原合同的当事人一方将其债权债务一并转移给第三人,由第三人概括地继受这些权利和义务。债权债务的概括转移一般由合同当事人一方与合同以外的第三人通过签订转让协议,约定由第三人取代合同转让人的地位,享有合同中转让人的一切权利并承担转让人在合同中的一切义务。

2. 债权债务的概括转移的成立条件

(1)转让人与承受人达成合同转让协议。这是债权债务的概括转移的关键。

(2)原合同必须有效。原合同无效的不能产生法律效力,更不能转让。

(3)原合同为双务合同。只有双务合同才可能将债权债务一并转移,否则只能为债权让与或者是债务承担。

(4)必须经原合同对方当事人的同意。

3. 债权债务因合并和分立而发生的概括转移

(1)债权债务因合并而发生概括转移。当事人的合并是指合同当事人与其他的民事主体合成一个民事主体。合并有两种形式:一是新设合并,即由原来的两个以上的民事主体合并成为一个新的民事主体;二是吸收合并,即两个以上的民事主体,由其中的一个加入另一个中去。《民法典》规定,合同当事人与其他民事主体发生合并的,合并后的民事主体承担原合同中的债务,同时享有原合同当事人的权利。

(2)债权债务因分立而发生概括转移。当事人的分立是指当事人由一个民事主体分为两个或者两个以上的民事主体。分立也分为两种情况:一是由原来的主体分出另外一个或多个民事主体,而原主体并不消灭;二是消灭原主体而形成两个或多个新的民事主体。《民法典》规定,当事人订立合同后分立的,除了债权人与债务人另有约定的以外,由分立的法人或者其他组织对合同的权利义务享有连带债权,承担连带债务。

三、合同终止

(一) 合同终止的基本内容

1. 合同终止的概念

合同终止,又称为合同的消灭,是指合同关系不再存在,合同当事人之间的债权债务终止,当事人不再受合同关系的约束。合同的终止也就是合同效力的完全终结。

2. 合同终止的条件

根据《民法典》规定,有下列情形之一的,债权债务终止:

(1)债务已经履行;

(2)债务相互抵销;

(3)债务人依法将标的物提存;

(4)债权人免除债务;

(5)债权债务归于一人;

(6)法律规定或者当事人约定终止的其他情形。

合同解除的,该合同的权利义务关系终止。

3. 合同终止的效力

合同终止因终止原因的不同而发生不同的效力。根据《民法典》规定,除上述的第(2)项和第(7)项终止条件以外,在消灭因合同而产生的债权债务的同时,也产生了下列效力:

(1)消灭从权利。债权的担保及其他从属的权利,随合同终止而同时消灭,如为担保债权而设定的保证、抵押权或者质权,事先在合同中约定的利息或者违约金因此而消灭。

(2)返还负债字据。负债字据又称为债权证书,是债务人负债的书面凭证。合同终止后,债权人应当将负债字据返还给债务人。如果因遗失毁损的原因不能返还的,债权人应当向债务人出具债务消灭的字据,以证明债务的了结。

合同解除的,合同的权利义务关系终止,但并不完全消灭相互间的债务关系,对此,将适用下列条款:

(1)结算与清理。《民法典》第五百六十七条规定,合同的权利义务终止,不影响合同中结算与清理条款的效力。由此可见,合同终止后,尽管消灭了合同,如果当事人在事前对合同中所涉及的金钱或者其他财产约定了清理或者结算的方法,则应当以此方法作为合同终止后的处理依据,以彻底解决当事人之间的债务关系。

(2)争议的解决。《民法典》第五百零七条规定,合同不生效、无效、被撤销或者终止的,不影响合同中有关解决争议方法的条款的效力。这表明了争议条款的相对独立性,即使合同的其他条款因无效、被撤销或者终止而失去法律效力,但是争议条款的效力仍然存在。这充分尊重了当事人在争议解决问题上的自主权,有利于争议的解决。

4. 合同终止后的义务

后合同义务又称后契约义务,是指在合同关系因一定的事由终止以后,出于对当事人利益保护的需要,合同双方当事人依据诚实信用原则所负有的通知、协助、保密等义务。后合同义务产生于合同关系终止以后,它与合同履行中所规定的附随义务一样,也是一种附随义务。

(二) 合同解除

1. 合同解除的概念

合同解除,指合同成立以后,未履行或未完全履行前,经当事人协议或者当具备合同解除的条件时,由解除权人行使解除权使合同关系自始或向将来消灭的一种行为。合同的解除是合同终止的一种特殊的方式。

合同解除包括三类:协议解除、约定解除、法定解除。

2. 合同解除的要件

(1)存在有效合同并且尚未完全履行。合同解除是合同终止的一种异常情况,在合同有效成立以后,履行完毕之前的期间内发生了异常情况,或者因一方当事人违约,以及发生了影响合同履行的客观情况,致使合同当事人可以提前终止合同。

(2)具备了合同解除的条件。合同有效成立后,如果出现了符合法律规定或者合同当事人之间约定的解除条件的事由,则当事人可以行使解除权而解除合同。

(3)有解除合同的行为。解除合同需要一方当事人行使解除权,合同才能解除。

(4)解除产生消灭合同关系的效果。合同解除将使合同效力消灭。如果合同并不消灭,则不是合同解除,而是合同变更或者合同中止。

3. 协议解除

指合同成立后,未履行或未完全履行前,当事人协议解除合同,使合同效力消灭的合同解除方式。不是单方行使解除权,而是双方都同意解除合同。

4. 约定解除

指当事人在合同中约定解除权成立的条件,在合同履行完毕之前约定解除权条件成就的,由解除权人通过行使解除权使合同消灭的一种合同解除方式。

5. 法定解除

指在合同成立之后,没有履行或履行完毕以前,当事人一方通过行使法定的解除权而使合同效力消灭的行为。法定解除就是直接根据法律规定的解除权解除合同,它是合同解除制度中最核心、最重要的问题。《民法典》第五百六十三条规定,有下列情形之一的,当事人可以解除合同:

(1)因不可抗力致使不能实现合同目的;

(2)在履行期限届满之前,当事人一方明确表示或者以自己的行为表明不履行主要债务;

(3)当事人一方迟延履行主要债务,经催告后在合理期限内仍未履行;

(4)当事人一方迟延履行债务或者有其他违约行为致使不能实现合同目的;

(5)法律规定的其他情况。

由此可见,法定解除可以分为三种情况:

(1)不可抗力解除权。不可抗力,是指不能预见、不可避免并不能克服的客观情况。发生不可抗力,就可能造成合同不能履行。这可以分为三种情况:一是不可抗力造成全部义务不能履行,发生解除权;二是如果造成部分义务不能履行,且部分义务履行对债权人毫无意义的,发生解除权;三是如果造成履行迟延,且迟延履行对债权人无意义的,发生解除权。对不可抗力造成全部义务不能履行的,合同双方当事人均具有解除权;其他情况,只有相对人拥有解除权。

(2)违约解除权。当一方当事人违约,相对人在自己的债权得不到履行的情况下,依照《民法典》第五百六十三条规定,可以行使解除权而单方解除合同,同时对因对方当事人未履行其债务而给自身造成的损失由违约方承担违约责任。所以,解除合同常常作为违约的一种救济方法。

(3)其他解除权。其他解除权是指除上述情形外,法律规定的其他解除权。如在合同履行时,一方当事人行使不安抗辩权,而对方未在合理期限内提供保证的,抗辩方可以行使解除权,而将合同归于无效。在《民法典》分则中,就具体合同对合同解除也作出了特别规定。对于有特别规定的解除权,应当适用特别规定,而不适用上述规定。

6. 解除权的行使

(1)解除权行使的方式

解除合同原则上只要符合合同解除条件,一方当事人只需向对方当事人发出解除合同的通知,通知到达对方时即发生解除合同的效力。如果法律、行政法规规定解除合同,应当办理批准、登记手续的,还必须按照规定办理。如果使用通知的方式解除合同而对方有异议的,应当通过法院或者仲裁机构确认解除的效力。

(2)解除权行使的期限

《民法典》规定,法律规定或者当事人约定解除权行使期限,期限届满当事人不行使的,该权利消灭;法律没有规定或者当事人没有约定解除权行使期限,自解除权人知道或者应当知道解除事由之日起一年内不行使,或者经对方催告后在合理期限内不行使的,该权利消灭。这条规定主要是为了维护债务人的合法权益。解除权人迟迟不行使解除权对债务人十分不利,因为债务人的义务此时处于不确定的状态,如果继续履行,一旦对方解除合同,就会给自己造成损失;如果不履行,可是合同有没有解除,他此时仍然有履行的义务。因此,解除权要尽快行使,尽量缩短合同的不确定状态。

7. 合同解除后的法律后果

合同解除后,将产生终止合同的权利义务、消灭合同的效力。效力消灭分为以下三种情况:

(1)合同尚未履行的,终止履行。尚未履行合同的状态与合同订立前的状态基本相同,因而解除合同仅仅只是终止了合同的权利义务。但是,除非合同解除是因不可归责于双方当事人的事由或者不可抗力所造成的,否则,对合同解除有过错的一方,应当对另一方承担相应的损害赔偿责任。

(2)合同已经履行的,要求恢复原状。恢复原状是指恢复到订立合同前的状态,它是合同解除具有溯及力的标志和后果。恢复原状一般包括如下内容:返还原物;受领的标的物为现金的,应当同时返还自受领时起的利息;受领的标的物生有孳息的,应当一并返还;就应当返还之物支出了必要的或者有益的费用,可以在对方得到返还时和所得利益限度内请求返还;应当返还之物因毁损、灭失或者其他原因不能返还的,应当按照该物的价值以金钱返还。

(3)合同已经履行的,采取其他补救措施。这种情形的发生,可能有三方面原因:合同的性质决定了不可能恢复原状、合同的履行情况不适合恢复原状(如建筑工程合同)以及当事人对清理问题经协商达成协议。这里所说的补救措施主要是指要求对方付款、减少价款的支付或者请求返还不当得利等。

8.合同解除后的损失赔偿

我国《民法典》采取并存主义,规定合同解除并不影响当事人要求赔偿损失的权利。损害赔偿的范围,不仅包括债务人不履行的损害赔偿,而且还包括因合同解除而产生的损害赔偿。赔偿范围包括:

(1)债务不履行的损害赔偿。包括履行利益和信赖利益。

(2)因合同解除而产生的损害赔偿。包括:

①债权人订立合同所支出的必要的费用。

②债权人因相信合同能够履行而作准备所支出的必要费用。

③债权人因失去同他人订立合同的机会所造成的损失。

④债权人已经履行合同义务,债务人因拒不履行返还给付物的义务而给债权人造成的损失。

⑤债权人已经受领债务人的给付物时,因返还该物而支出的必要的费用。

9.《民法典》关于合同解除的规定

(1)《民法典》第五百六十三条规定,有下列情形之一的,当事人可以解除合同:

①因不可抗力致使不能实现合同目的;

②在履行期限届满前,当事人一方明确表示或者以自己的行为表明不履行主要债务;

③当事人一方迟延履行主要债务,经催告后在合理期限内仍未履行;

④当事人一方迟延履行债务或者有其他违约行为致使不能实现合同目的;

⑤法律规定的其他情形。

以持续履行的债务为内容的不定期合同,当事人可以随时解除合同,但是应当在合理期限之前通知对方。

(2)《民法典》第八百零六条规定,承包人将建设工程转包、违法分包的,发包人可以解除合同。

发包人提供的主要建筑材料、建筑构配件和设备不符合强制性标准或者不履行协助义务,致使承包人无法施工,经催告后在合理期限内仍未履行相应义务的,承包人可以解除合同。

合同解除后,已经完成的建设工程质量合格的,发包人应当按照约定支付相应的工程价款;已经完成的建设工程质量不合格的,参照本法第七百九十三条的规定处理。

附：

《民法典》第七百九十三条规定,建设工程施工合同无效,但是建设工程经验收合格的,可以参照合同关于工程价款的约定折价补偿承包人。

建设工程施工合同无效,且建设工程经验收不合格的,按照以下情形处理：

①修复后的建设工程经验收合格的,发包人可以请求承包人承担修复费用；

②修复后的建设工程经验收不合格的,承包人无权请求参照合同关于工程价款的约定折价补偿。

发包人对因建设工程不合格造成的损失有过错的,应当承担相应的责任。

(三) 抵销

抵销可以分为法定抵销和约定抵销。

1. 法定抵销

(1)法定抵销的概念

法定抵销是指当事人双方互相负有给付债务,经过一方作出抵销的意思表示而使双方债权债务相互冲抵,使其相互在对等数额内消灭。

(2)法定抵销的要件

①双方当事人互享债权互负债务。这是抵销的首要条件。

②互负的债权的种类要相同,即合同的给付在性质上即品质上,是相同的。

③互负的债权必须为到期债权,即双方当事人的各自的债权均已经到了清偿期,只有这样,双方才负有清偿债务的义务。

④不属于不能抵销的债权。

不能抵销的债权包括：

①按照法律规定不得抵销。又分为禁止强制执行的债务,因故意侵权行为所发生的债务,约定应当向第三人给付的债务,为第三人利益的债务。

②依合同的性质不得抵销。

③当事人特别约定不得抵销的。

(3)法定抵销的行使与效力

《民法典》规定,当事人主张抵销的,应当通知对方,通知自到达对方时生效。抵销不得附条件或者附期限。

2. 约定抵销

(1)约定抵销是指当事人双方通过订立抵销合同而使双方互负的债务发生抵销。标的物种类、品质不相同的,经当事人协商一致,也可以抵销。约定抵销有两种情况:一是双方在合同中约定行使抵销权的条件,待条件成就时一方可以行使抵销权;二是当事人双方直接通过协议将双方的债务相互抵销。

(2)约定抵销的要件为：

①双方相互负有债权债务；

②双方当事人就抵销协商一致；

③不得违背法律、法规与公序良俗。

（3）约定抵销的效力

约定抵销的效力体现在两个方面：一方面，约定抵销与法定抵销具有相同的效力，即消灭当事人之间同等数额的债权债务关系。在约定抵销中，双方的债务于抵销合同成立前，就处于得为抵销的状态，则抵销合同具有溯及力，自抵销适状时发生效力；在抵销合同订立前，双方的债务不符合抵销适状时，则抵销合同不发生溯及力。此时，当事人特别约定溯及力于某时发生效力的，始发生溯及力。另一方面，约定抵销可以改变法定抵销的条件，即当事人可以约定减轻或加重法定抵销的条件。

（四）提存

1. 提存的概念

提存是指债务人于债务已届履行期时，将无法给付的标的物提交给提存机关，以消灭合同债务的行为。

2. 提存的条件

（1）提存人具有行为能力，意思表示真实。

（2）提存的债务真实、合法。

（3）存在法律规定的提存原因。包括债权人无正当理由拒绝受领，债权人下落不明，债权人失踪或死亡未确定继承人或者丧失民事行为能力未确定监护人，以及法律规定的其他情形。

（4）存在适宜提存的标的物。

（5）提存的物与债的标的物相符。

3. 提存的方法与效力

提存人应当首先向提存机关申请提存，提存机关收到申请以后，需要按照法定条件对申请进行审查，符合条件的，提存机关应当接受提存标的物并采取必要的措施加以保管。标的物提存后，除了债权人下落不明外，债务人应当及时通知债权人或者债权人的继承人、监护人。无论债权人是否受领提存物，提存都将消灭债务，解除担保人的责任，债权人只能向提存机关收取提存物，不能再向债务人请求清偿。在提存期间，发生的一切提存物的毁损、灭失的风险由债权人承担。同时，提存的费用也由债权人承担。

（五）债权人债务免除

1. 债务免除的概念

债务免除是指债权人免除债务人的债务而使合同权利义务部分或全部终止的意思表示。

2. 债务免除的条件

（1）免除人应当对免除的债权拥有处分权并且不损害第三人的利益；

（2）免除应当由债权人向债务人作出抛弃债权的意思表示；

（3）免除应当是无偿的。

3. 债务免除的效力

免除债务发生后，债权债务关系消灭。免除部分债务的，部分债务消灭；免除全部债务的,全部债务消灭,与债务相对应的债权也消灭。因债务消灭的结果,债务的从债务也同时归于消灭。

(六)债权债务混同

1. 债权债务混同的概念

债权债务混同是指因债权债务同归于一人而引起合同终止的法律行为。

2. 混同的效力

混同是债的主体变为同一人而使合同全部终止,消灭因合同而产生的债的关系。但是,在法律另有规定或者合同的标的涉及第三人的利益时,混同不发生债权债务消灭的效力。

第八节　违反合同的责任

一、合同违约责任的特点

违约责任是指合同当事人因违反合同约定而不履行债务所应当承担的责任。违约责任和其他民事责任相比较,有以下一些特点:

(一)违约责任是一种单纯的民事责任

民事责任分为侵权责任和违约责任两种。尽管违约行为可能导致当事人必须承担一定的行政责任或者刑事责任,但违约责任仅仅限于民事责任。违约责任的后果承担形式有继续履行、采取补救措施、赔偿损失、支付违约金、定金罚则等。

(二)违约责任是当事人违反合同义务所产生的责任

违约责任是合同当事人不履行合同义务或者履行合同义务不符合约定而产生的法律责任,它以合同的存在为基础。这就要求合同本身必须有效,这样合同的权利义务才能受到法律的保护。对合同不成立、无效合同、被撤销合同都不能产生违约责任。

(三)违约责任具有相对性

违约责任的相对性体现在:

1. 违约责任仅仅产生于合同当事人之间,一方违约的,由违约方向另一方承担违约责任;双方都违约,各自就违约部分向对方承担违约责任。违约方不得将责任推卸给他人。

2. 在因第三人的原因造成债务人不能履行合同义务或者履行合同义务不符合约定的情况下,债务人仍然应当向债权人承担违约责任,而不是由第三人直接承担违约责任。

3. 违约责任不涉及合同以外的第三人,违约方只向债权人承担违约责任,而不向国家或者第三人承担责任。

(四)违约责任具有法定性和任意性双重特征

违约责任的任意性体现在合同当事人可以在法律规定的范围内,通过协议对双方当事人的违约责任进行规定,其他人对此不得进行干预。

违约责任的法定性表现在:

1. 在合同当事人事先没有在合同中约定违约责任条款的情况下,在合同履行过程中,如果当事人不履行或者履行不符合约定,违约方并不能因合同中没有违约责任条款而免除责任。《民法典》规定,当事人一方不履行合同义务或者履行合同义务不符合约定的,应当承担继续履行、采取补救措施或者赔偿损失等违约责任。

2. 当事人约定的违约责任条款作为合同内容的一部分,也必须符合法律关于合同的成立与生效要件的规定,如果事先约定的违约责任条款不符合法律规定,则这些条款将被认定为无效或者被撤销。

(五)违约责任具有补偿性和惩罚性双重属性

违约责任的补偿性是指违约责任的主要目的在于弥补或者补偿非违约方因对方违约行为而遭受的损失,违约方通过承担损失的赔偿责任,弥补违约行为给对方当事人造成的损害后果。

违约责任的惩罚性体现在如果合同中约定了违约金或者法律直接规定了违约金的,当合同当事人一方违约时,即使并没有给相对方造成实际损失,或者造成的损失没有超过违约金的,违约方也应当按照约定或者法律规定支付违约金,这完全体现了违约金的惩罚性;如果造成的损失超过违约金的,违约方还应当对超过的部分进行补偿,这体现了补偿性。

二、违约责任的构成要件

违约责任的构成要件是确定合同当事人是否应当承担违约责任、承担何种违约责任的依据,这对于保护合同双方当事人的合法权益有着重要意义。违约责任的构成要件包括:

1. 违约责任的一般构成要件

合同当事人必须有违约行为。违约责任实行严格责任制,违约行为是违约责任的首要条件,只要合同当事人有不履行合同义务或者履行合同义务不符合约定的事实存在,除了发生符合法定的免责条件的情形外,无论他主观是否有过错,都应当承担违约责任。

2. 违约责任的特殊构成要件

除了一般构成要件以外,对于不同的违约责任形式还必须具备一定的特定条件。违约责任的特殊构成要件因违约责任形式的不同而不同。

(1)损害赔偿责任的特殊构成要件

①有因违约行为而导致损害的事实。一方面,损害必须是实际发生的损害,对于尚未发生的损害,不能赔偿;另一方面,损害是可以确定的,受损方可以通过举证加以确定。

②违约行为与损害事实之间必须有因果关系。违约方在实施违约行为时必然会引起某些事实结果发生,如果这些结果中包括对方当事人因违约方的违约行为而遭受损

失,则违约方必须对此承担损失赔偿责任以补偿对方的损失。如果违约行为与损害事实之间并没有因果关系,则违约方不需要对该损失承担赔偿责任。

(2)违约金责任形式的特殊构成要件

①当事人在合同中事先约定了违约金,或者法律对违约金作出了规定;

②当事人对违约金的约定符合法律约定,违约金是有效的。

(3)强制实际履行的特殊构成要件

①非违约方在合理的期限内要求违约方继续履行合同义务。非违约方必须在合理的期限内通知对方,要求对方继续履行,否则超过了期限规定,违约方不能以继续履行来承担违约责任。

②违约方有继续履行的能力。如果违约方因客观原因而失去了继续履行能力,非违约方也不得强迫违约方实际履行。

③合同债务可以继续履行。《民法典》规定,如果法律上或者事实上不能继续履行的、债务的标的不适于强制履行或者履行费用过高的以及债权人在合理期限内未请求履行,违约方可以不以继续履行来承担违约责任。

三、违约行为的种类

违约行为是违约责任产生的根本原因,没有违约行为,合同当事人一方就不应当承担违约责任。而不同的违约行为所产生的后果又各不相同,从而导致违约责任的形式也有所不同。

违约行为可分为预期违约和实际违约两种形式。预期违约又可分为明示毁约和默示毁约;实际违约可分为不履行合同义务和履行合同义务不符合约定。

1. 预期违约

(1)预期违约的概念

预期违约又称为先期违约,是指在合同履行期限届满之前,一方当事人无正当理由而明确地向对方表示,或者以自己的行为表明将来不履行合同义务的行为。预期违约可分为明示毁约和默示毁约两种形式,明确地向对方表示不履行的为明示毁约,以自己的行为表明不履行的为默示毁约。

(2)预期违约的构成要件

①在合同履行期限届满之前有将不履行合同义务的行为。在明示毁约的情况下,违约方必须明确作出将不履行合同义务的意思表示。在默示毁约情况下,违约方的行为必须能够使对方当事人预料到在合同履行期限届满时违约方将不履行合同义务。

②毁约行为必须发生在合同生效后履行期限届满之前。预期违约是针对违约方在合同履行期限届满之前的毁约行为,如果在合同有效成立之前发生,则合同不会成立;如果是在合同履行期限届满之后发生,则为实际违约。

③毁约必须是对合同中实质性义务的违反。如果当事人预期违约的行为仅仅是不履行合同中的非实质性义务,则该行为不会造成合同的根本目的不能实现,而仅仅是实现的目的出现了偏差,这样的行为不属于预期违约。

④违约方不履行合同义务无正当理由。如果债务人有正当理由拒绝履行合同义务的,如诉讼时效届满、发生不可抗力等,则他的行为不属于预期违约。

(3)预期违约的法律后果

①解除合同。当合同一方当事人以明示或者默示的方式表明他将在合同的履行期限届满时不履行或者不能履行合同义务,另一方当事人有法定的解除权,他可以单方面解除合同,同时要求对方承担违约责任。但是,解除合同的意思表示必须以明示的方式作出,在该意思表示到达违约方时即产生合同解除的效力。

②债权人有权在合同的履行期限届满之前,要求预期违约责任方承担违约责任。在预期违约情况下,为了使自己尽快从已经不能履行的合同中解脱出来,债权人有权要求违约方承担违约责任。《民法典》规定,当事人一方明确表示或者以自己的行为表明不履行合同义务的,对方可以在履行期限届满之前要求其承担违约责任。

③履行期限届满后要求对方承担违约责任。预期违约是在合同履行期限届满之前的行为,这并不代表违约方在履行期限届满时就一定不会履行合同义务,他仍然有履行合同义务的可能性。所以,债权人也可以出于某种考虑,等到履行期限届满后,对方的预期违约行为变成实际违约时,再要求违约方承担违约责任。

2. 不履行合同义务

不履行合同义务是指在合同生效后,当事人根本不按照约定履行合同义务。可分为两种情况:

(1)履行不能。履行不能是指合同当事人一方出于某些特定的事由而不履行或者不能履行合同义务。这些事由分为客观事由与主观事由。如果不履行或者不能履行是由于不可归责于债务人的事由产生的,则可以就履行不能的范围免除债务人的违约责任。

(2)拒绝履行。拒绝履行是指在履行期限届满后,债务人能够履行却在无抗辩事由的情形下拒不履行合同义务的行为。

1)拒绝履行的构成要件

①存在合法有效的债权债务关系;

②债务人向债权人拒不履行合同义务;

③拒绝履行合同义务无正当理由;

④拒绝履行是在履行期限届满后作出。

2)拒绝履行的法律后果

①实际履行。如果违约方不履行合同义务,无论他是否已经承担损害赔偿责任或者违约金责任,都必须根据相对方的要求,并在能够履行的情况下,按照约定继续履行合同义务。

②解除合同。违约方拒绝履行合同义务,表明了他不愿意继续受合同的约束,此时,相对方也有权选择解除合同的方式,同时可以向违约方主张要求其承担损失赔偿责任或者违约金责任。

③赔偿损失或者支付违约金、按定金罚则承担责任。违约方拒绝履行合同义务,相

对方根据实际情况可以选择强制实际履行或者解除合同后，相对人仍然有因违约方违约而遭受损害时，相对人有权要求违约方继续履行损失赔偿责任，也可以根据约定要求违约方按照约定，向相对人支付违约金或者按定金罚则承担责任。

3. 履行合同义务不符合约定

履行合同义务不符合约定又称不适当履行或者不完全履行，是指虽然当事人一方有履行合同义务的行为，但是其履行违反了合同约定或者法律规定。按照其特点，不适当履行又分为以下几种：

(1)迟延履行，即违约方在履行期限届满之后才作出的履行行为，或者履行未能在约定的履行期限内完成。

迟延履行，包括：①迟延给付，又称债务人迟延，指债务人在履行期限到来后，能够履行债务而没有按期履行债务；②迟延受领，指债权人应当对债务人的履行及时受领而没有受领。

(2)瑕疵给付，指债务人没有完全按照合同的约定履行合同义务。

(3)提前履行，指债务人在约定的履行期限尚未届满时就履行完合同义务。

对于以上这些不适当履行，债务人都应当承担违约责任，但对提前履行，法律另有规定或者当事人另有约定的除外。

四、违约责任的承担方式

1. 继续履行

(1)继续履行的概念

又称强制继续履行，即如果违约方出现违约行为，非违约方可以借助于国家的强制力使其继续按照约定履行合同义务。要求违约方继续履行是《民法典》赋予债权人的一种权利，其目的主要是为了维护债权人的合法权益，保证债权人在违约方违约的情况下，还可以实现订立合同的目的。

(2)继续履行的构成要件

①违约方在履行合同义务过程中有违约行为。

②非违约方在合理期限内要求违约方继续履行合同义务。

③违约方能够继续履行合同义务，一方面违约方有履行合同义务的能力；另一方面合同义务是可以继续履行的。

(3)继续履行的例外

由于合同的性质等原因，有些债务主要是非金钱债务，当违约方出现违约行为后，该债务不适合继续履行。对此，《民法典》作出了专门的规定，包括：

①法律上或者事实上不能履行；

②债务的标的不适于强制履行或者履行费用过高；

③债权人未在合理期限内请求履行。

2. 采取补救措施

(1)采取补救措施的含义

补救措施是指在发生违约行为后,为防止损失的发生或者进一步扩大,违约方按照法律规定或者约定以及双方当事人的协商,采取修理、更换、重作、退货、减少价款或者报酬、补充数量、物资处置等手段,弥补或者减少非违约方的损失的一种违约责任形式。

采取补救措施有两层含义:一是违约方通过对已经作出的履行予以补救,如修理、更换、维修标的物等使履行符合约定;二是采取措施避免或者减少债权人的违约损失。

(2)采取补救措施的条件

①违约方已经完成履行行为但履行质量不符合约定;

②采取补救措施必须具有可能性;

③补救对于债权人来讲是可以的,即采取补救措施并不影响债权人订立合同的根本目的;

④补救行为必须符合法律规定、约定或者经债权人同意。

3. 赔偿损失

(1)赔偿损失的含义

赔偿损失是指违约方不履行合同义务或者履行合同义务不符合约定而给对方造成损失时,按照法律规定或者合同约定,违约方应当承担受损害方的违约损失的一种违约责任形式。

(2)损失赔偿的适用条件

①违约方在履行合同义务过程中发生违约行为;

②债权人有损害的事实;

③违约行为与损害事实之间必须有因果关系。

(3)损害赔偿的基本原则

1)完全赔偿原则。完全赔偿原则是指违约方应当对其违约行为所造成的全部损失承担赔偿责任。设置完全赔偿原则的目的是补偿债权人因债务人违约所造成的损失,所以,损害的赔偿范围除了包括该违约行为给债权人所造成的直接损害外,还包括该违约行为给债权人的可得利益的损害。

2)合理限制原则。完全赔偿原则是为了保护债权人免于遭受违约损失,因此是完全站在债权人的立场上,根据公平合理原则,债权人也不能擅自夸大损害事实而给违约方造成额外损失。对此,《民法典》也对债权人要求赔偿的范围进行了限制性规定,包括:

①应当预见规则。《民法典》规定,当事人一方不履行合同义务或者履行合同义务不符合约定给对方造成损失的,损失赔偿额应当相当于因违约造成的损失,包括合同履行后可以获得的利益,但不得超过违反合同一方订立合同时预见到或者应当预见到的因违反合同可能造成的损失。

②减轻损害规则。《民法典》规定,当事人一方违约后,对方应当采取适当措施防止损失的扩大;没有采取适当措施致使损失扩大的,不得就扩大的部分要求赔偿。当事人

因防止扩大而支出的合理费用,由违约方承担。

③损益相抵规则。损益相抵规则是指受违约损失方基于违约行为而发生违约损失的同时,又由于违约行为而获得一定的利益或者减少了一定的支出,受损方应当在其应得的损害赔偿中,扣除其所得的利益部分。

(4)损害赔偿的计算

1)法定损害赔偿,即法律直接规定违约方应当向受损方赔偿损失时损害赔偿额的计算方法。如上文中所说的应当预见规则、减轻损害规则以及损益相抵规则都属于《民法典》对于损害赔偿的直接规定。

2)约定损害赔偿,即合同当事人双方在订立合同时预先约定违约金或者损害赔偿金额的计算方法。《民法典》规定,当事人可以约定一方违约时应当根据违约情况向对方支付一定数额的违约金,也可以约定因违约产生的损失赔偿额的计算方法。

4. 违约金

(1)违约金的概念

违约金是指当事人在合同中或订立合同后约定的,或者法律直接规定的,违约方发生违约行为时向另一方当事人支付一定数额的货币。

(2)违约金的特点

①违约金具有约定性。对于约定违约金来说,是双方当事人协商一致的结果,是否约定违约金、违约金的具体数额都是由当事人双方协商确定的。对于法定违约金来说,法律仅仅规定了违约金的支付条件及违约金的大小范围,至于违约金的具体数额还是由双方当事人另行确定。

②违约金具有预定性。约定违约金的数额是合同当事人预先在订立合同时确定的,法定违约金也是由法律直接规定了违约金的上下浮动的范围。一方面,由于当事人知道违约金的情况,这样在合同履行过程中,违约金可以对当事人起督促作用;另一方面,一旦违约行为发生,双方对违约责任的处理明确简单。

③违约金是独立于履行行为以外的给付。违约金是违约方不履行合同义务或者履行合同义务不符合预定时向债权人支付的一定数额的货币,它并不是主债务,而是一种独立于合同义务以外的从债务。如果违约行为发生后,债权人仍然要求违约方履行合同义务而且违约方具有继续履行的可能性,违约方不得以支付违约金为由而免除继续履行合同义务的责任。

④违约金具有补偿性和担保性双重作用。违约金可以分为赔偿性违约金和惩罚性违约金。赔偿性违约金的目的是补偿债权人因债务人违约而造成的损失,这表现了违约金的补偿性;惩罚性违约金的目的是对违约行为进行惩罚和制裁,与违约造成的实际损失没有必然联系,违约金的支付是以当事人有违约行为为前提,而不必证明债权人的实际损失究竟有多大,这体现了违约金具有明显的惩罚性。这是违约金不同于一般的损失赔偿金的最显著的地方,也正是违约金担保作用的具体体现。

(3)约定违约金的构成要件

①违约方存在违约行为;

②有违约金的约定；

③约定的违约金条款或者补充协议必须有效；

④约定违约金的数额不得与违约造成的实际损失有着悬殊的差别。

《民法典》规定，约定的违约金低于造成的损失的，人民法院或者仲裁机构可以根据当事人的请求予以增加；约定的违约金过分地高于造成的损失的，人民法院或者仲裁机构可以根据当事人的请求予以适当减少。

5．定金

(1)定金的概念

定金是指合同双方当事人约定的，为担保合同的顺利履行，在订立合同时，或者订立后履行前，按照合同标的的一定比例，由一方当事人向对方给付一定数额的货币或者其他替代物。

(2)定金的特点

①定金属于金钱担保；

②定金的标的物为金钱或其他替代物；

③定金是预先交付的；

④定金同时也是违约责任的一种形式。

(3)定金与工程预付款的区别

定金与预付款都是当事人双方约定的，在合同履行期限届满之前由一方当事人向对方给付的一定数额的金钱，合同履行结束后可以抵作合同价款。两者的本质区别为：

①金的作用是担保；而预付款的主要作用是为对方顺利履行合同义务在资金上提供帮助。

②交付定金的合同是从合同；而预付款的协议是合同内容的组成部分。

③定金合同只有在交付定金时才能成立；预付款条款只要在合同中约定且合同生效时即可成立。

④定金合同的双方当事人在不履行合同义务时适用定金罚则；预付款交付后，不履行合同不会发生被没收或者双倍返还的效力。

⑤定金适用于以金钱或者其他替代物履行义务的合同；预付款只适用于以金钱履行义务的合同。

⑥定金一般为一次性给付；预付款可以分期支付。

⑦定金有最高限额，《民法典》规定，定金不得超过主合同标的额的 20％；而预付款除了不得超过合同标的总额以外，没有最高限额的规定。

(4)定金的种类

①立约定金，即当事人为保证以后订立合同而专门设立的定金，如工程招标中的投标保证金。

②成约定金，即以定金的交付作为主合同成立要件的定金。

③证约定金，即以定金作为订立合同的证据，证明当事人之间存在合同关系而设立的定金。

④违约定金,即定金交付后,当事人一方不履行主合同义务时按照定金罚则承担违约责任。

⑤解约定金,即当事人为保留单方面解除合同的权利而交付的定金。

(5)定金罚则的构成要件

①相应的主合同及定金合同有效存在。定金合同是担保合同,其目的在于保证主合同能够实现。所以定金合同是一种从合同,是以主合同的存在为存在的前提,并随着主合同的消灭而消灭。同时,定金必须是当事人双方完全一致的意思表示,并且定金合同必须采用书面形式。

②有定金的支付。定金具有先行支付性,定金的支付一定早于合同的履行期限,这是定金能够具备担保作用的前提条件。

③一方当事人有违约行为。当违约方的违约行为构成拒绝履行或者预期违约的,适用定金罚则。对于履行不符合约定的,只有在违约行为构成根本违约的情况下,才能适用定金罚则。

④不履行合同一方不存在不可归责的事由。如果不履行合同义务是由于不可抗力或者其他法定的免责事由而造成的,不履行一方不承担定金责任。

⑤定金数额不得超过规定。《民法典》中规定,定金的数额不得超过主合同标的的20%。

(6)定金的效力

①所有权的转移。定金一旦给付,即发生所有权的转移。收受定金一方取得定金的所有权是定金给付的首要效力,也是定金具备预付款性质的前提。

②抵作权。在合同完全履行以后,定金可以抵作价款或者收回。

③没收权。如果支付定金一方因发生可归责于其的事由而不履行合同义务,则适用定金罚则,收受定金一方不再负返还义务。

④双倍返还权。如果收受定金一方应发生可归责于其的事由而不履行合同义务,则适用定金罚则,收受定金一方必须承担双倍返还定金的义务。

6. 价格制裁

价格制裁是指执行政府定价或者政府指导价的合同当事人,由于逾期履行合同义务而遇到价格调整时,在原价格和新价格中执行对违约方不利的价格。《民法典》规定,逾期交付标的物的,遇价格上涨时,按照原价格执行;价格下降时,按照新价格执行。逾期提取标的物或者逾期付款的,遇价格上涨时,按照新价格执行;遇价格下降时,按照原价格执行。由此可见,价格制裁对违约方来说,是一种惩罚,对债权人来说,是一种补偿其因违约所遭受损失的措施。

7. 违约责任承担方式相互之间的适用情况

(1)继续履行与采取补救措施

继续履行与采取补救措施是两种相互独立的违约责任承担方式,但实际操作中,一般不被同时适用。强制继续履行是以最终保证合同的全部权利得到实现、全部义务得到履行为目的的,适用于债务人不履行合同义务的情形。

采取补救措施主要是通过补救措施,使已履行而不符合约定的合同义务能够完全得到或者基本得到履行。采取补救措施主要适用于债务人履行合同义务不符合约定的情形,尤其是质量达不到约定的情况。

(2)继续履行、采取补救措施与解除合同

无论是继续履行,还是采取补救措施,其目的都是要使合同的权利义务最终得到实现,它们都属于积极的承担违约责任的形式。而解除合同是属于一种消极的违约责任承担方式,一般适用于违约方的违约行为导致合同的权利义务已经不可能实现或者实现合同目的已经没有实际意义的情况。因此,继续履行及采取补救措施与解除合同之间属于两种相矛盾的违约责任形式,两者不能被同时适用。

(3)继续履行(或采取补救措施)与赔偿损失(或违约金)

违约金的基本特征与赔偿损失一样,体现它的补偿性,主要适用于当违约方的违约行为给非违约方造成损害时的情形,它提供的是一种救济手段,这与继续履行(或采取补救措施)并不矛盾。所以,在承担违约责任时,赔偿损失(违约金或定金)可以与继续履行(或采取补救措施)同时采用。

违约金在特殊情况下与定金一样,体现在它的惩罚性,这是对违约方违约行为的一种制裁手段。但无论是继续履行还是采取补救措施都不具备这一功能,而且两者之间并不矛盾。所以,在承担违约责任时,定金(或违约金)可以与继续履行(或采取补救措施)同时采用。

需要说明的是,如果违约金是可以替代履行的,即当违约方按照约定交付违约金后即可以免除违约方的合同履行责任,则违约金与继续履行或者采取补救措施不能同时并存;同样,如果定金是解约定金,则定金同样与继续履行或者采取补救措施不能同时并存。

(4)赔偿损失与违约金

在违约金的性质体现赔偿性的情况下,违约金被视为是损害赔偿额的预定标准,其目的在于补偿债权人因债务人的违约行为所造成的损失。因此,违约金可以替代损失赔偿金,当债务人支付违约金以后,债权人不得要求债务人再承担支付损失赔偿金的责任。所以,违约金与损害赔偿不能同时并用。

(5)定金与违约金

当定金属于违约金时,其性质与违约金相同,因此,两者不能同时并用。当定金属于解约定金时,其目的是解除合同,而违约金不具备此功能。因此,解约定金与违约金可以同时使用。当定金属于证约定金或成约定金时,与违约金的目的、性质和功能皆不相同,所以两者可以同时使用。

(6)定金与损害赔偿

定金可以与损害赔偿同时使用,并可以独立计算。但在实际操作中可能会出现定金与损害赔偿的并用超过合同总价的情况,因此必须对定金的数额进行适当的限制。

五、《民法典》及《司法解释》关于工程承发包违约行为的责任承担

(一)《民法典》关于工程承发包违约行为的责任承担

1. 《民法典》第八百条规定,勘察、设计的质量不符合要求或者未按照期限提交勘察、设计文件拖延工期,造成发包人损失的,勘察人、设计人应当继续完善勘察、设计,减收或者免收勘察、设计费并赔偿损失。

2. 《民法典》第八百零一条规定,因施工人的原因致使建设工程质量不符合约定的,发包人有权请求施工人在合理期限内无偿修理或者返工、改建。经过修理或者返工、改建后,造成逾期交付的,施工人应当承担违约责任。

3. 《民法典》第八百零二条规定,因承包人的原因致使建设工程在合理使用期限内造成人身和财产损害的,承包人应当承担赔偿责任。

4. 《民法典》第八百零三条规定,发包人未按照约定的时间和要求提供原材料、设备、场地、资金、技术资料的,承包人可以顺延工程日期,并有权请求赔偿停工、窝工等损失。

5. 《民法典》第八百零四条规定,因发包人的原因致使工程中途停建、缓建的,发包人应当采取措施弥补或者减少损失,赔偿承包人因此造成的停工、窝工、倒运、机械设备调迁、材料和构件积压等损失和实际费用。

6. 《民法典》第八百零五条规定,因发包人变更计划,提供的资料不准确,或者未按照期限提供必需的勘察、设计工作条件而造成勘察、设计的返工、停工或者修改设计,发包人应当按照勘察人、设计人实际消耗的工作量增付费用。

7. 《民法典》第八百零七条规定,发包人未按照约定支付价款的,承包人可以催告发包人在合理期限内支付价款。发包人逾期不支付的,除根据建设工程的性质不宜折价、拍卖外,承包人可以与发包人协议将该工程折价,也可以请求人民法院将该工程依法拍卖。建设工程的价款就该工程折价或者拍卖的价款优先受偿。

(二)《司法解释》关于工程承发包违约行为的责任承担

1. 《司法解释》第十二条规定,因承包人的原因造成建设工程质量不符合约定,承包人拒绝修理、返工或者改建,发包人请求减少支付工程价款的,人民法院应予支持。

2. 《司法解释》第十八条规定,因保修人未及时履行保修义务,导致建筑物毁损或者造成人身损害、财产损失的,保修人应当承担赔偿责任。保修人与建筑物所有人或者发包人对建筑物毁损均有过错的,各自承担相应的责任。

3. 《司法解释》第二十六条规定,当事人对欠付工程价款利息计付标准有约定的,按照约定处理。没有约定的,按照同期同类贷款利率或者同期贷款市场报价利率计息。

4. 《司法解释》第二十七条规定,利息从应付工程价款之日计付。当事人对付款时间没有约定或者约定不明的,下列时间视为应付款时间:建设工程已实际交付的,为交付之日;建设工程没有交付的,为提交竣工结算文件之日;建设工程未交付,工程价款也未结算的,为当事人起诉之日。

5. 《司法解释》第三十六条的规定,承包人根据《民法典》第八百零七条规定享有的

建设工程价款优先受偿权优于抵押权和其他债权。同时,《司法解释》第四十一条规定,承包人应当在合理期限内行使建设工程价款优先受偿权,但最长不得超过十八个月,自发包人应当给付建设工程价款之日起算。

6.《民法典》及《司法解释》对建设工程竣工验收及交付使用也作出相应的规定。《民法典》第七百九十九条规定,建设工程竣工后,发包人应当根据施工图纸及说明书、国家颁发的施工验收规范和质量检验标准及时进行验收。验收合格的,发包人应当按照约定支付价款,并接收该建设工程。建设工程竣工经验收合格后,方可交付使用;未经验收或者验收不合格的,不得交付使用。《司法解释》第十四条规定,建设工程未经竣工验收,发包人擅自使用后,又以使用部分质量不符合约定为由主张权利的,人民法院不予支持;但是承包人应当在建设工程的合理使用寿命内对地基基础工程和主体结构质量承担民事责任。

第九节　合同纠纷的解决

一、当事人对合同文件的解释

合同应当是合同当事人双方完全一致的意思表示。但是,在实际操作中,由于各方面的原因,如当事人的经验不足,素质不高,出于疏忽或是故意,对合同应当包括的条款未作明确规定,或者对有关条款用词不够准确,从而导致合同内容表达不清楚。表现在:合同中出现错误、矛盾以及两义性解释;合同中未作出明确解释,但在合同履行过程中发生了事先未考虑到的事件;合同履行过程中出现超出合同范围的事件,使得合同全部或者部分归于无效等。

一旦在合同履行过程中产生上述问题,合同当事人双方往往就可能会对合同文件的理解出现偏差,从而导致合同争议。因此,如何对内容表达不清楚的合同进行正确的解释就显得尤为重要。

《民法典》第四百六十六条规定,当事人对合同条款的理解有争议的,应当依据本法第一百四十二条第一款的规定,确定争议条款的含义。合同文本采用两种以上文字订立并约定具有同等效力的,对各文本使用的词句推定具有相同含义。各文本使用的词句不一致的,应当根据合同的目的予以解释。

《民法典》第一百四十二条规定,有相对人的意思表示的解释,应当按照所使用的词句,结合相关条款、行为的性质和目的、习惯以及诚信原则,确定意思表示的含义;无相对人的意思表示的解释,不能完全拘泥于所使用的词句,而应当结合相关条款、行为的性质和目的、习惯以及诚信原则,确定行为人的真实意思。由此可见,合同的解释方法主要有:

(一)词句解释

这种解释原则是首先应当确定当事人双方的共同意图,据此确定合同所使用的词句和合同有关条款的含义。如果仍然不能作出明确解释,就应当根据与当事人具有同等地位的人处于相同情况下可能作出的理解来进行解释。其规则有:

1. 排他规则。如果合同中明确提及属于某一特定事项的某些部分而未提及该事项的其他部分,则可以推定为其他部分已经被排除在外。例如,某承包商与业主就某酒楼的装修工程达成协议。该酒楼包括 2 个大厅、20 个包厢和 1 个歌舞厅。在签订的合同中没有对该酒楼是全部装修还是部分装修作出具体规定,在招标文件的工程量表中仅仅开列了包括大厅和包厢在内的工程的装修要求,对歌舞厅未作要求。在工程实施过程中双方产生争议。根据上述规则,应当认为该装修合同中未包含歌舞厅的装修在内。

2. 对合同条款起草人不利规则。虽然合同是经过双方当事人平等协商而作出的一致的意思表示,但是在实际操作过程中,合同往往是由当事人一方提供的,提供方可以根据自己的意愿对合同作出要求。这样,他对合同条款的理解应该更为全面。如果因合同词义而产生争议,则起草人应当承担由于选用词句的含义不清而带来的风险。

3. 主张合同有效的解释优先规则。双方当事人订立合同的根本目的就是为了正确完整地享有合同权利,履行合同义务,即希望合同最终能够得以实现。如果在合同履行过程中,双方产生争议,其中有一种解释可以从中推断出若按照此解释合同仍然可以继续履行,而从其他各种合同的解释中,可以推断出合同将归于无效而不能履行,此时,应当按照主张合同仍然有效的方法来对合同进行解释。

(二)整体解释

这种解释原则是指,当双方当事人对合同产生争议后,应当从合同整体出发,联系合同条款上下文,从总体上对合同条款进行解释,而不能断章取义,割裂合同条款之间的联系来进行片面解释。整体解释原则包括:

1. 同类相容规则,即如果有两项以上的条款都包含同样的语句,而前面的条款又对此赋予特定的含义,则可以推断其他条款所表达的含义和前面一样。

2. 非格式条款优先于格式条款规则,即当格式合同与非格式合同并存时,如果格式合同中的某些条款与非格式合同相互矛盾,则应当按照非格式条款的规定执行。

(三)合同目的解释

这种解释原则的要义是肯定符合合同目的的解释,排除不符合合同目的的解释。例如,在某装修工程合同中,没有对材料的防火阻燃等要求进行事先约定,在施工过程中,承包商采用了易燃材料,业主对此产生异议。在此案例中,虽然业主未对材料的防火性能作出明确规定,但是根据合同目的,装修好的工程必须符合我国《消防法》规定。所以,承包商应当采用防火阻燃材料进行装修。

(四)交易习惯解释

这种解释原则是按照该国家、该地区、该行业所采用的惯例进行解释。

(五)诚实信用原则解释

诚实信用原则是合同订立和合同履行的最根本的原则,因此,无论对合同的争议采用何种方法进行解释,都不能违反诚实信用原则。

二、《司法解释》关于合同争议的规定

(一)工期争议

1.《司法解释》第八条规定,当事人对建设工程开工日期有争议的,人民法院应当分别按照以下情形予以认定:(1)开工日期为发包人或者监理人发出的开工通知载明的开工日期;开工通知发出后,尚不具备开工条件的,以开工条件具备的时间为开工日期;因承包人原因导致开工时间推迟的,以开工通知载明的时间为开工日期。(2)承包人经发包人同意已经实际进场施工的,以实际进场施工时间为开工日期。(3)发包人或者监理人未发出开工通知,亦无相关证据证明实际开工日期的,应当综合考虑开工报告、合同、施工许可证、竣工验收报告或者竣工验收备案表等载明的时间,并结合是否具备开工条件的事实,认定开工日期。

2.《司法解释》第九条规定,当事人对建设工程实际竣工日期有争议的,人民法院应当分别按照以下情形予以认定:建设工程经竣工验收合格的,以竣工验收合格之日为竣工日期;承包人已经提交竣工验收报告,发包人拖延验收的,以承包人提交验收报告之日为竣工日期;建设工程未经竣工验收,发包人擅自使用的,以转移占有建设工程之日为竣工日期。

3.《司法解释》第十条规定,当事人约定顺延工期应当经发包人或者监理人签证等方式确认,承包人虽未取得工期顺延的确认,但能够证明在合同约定的期限内向发包人或者监理人申请过工期顺延且顺延事由符合合同约定,承包人以此为由主张工期顺延的,人民法院应予支持。

当事人约定承包人未在约定期限内提出工期顺延申请视为工期不顺延的,按照约定处理,但发包人在约定期限后同意工期顺延或者承包人提出合理抗辩的除外。

(二)质量争议

1.《司法解释》第十一条规定,建设工程竣工前,当事人对工程质量发生争议,工程质量经鉴定合格的,鉴定期间为顺延工期期间。

2.《司法解释》第十七条规定,有下列情形之一,承包人请求发包人返还工程质量保证金的,人民法院应予支持:(1)当事人约定的工程质量保证金返还期限届满;(2)当事人未约定工程质量保证金返还期限的,自建设工程通过竣工验收之日起满两年;(3)因发包人原因建设工程未按约定期限进行竣工验收的,自承包人提交工程竣工验收报告90日后当事人约定的工程质量保证金返还期限届满;当事人未约定工程质量保证金返还期限的,自承包人提交工程竣工验收报告90日后起满两年。

3.《司法解释》第十三条规定,发包人具有下列情形之一,造成建设工程质量缺陷,应当承担过错责任:提供的设计有缺陷;提供或者指定购买的建筑材料、建筑构配件、设备不符合强制性标准;直接指定分包人分包专业工程。承包人有过错的,也应当承担相应的过错责任。

(三)结算争议

1.《司法解释》第十九条规定,当事人对建设工程的计价标准或者计价方法有约定

的,按照约定结算工程价款。因设计变更导致建设工程的工程量或者质量标准发生变化,当事人对该部分工程价款不能协商一致的,可以参照签订建设工程施工合同时当地建设行政主管部门发布的计价方法或者计价标准结算工程价款。建设工程施工合同有效,但建设工程经竣工验收不合格的,依照《民法典》第五百七十七条规定处理。

2.《司法解释》第二十条规定,当事人对工程量有争议的,按照施工过程中形成的签证等书面文件确认。承包人能够证明发包人同意其施工,但未能提供签证文件证明工程量发生的,可以按照当事人提供的其他证据确认实际发生的工程量。

3.《司法解释》第二十一条规定,当事人约定,发包人收到竣工结算文件后,在约定期限内不予答复,视为认可竣工结算文件的,按照约定处理。承包人请求按照竣工结算文件结算工程价款的,人民法院应予支持。

4.《司法解释》第二十二条规定,当事人签订的建设工程施工合同与招标文件、投标文件、中标通知书载明的工程范围、建设工期、工程质量、工程价款不一致,一方当事人请求将招标文件、投标文件、中标通知书作为结算工程价款的依据的,人民法院应予支持。

5.《司法解释》第二十三条规定,发包人将依法不属于必须招标的建设工程进行招标后,与承包人另行订立的建设工程施工合同背离中标合同的实质性内容,当事人请求以中标合同作为结算建设工程价款依据的,人民法院应予支持,但发包人与承包人因客观情况发生了在招标投标时难以预见的变化而另行订立建设工程施工合同的除外。

6.《司法解释》第二十四条规定,当事人就同一建设工程订立的数份建设工程施工合同均无效,但建设工程质量合格,一方当事人请求参照实际履行的合同关于工程价款的约定折价补偿承包人的,人民法院应予支持。

实际履行的合同难以确定,当事人请求参照最后签订的合同关于工程价款的约定折价补偿承包人的,人民法院应予支持。

(四)优先受偿权争议

1.《司法解释》第三十五条规定,与发包人订立建设工程施工合同的承包人,依据《民法典》第八百零七条的规定请求其承建工程的价款就工程折价或者拍卖的价款优先受偿的,人民法院应予支持。

2.《司法解释》第三十六条规定,承包人根据《民法典》第八百零七条规定享有的建设工程价款优先受偿权优于抵押权和其他债权。

3.《司法解释》第三十七条规定,装饰装修工程具备折价或者拍卖条件,装饰装修工程的承包人请求工程价款就该装饰装修工程折价或者拍卖的价款优先受偿的,人民法院应予支持。

4.《司法解释》第三十八条规定,建设工程质量合格,承包人请求其承建工程的价款就工程折价或者拍卖的价款优先受偿的,人民法院应予支持。

5.《司法解释》第三十九条规定,未竣工的建设工程质量合格,承包人请求其承建工程的价款就其承建工程部分折价或者拍卖的价款优先受偿的,人民法院应予支持。

6.《司法解释》第四十条规定,承包人建设工程价款优先受偿的范围依照国务院有关行政主管部门关于建设工程价款范围的规定确定。

承包人就逾期支付建设工程价款的利息、违约金、损害赔偿金等主张优先受偿的，人民法院不予支持。

7.《司法解释》第四十一条规定，承包人应当在合理期限内行使建设工程价款优先受偿权，但最长不得超过十八个月，自发包人应当给付建设工程价款之日起算。

8.《司法解释》第四十二条规定，发包人与承包人约定放弃或者限制建设工程价款优先受偿权，损害建筑工人利益，发包人根据该约定主张承包人不享有建设工程价款优先受偿权的，人民法院不予支持。

三、合同争议的解决方法

当双方当事人在合同履行过程中发生争执后，首先应当按照公平合理和诚实信用原则由双方当事人依据上述合同的解释方法自愿协商解决争端，或者通过调解解决争端。如果仍然不能解决争端的，则可以寻求司法途径解决。

司法途径可分为仲裁和诉讼两种方式。当事人如果采用仲裁方式解决争端，应当是双方协商一致，达成仲裁协议。没有仲裁协议，一方提出申请仲裁，仲裁机关不予受理。

合同争议产生后，如果双方有仲裁协议，不应当向法院起诉，而应当通过仲裁方式解决，即使向法院起诉，法院也不应当受理。当事人没有仲裁协议或仲裁协议无效的情况下，当事人的任何一方都可以向法院起诉。

《最高人民法院关于适用〈中华人民共和国民事诉讼法〉的解释》第二十八条规定，《民事诉讼法》第三十三条第一项规定的不动产纠纷是指因不动产的权利确认、分割、相邻关系等引起的物权纠纷。农村土地承包经营合同纠纷、房屋租赁合同纠纷、建设工程施工合同纠纷、政策性房屋买卖合同纠纷，按照不动产纠纷确定管辖。不动产已登记的，以不动产登记簿记载的所在地为不动产所在地；不动产未登记的，以不动产实际所在地为不动产所在地。

最高人民法院关于适用《中华人民共和国民事诉讼法》的解释

《司法解释》第十五条规定，因建设工程质量发生争议的，发包人可以以总承包人、分包人和实际施工人为共同被告提起诉讼。

《司法解释》第十六条规定，发包人在承包人提起的建设工程施工合同纠纷案件中，以建设工程质量不符合合同约定或者法律规定为由，就承包人支付违约金或者赔偿修理、返工、改建的合理费用等损失提出反诉的，人民法院可以合并审理。

发包人返还工程质量保证金后，不影响承包人根据合同约定或者法律规定履行工程保修义务。《司法解释》第四十三条规定，实际施工人以转包人、违法分包人为被告起诉的，人民法院应当依法受理。实际施工人以发包人为被告主张权利的，人民法院应当追加转包人或者违法分包人为本案第三人，在查明发包人欠付转包人或者违法分包人建设工程价款的数额后，判决发包人在欠付建设工程价款范围内对实际施工人承担责任。

《司法解释》第二十八条规定，当事人约定按照固定价结算工程价款，一方当事人请求对建设工程造价进行鉴定的，人民法院不予支持。

《司法解释》第二十九条规定,当事人在诉讼前已经对建设工程价款结算达成协议,诉讼中一方当事人申请对工程造价进行鉴定的,人民法院不予准许。

《司法解释》第三十条规定,当事人在诉讼前共同委托有关机构、人员对建设工程造价出具咨询意见,诉讼中一方当事人不认可该咨询意见申请鉴定的,人民法院应予准许,但双方当事人明确表示受该咨询意见约束的除外。

《司法解释》第三十一条规定,当事人对部分案件事实有争议的,仅对有争议的事实进行鉴定,但争议事实范围不能确定,或者双方当事人请求对全部事实鉴定的除外。

《司法解释》第三十二条规定,当事人对工程造价、质量、修复费用等专门性问题有争议,人民法院认为需要鉴定的,应当向负有举证责任的当事人释明。当事人经释明未申请鉴定,虽申请鉴定但未支付鉴定费用或者拒不提供相关材料的,应当承担举证不能的法律后果。

一审诉讼中负有举证责任的当事人未申请鉴定,虽申请鉴定但未支付鉴定费用或者拒不提供相关材料,二审诉讼中申请鉴定,人民法院认为确有必要的,应当依照《民事诉讼法》第一百七十条第一款第三项的规定处理。

《司法解释》第三十三条规定,人民法院准许当事人的鉴定申请后,应当根据当事人申请及查明案件事实的需要,确定委托鉴定的事项、范围、鉴定期限等,并组织当事人对争议的鉴定材料进行质证。

《司法解释》第三十四条规定,人民法院应当组织当事人对鉴定意见进行质证。鉴定人将当事人有争议且未经质证的材料作为鉴定依据的,人民法院应当组织当事人就该部分材料进行质证。经质证认为不能作为鉴定依据的,根据该材料作出的鉴定意见不得作为认定案件事实的依据。

《司法解释》第四十四条规定,实际施工人依据《民法典》第五百三十五条规定,以转包人或者违法分包人怠于向发包人行使到期债权或者与该债权有关的从权利,影响其到期债权实现,提起代位权诉讼的,人民法院应予支持。

案例分析

案例 3-1

一、背景

建设单位(以下简称 A 公司)将某工程以施工总承包的形式发包给了某施工单位(以下简称 B 公司)。施工过程中,B 公司又将其中的玻璃幕墙工程分包给另一施工单位(以下简称 C 公司)。C 公司不具备幕墙施工资质。该工程竣工验收后,按合同约定,B 公司应向 C 公司支付工程款 120 万元,但 B 公司以无力支付为由拒绝支付。

C 公司了解到,一年前 B 公司与其他三家公司结成"互保"联盟,向银行贷款。现其中一家公司破产,B 公司因此需要承担 8000 万元的连带责任,陷入破产边缘。另外,A 公司尚拖欠 B 公司工程款 200 余万元。

于是,C 公司向 A 公司催讨 120 万元工程欠款,但 A 公司拒付。理由:(1)C 公司是分包单位,分包合同是与 B 公司签订的,A 公司不是分包合同的一方当事人,对分包单位无合同义务。(2)A 公司对 B 公司或有的欠付行为必须基于总包合同来评价。C 公司不是 A、B 间总包合同的一方当事人,无权基于总包合同向 A 公司主张工程款。

C 公司陷入了两难的境地……

二、问题

1. A 公司拒付的理由是否成立?

2. C 公司可以采取哪些方式维护自己的权益?

3. 试分析 C 公司采取不同维权方式的利弊。

三、分析

1. A 公司拒付的理由不成立。

2. C 公司可以采取的维权方式有:

方法一:C 公司可以行使代位权,直接起诉 A 公司。

根据《民法典》第五百三十五条的规定,因债务人怠于行使其债权或者与该债权有关的从权利,影响债权人的到期债权实现的,债权人可以向人民法院请求以自己的名义代位行使债务人对相对人的权利,但是该权利专属于债务人自身的除外。

方法二:C 公司以实际施工人的名义起诉 A 公司,要求其在欠付 B 公司工程价款范围内承担责任。

由于 C 公司不具备幕墙施工资质,根据《司法解释》第一条第一项的规定,C 公司与 B 公司签订的玻璃幕墙分包合同无效。C 公司在无合同义务的前提下完成了玻璃幕墙的施工,且工程通过了竣工验收,所以 C 公司是实际施工人。根据《司法解释》第四十三条规定,实际施工人以发包人为被告主张权利的,人民法院应当追加转包人或者违法分包人为本案第三人,在查明发包人欠付转包人或者违法分包人建设工程价款的数额后,判决发包人在欠付建设工程价款范围内对实际施工人承担责任。

3. 选择不同的维权方式,利弊分析如下:

(1)C 公司应承担的举证责任不同。选择方法一,C 公司需证明 B 公司对 A 公司有 200 万元的债权;选择方法二,C 公司无需证明 A 公司尚拖欠 B 公司 200 万元的事实。

(2)C 公司权利实现程度不同。选择方法一,C 公司从 A 公司获得的工程款将有可能被列入 B 公司的破产财产,C 公司只能按债权比例获得清偿;选择方法二,C 公司可以实现全部债权。

(3)C 公司能主张的权利范围不同。选择方法一,C 公司可一并主张优先受偿权;选择方法二,C 公司无权主张优先受偿权。

案例 3-2

一、背景

某民营企业(以下简称 A 公司)拟新建办公大楼,工程估算价 3500 万元。2014 年 3 月 25 日,A 公司组织了该工程的施工招投标,某施工企业(以下简称 B 公司)中标。4 月 1 日,A 公司与 B 公司按中标结果签订了施工合同,并办理了备案登记手续。8 月 1 日,B 公司在 A 公司的要求下,同意将合同价在中标价的基础上再优惠 10%,并签订了新的施工合同。

2016 年 4 月 30 日,B 公司按合同约定完成了施工任务,但因资金紧张,A 公司迟迟未组织竣工验收。直至 2016 年 9 月 1 日,A 公司正式使用该办公大楼时,该工程仍未经过竣工验收,双方也未办理竣工结算。9 月 18 日,B 公司要求 A 公司按合同约定支付工程款,但 A 公司以工程质量问题为由拒绝支付。

二、问题

1. 该工程价款结算应以哪份合同为依据?
2. A 公司能否以工程质量问题为由拒绝支付工程款?

三、分析

1. 根据《司法解释》第二十二条的规定,当事人签订的建设工程施工合同与招标文件、投标文件、中标通知书载明的工程范围、建设工期、工程质量、工程价款不一致,一方当事人请求将招标文件、投标文件、中标通知书作为结算工程价款的依据的,人民法院应予支持。同时,《司法解释》第二十三条规定,发包人将依法不属于必须招标的建设工程进行招标后,与承包人另行订立的建设工程施工合同背离中标合同的实质性内容,当事人请求以中标合同作为结算建设工程价款依据的,人民法院应予支持,但发包人与承包人因客观情况发生了在招标投标时难以预见的变化而另行订立建设工程施工合同的除外。所以,该工程的价款结算应以第一份合同为依据。

2. 根据《司法解释》第十四条的规定,建设工程未经竣工验收,发包人擅自使用后,又以使用部分质量不符合约定为由主张权利的,人民法院不予支持。所以,A 公司理由不成立,B 公司有权向 A 公司主张工程款。

案例 3-3

一、背景

张三系某工贸公司(以下简称 A 公司)销售人员,负责该公司小型工程设备的销售。某建筑公司(以下简称 B 公司)多次通过张三向 A 公司购买施工设备。2017 年 3 月 15 日,B 公司查看张三的员工证明后,在张三准备的 A 公司专用购销合同上签字,向 A 公司购买一批施工设备,价值 100 万元,款到发货。B 公司支付货款后,A 公司迟迟不发货。B 公司发函 A 公司要求履行合同,A 公司则回函称张三已于 2017 年 2 月辞职,此项交易与己无涉。双方协商无果,遂成诉。

二、问题

A 公司是否需要履行合同?

三、分析

《民法典》第一百七十二条规定,行为人没有代理权、超越代理权或者代理权终止后,仍然实施代理行为,相对人有理由相信行为人有代理权的,该代理行为有效。

本案中,张三已从 A 公司辞职,实际上无权代理 A 公司与 B 公司签订合同。但是张三辞职后,A 公司并未发函 B 公司告知实情,也未收回张三的员工证以及空白购销合同。与此同时,B 公司已经尽到相应审查义务,如查看员工证明、购销合同,可以认为 B 公司有理由相信张三具有代理权。因此,张三的代理行为构成表见代理,该代理行为有效,A 公司不得拒绝继续履行合同。

综合案例分析题

案例分析题 1

工程款催讨不成反遭索赔,过程资料大海捞针成逆转关键
CC 公司与 HF 公司的工程索赔、工程款支付纠纷

1　案情概要

1.1　项目简介

浙江省义乌市商贸城长途客运中心位于主城区西南部,紧邻商贸城二、三期市场,是商贸区的中心地带,总建筑面积约 13 万平方米,这座客运中心包括客运主站房、商务酒店及办公楼。商贸城长途客运中心建成后,将有效缓解城市交通压力,方便客商与市民便捷出行。商贸城长途客运中心集高速客运、长途客运、市内城市公交、出租客运等诸多功能于一体,为一级汽车客运站,日均可发送旅客 3 万人次。

1.2　合同关系

1.2.1　施工总承包合同

2010 年,HF 公司通过招投标的方式与 CC 公司就义乌市商贸城长途客运中心项目签订工程合同。合同约定,工程开工时间为 2011 年 1 月 20 日,竣工时间为 2012 年 4 月 13 日。合同的总工期为 450 日历天,工程质量应为合格。工程总造价为 93150200 元。双方对于工程款支付约定:

(1)开工后至竣工验收前,每个月进行一次工程进度款支付,支付额为完

成工程应付金额的 70％。

（2）竣工验收通过并做好一切移交手续后，支付至合同价的 80％。

（3）竣工资料经结算审计和审核，并经发包人确认后的 14 天内，支付至工程结算价款的 95％。

（4）其余工程结算价款的 5％为工程质量保修金，分三期支付，不计息，保修期满一年后付保修金的 40％（扣减同期发生的违约金）；保修期满两年后支付保修金的 40％；保修期满五年后，一个月内付清其余保修金，支付保修金时，发包人有权收回同期发生的承包人违约金和其他应由承包人承担的费用。合同同时约定过了其他相关事项。

1.2.2 钢结构分包合同

2012 年 5 月，HF 公司就义乌国际商贸城长途客运中心钢结构制作、安装工程单独进行发包，并与 HD 公司签订钢结构专业分包合同。合同约定，合同工期为 120 日历天，开工时间以监理单位发出的开工令为准，合同价为 18902906 元，CC 公司作为总包方，应当履行总包管理及现场配合职责，其中现场配合内容包括提供外脚手架的配合，外脚手架的搭设必须满足外立面钢结构、幕墙及外墙涂料施工的需要，外脚手架不得提前拆除，必须在不影响分包工程施工，经发包人签字认可后方可拆除，该钢结构专业分包合同同时约定了其他内容。

1.3 前期诉讼

2012 年 5 月，HD 公司未经 HF 公司的同意，将钢结构转包给实际施工人赵某某，赵某某对该项目的钢结构部分进行了施工。

2017 年 3 月，赵某某向浙江省义乌市人民法院提起诉讼，以 HF 公司作为被告，HD 公司、CC 公司作为第三人，其认为，在钢结构施工过程中，CC 公司没有配合承担的脚手架搭设义务，要求 HF 公司向其支付搭设脚手架的工程款 1243517 元。

CC 公司、HD 公司作为第三人并未参加该案的诉讼。被告的 HF 公司答辩称：本案所涉脚手架确实是由赵某某自行搭建，但是有关脚手架都应当由本案所涉工程总承包方 CC 公司提供，有关脚手架的工程款都是基于 CC 公司和 HF 公司的建设工程施工合同进行支付，实际上该笔款项已经支付给 CC 公司，所以原告向被告主张脚手架的工程款既没有合同上的依据，也没有事实上的依据，赵某某应当向该公司主张损害赔偿，所以应当驳回赵某某诉讼请求。其次，赵某某的诉请已经超过 2 年诉讼时效（编者注：当时诉讼时效已经改为 3 年），赵某某应当在 2013 年 12 月 26 日就应当知晓其权利受到侵害，故其提起诉讼已经超过诉讼时效。

HF 公司就该案向一审法院提交了总包部分的建设工程施工合同、工程造价咨询书、结算协调会议纪要、措施项目清单计价表。上述证据材料 HF 公司想说明，CC 公司系工程的总承包方，应当承担配合义务，而脚手架工程在整个核定工程款范围内。

一审法院审理该案过程中，委托某工程咨询公司对钢结构制作安装过程中的脚手架工程量和工程款进行鉴定，经过司法鉴定，脚手架工程量所涉的工程款具体金额为 666169 元。故一审法院认为，HF 公司和 HD 公司在合同中对于搭设脚手架的责任进行了明确约定，即由 CC 公司提供脚手架的配合义务，现 CC 公司作为第三人没有履行合同约定的义务，故相应的违约责任应当由 HF 公司承担，故最终一审判决 HF 公司向赵某某支付脚手架工程款 666169 元。HF 公司上诉后，二审法院维持了一审法院的判决内容。

该案生效后，赵某某向一审法院申请了强制执行，最终 HF 公司支付了工程款及利息损失 731648.50 元、执行费 9716.49 元、诉讼费 5231 元，共计 746595.99 元。

1.4　风云再起

不承想，钢结构诉讼只是前奏，由于 HF 公司连败两场诉讼，尤其是赔偿了本不应该其承担的款项，2018 年 12 月，HF 公司向义乌法院提起诉讼，以赵某某支付的工程款范围向 CC 公司索赔。

2019 年 1 月，CC 公司的项目经理 Y 经理从义乌市风尘仆仆来到了浙江某律师事务所，寻求应诉方案，事务所蒋律师、窦律师接待了到访的项目经理。

Y 经理开门见山地说明了这次到访的来意，Y 经理回忆之前赵某某起诉的案件说："虽然在脚手架工程款案件中赵某某追加了 CC 公司作为第三人，但是当时一看对方的诉讼请求和公司没有关系，也没有去细看案件材料证据，故也就没有前去开庭，后续也就没有关心过这个案件的进展，结果现在 HF 公司赔了钱，想向总包方索赔这些款项，真是让人大呼没有想到。"

同时 Y 经理还提到："由于建设单位是国有企业，本也不想通过诉讼途径向其索要剩余的工程尾款（工程质量保证金），甚至还打算后续的尾款也就不问 HF 公司要了，现在既然对方已经提起诉讼向我们进行索赔，我们也必须采取必要的措施了。"

对于工程的来龙去脉，蒋律师、窦律师和 Y 经理进行了深入的交谈，并对案件过程中的相关信息做了记录。窦律师表示，从现有证据上看，如果总包合同中 CC 公司的确需要承担关于脚手架的总包配合义务，而现在 CC 公司没有履行的话，由此产生的损失，法院极有可能要求 CC 公司最终承担。不过 Y 经理也提到，施工过程中，钢结构工程存在误工延期的情况，因此脚手架的配合问题，双方应该有过交涉，甚至应该关于脚手架的工程款问题，各方应该有过明确的约定，但是这个约定是通过会议纪要、协议还是签证的形式，就有点忘了，可能回去要和当时项目的资料员再确认下。Y 经理也希望可以帮他想想办法，看看通过什么途径可以找到有用的资料。

面对着 Y 经理的恳求，蒋律师和窦律师若有所思，不知道后续的案件会走向何方？

2 庭前调查

2.1 调卷、调档

关于建设工程,中华人民共和国住房和城乡建设部颁布了《建设工程文件归档规范》(GB/T 50328),该规范中要求每项建设工程应当编制一套档案,并将档案一并移交城建档案管理机构。会不会有"重要资料"在该建设工程档案中出现呢?

在窦律师与Y经理沟通了初步想法后,接待后的次日,窦律师前往了义乌市城建档案馆,在填写了相关调取材料的申请后,档案馆的电脑上,显示出了工程全部已经提交的资料,便开始在电脑屏幕面前浏览起全部工程文件。

建设工程的过程资料无疑是繁多且复杂的,就如同大海捞针一样,在不断地阅读和检索过程资料时,突然一份会议纪要映入眼帘。这是一份2013年1月10日的会议纪要,会议参加单位有HF公司、CC公司、HD公司、幕墙单位、消防暖通单位以及监理单位。会议纪要载明了各专业分包工程的工程进度的情况,同时针对目前的进度问题,各方还决定了以下事项:

会议纪要

(有所删减)

时间:2013年1月10日

主持方:监理单位

会议成员:HF公司、CC公司、幕墙单位、HD公司、消防暖通单位、监理单位

会议决议:

1. 总承包单位将1#站房北面、2#站房南面之间现有已搭脚手架保留到3月底,2013年1月20日到3月底的脚手架钢管、扣件租金定为300元/吨·月,具体量经监理单位核算后,该笔费用具体确定为:总承包单位4.5万元;钢结构施工单位2万元,幕墙施工单位7万元,为了确保工程安全、保质,钢结构、幕墙单位3月底以前如期完成该部位的施工,甲方相应补偿脚手架费用4.5万元。

2. 1#站房南面、2#站房北面部分脚手架及1#、2#站房东西立面未能满足钢结构、幕墙施工的需要,该部分脚手架搭设材料由总包单位负责提供,幕墙、钢构单位自行负责搭拆。搭设单位需提前一周时间将所需材料数量报告总包单位,以便于总包单位组织材料。

3. 2013年4月底以前钢结构,幕墙单位必须全面完工,否则4月底以后的脚手架相关费用全部由使用单位自行负担。

4. 针对日前义乌市建设工程安全监督站发出的建设工程安全停工通知书和义乌市建设工程质量监督站发出的建设工程质量整改通知书,要求各施工单位对通知书提出的安全隐患和质量问题进行积极整改,要求监理单位认真履行监督职责,对整改情况督促落实,各相关单位应及时按要求申请复工。

在这个会议纪要上,包括钢结构公司等全部主体都盖了公章,同时还制作了会议签到单,明确会议参加的相关人员。如果这个脚手架工程发生在4月底以后,那岂不是相关费用都应该由钢结构承包方自己来承担了吗?即便在2013年4月之前,似乎脚手架的费用也进行了分摊。难道HF公司没有查到过这份材料吗?

带着疑问,窦律师又前往了浙江省义乌市人民法院,向浙江省义乌市人民法院申请调取赵某某案件中,赵某某提交给法院的全部证据资料、法院委托第三方鉴定的造价咨询报告。让人眼前一亮的是,在这份造价咨询报告中的鉴定说明部分载明着以下的内容:

> 鉴定说明:
> (1)工程取费按浙江省2010定额相关规定计算:施工组织措施费、综合费用按定额弹性区间费率的中值计取;
> (2)人工及主要建筑材料按脚手架搭设的时间段(按2013年6月至2013年11月)金华信息价进行调差;
> (3)工程造价根据施工图纸等资料进行计算。

而在赵某某提交的HD公司向HF公司寄送的工期情况说明中,该书证材料写了以下内容:

> 为了尽快完成钢结构工程,我方(编者注:HD公司)于2013年3月初在万不得已的情况下计划自行搭设外脚手架,由于室外附属配套不能满足外脚手架搭设条件,直至2013年6月份我方才开始边搭设外脚手架边施工,致使工程进展缓慢,直至2013年11月才全部完成施工。

在完成义乌市城建档案馆、人民法院的调档、查询工作后,天色已暗,一天的调查工作,收获颇丰,案件似乎走向了完全让人意外的方向了,而留待处理的,就是将这些证据材料化成意见。

2.2　综合分析

2.2.1　豁然开朗

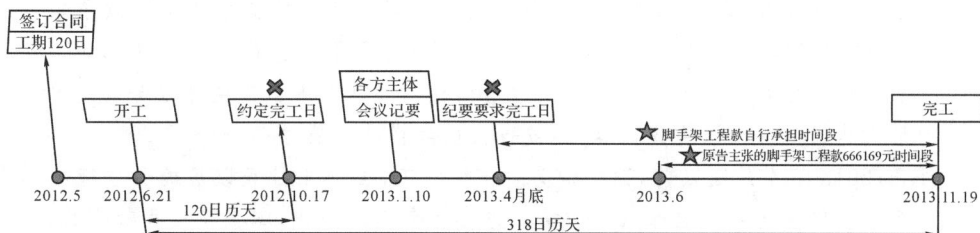

窦律师通过可视化软件,将钢结构分包工程和相关脚手架工程时间要素在一条轴线上进行了列明,在和Y经理沟通后,总结了以下几点分析意见:

(1)钢结构工程存在延误。钢结构分包工程的开工时间是2012年6月21日,而在约定的竣工日期内并没有完工。

(2)2013年1月的会议不仅仅是针对脚手架拆除、保留、费用分摊的问题,还包括消防暖通、钢结构、幕墙工程现状确认,但是显然在脚手架保留拆除问题上(时间、费用)进行了明确约定。

(3)赵某某起诉的案件搭设脚手架的时间在2013年4月以后,如果套用会议纪要的约定,由于2013年4月底钢结构工程必须全面完工,因此2013年4月以后的脚手架相关费用由使用单位自行负担。

(4)会议纪要不仅仅设有会议签到单,由各单位的派出人员在会议签到单上签字,还在会议纪要上由各施工主体和建设单位盖上了项目专用章。

窦律师在与Y经理沟通交流后,案件的答辩意见有了明确的思路,案件的走向也有了基本的判断。

2.2.2 提交意见

针对HF公司的诉讼来袭,在获得重要证据资料以后,窦律师代CC公司向一审法院提交了以下答辩意见:

第一,钢结构工程由HF公司直接发包,现其主张的赔偿款项系其向钢结构施工方支付的脚手架工程款所形成,该款项与CC公司无关。其中钢结构专业分包合同专用条款26条约定,发包人(业主方)通过银行划账或支票方式支付款项,以支票支付时,HD公司须由有法定代表人授权的指定收款人收款。现HF公司主张的款项系因为其未向赵某某支付脚手架工程款所形成。故从款项性质、支付方式的角度判定,案涉款项系工程款,由业主方直接支付给钢结构施工方,与CC公司无关。

第二,HF公司以CC公司未提供脚手架为由,要求承担额外支出的款项,与事实不符且无任何法律依据。(一)脚手架工程款666169元计算的时间段为2013年6月至2013年11月。结构施工方向业主方提交的工期情况说明显示,钢结构施工方于2013年6月才开始搭建脚手架。鉴定报告也显示鉴定机构系根据脚手架搭建时间段(2013年6月至2013年11月)确定外脚手架工程款为666169元。(二)各方已经对上述时间段产生的脚手架工程款承担问题形成决议,该期间外脚手架工程款应当由使用单位自行负担。2013年1月10日,业主方、CC公司、监理方、钢结构施工方等各方施工主体以会议纪要的形式达成决议。该决议内容为:被告将已经搭建的脚手架保留至2013年3月底;2013年4月底以前,钢结构必须全面完工,否则4月底以后的脚手架相关费用全部由使用单位即钢结构施工方自行负担。因此,脚手架工程款(2013年6月至2013年11月)应由钢结构施工方自行承担。HF公司现在根据民事判决书承担的款项,无权要求CC公司来承担,CC公司无需承担2013年4

月底后,钢结构工程产生的任何脚手架相关费用。(三)HF公司承担的脚手架工程款,系其自己诉讼行为、举证责任重大过失、过错所造成。2013年1月10日的决议,明确约定了2013年4月底以后,钢结构施工方等专业分包人对于脚手架工程款承担的问题。而该份会议纪要也在工程竣工以后,存放在义乌市城建档案馆。原告承担了本应该由钢结构施工方自行负担的工程款,该错误的原因属于HF公司未履行举证责任所造成,甚至于CC公司有理由怀疑HF公司隐藏该份证据或者与钢结构施工方串通。综上,该外脚手架工程款与CC公司无关。

第三,CC公司已经根据合同约定履行了配合义务,钢结构脚手架费用产生的原因不在CC公司处。(一)钢结构工程工期严重拖延。2012年5月,业主方与钢结构施工方签订的钢结构工期为120日历天;钢结构工程于2012年6月21日开工,却于2013年11月19日才竣工验收。2013年1月10日,各方一直同意,钢结构工程应当于2013年4月底前全面完工的情况下,钢结构施工方依旧工期严重拖延。(二)钢结构工程施工过程中,项目经理、安全员到岗率低,安全质量整改不力,且被通报处罚。根据多份工程例会纪要显示,2012年12月底,钢结构施工方在安全大检查时被通报处罚;从第23次到第55次共计23期工程例会纪要中,钢结构施工方就存在6次被通报项目经理、安全员未到岗的情况。且2013年8月8日,钢结构施工方违反质监站的停工指令。综上,钢结构施工方于2013年6月起自行搭建的外脚手架工程所产生的费用,系钢结构施工方自身原因所造成,因此产生的费用应当由使用单位自行负担,被告已经履行配合义务,无需承担任何责任。

2.2.3　提起反诉

为了节省诉讼资源,尽快获得CC公司应该获得的剩余工程款,在听取了蒋律师和窦律师的意见后,CC公司在本案中同时提了反诉,要求HF公司支付剩余工程款(质量保证金部分)及逾期利息损失约398万元。

3　庭审风云

3.1　HF公司的补充意见

HF公司的代理人显然没有想到,CC公司有备而来,当HF公司发现关于脚手架工程款原来还有这样一份会议纪要,一时有点不知所措。针对CC公司当庭提交的会议纪要、造价鉴定书等证据材料,HF公司补充了如下意见:

第一,赵某某一案中,CC公司作为诉讼当事人经法院传唤,未参加诉讼,未答辩,亦未提交任何证据,应承担对其不利的法律后果。本案的诉讼系基于赵某某一案认定的事实及判决结果,HF公司履行前述生效判决认定的债务后,向浙江省义乌市人民法院提起了本案的诉讼。在赵某某案件中,HF公司依法申请追加了CC公司为案件第三人,但经合法传唤,未参加诉讼,未答辩,亦未提交任何证据。如果 CC 公司在前述案件中提交会议纪要,那么赵某某案件完全就会有不同的事实认定以及不同的判决结果,上诉人的损失亦不会产生。故被上诉人应对其在赵某某案件中的消极行为负责,应承担对其不利的法律后果。

第二,会议纪要并非 HF 公司和 CC 公司之间达成新的合意。会议纪要的目的是督促工程工期及协调工作,HF 公司并未发表任何意见,故该会议纪要是 HD 公司与 CC 公司之间的约定,与 HF 公司无关,相关的权利义务关系的变动并不及于 HF 公司。另,无论是根据合同约定,还是会议纪要,CC 公司均有义务应做好相关配合义务,无论工期如何拖延,脚手架工程款在其之间如何分摊,对 HF 公司而言,无需支付费用。相应损失应由 CC 公司承担。

第三,合同约定由 CC 公司提供脚手架,其擅自拆除脚手架系违约,因此额外承担的费用由 CC 公司承担。根据总包合同第三部分专用条款的附件 1 的第一条约定,CC 公司作为总承包单位需提供相应的总承包服务,包括提供外脚手架的配合,外脚手架的搭建必须满足外立在不影响各分包工程施工,经 HF 公司签字认可后方可拆除。但 CC 公司违反了前述约定,给 HF 公司造成了损失,应承担赔偿责任。

显然 HF 公司已经无力辩驳,两次庭审结束后,剩下的工作只是静静等待一审判决。

3.2 争议再现

3.2.1 脚手架工程款的最终结果

一审法院认为,HF 公司与 CC 公司签订工程总包合同中虽然约定由 CC 公司负责提供脚手架的配合义务,但是 2013 年 1 月 10 日,以会议纪要的形式就脚手架问题达成了新的决议,即 2013 年 4 月底以前钢结构、幕墙单位必须全面完工,否则 4 月底以后脚手架相关费用全部由使用单位自行负担等内容,应视原、被告就脚手架费用问题达成了新的合意。而本案中脚手架的费用产生于 2013 年 6 月至 2013 年 11 月,即从会议纪要的内容看,上述费用的产生应当由使用单位自行负担。

综上,一审法院驳回 HF 公司的全部诉讼请求。

3.2.2 剩余工程价款的支付问题

一审法院虽然驳回了 HF 公司关于脚手架工程款等索赔的主张,但是关于 CC 公司主张的剩余工程价款,一审法院认为,总包合同中约定工程质量保修金,分三期支付,即保修期满一年后付保修金的 40%,保修期满两年后付保修金的 40%,保修期满五年后,一个月内付清其余保修金。合同中亦约定了单项工程的质量保修期,其中最长质量保修期为屋面防水工程有防水要求的卫生间、房间和外墙面的防渗漏,为 5 年。涉案工程竣工时间为 2014 年 9 月 1 日,尚在质量保修期内,故 CC 公司向 HF 公司主张的质量保修金未到期(一审法院判决时间为 2019 年 4 月 30 日)。

综上，一审法院驳回 CC 公司的反诉诉讼请求。

3.2.3　合同条款现争议

当 Y 经理拿到判决书的那一刻，他内心是五味杂陈的。喜的是，从城建档案馆找到的那份会议纪要成为案件的制胜关键，最终 HF 公司要求 CC 公司承担的损失，都要由 HF 公司自己负担了；忧的是，一审法院也驳回了 CC 公司主张工程款请求，到底问题出在了哪里？Y 经理匆匆找到了窦律师，寻求问题答案。

窦律师实际上已经早已看过了这份判决书，于是他告诉 Y 经理，一审法院的理解和我们理解可能有点分歧。窦律师于是顺着一审判决书给 Y 经理分析到：

"Y 经理，你看法官是这么理解的，质量保修金的确是分三期支付，这个法官应该没有理解错误，但是关于三期如何支付，这个就存在问题了。法官理解为保修期届满后再过 1 年支付相应的保修金 40%，保修期届满后再过 2 年支付保修金的 40%，以此类推最后一期的质量保修金要在质量保修期届满后过 5 年才能支付完毕。如果按照法官这样的理解，以判决书列举的防水工程 5 年为例，那么首期质量保修金要到 2020 年 9 月 1 日前支付；而最后一期质量保修期则要到 2024 年 9 月 1 日前支付。"

"窦律师，我们不是这个意思啊，明明是质量保修期开始起算时满 1 年支付 40%，满 2 年支付，满 5 年则都要付清了啊，是不是一审法官理解错了啊。"Y 经理激动地说道。

"对，这就是我们在制定建设工程施工合同中，设置了具有歧义的条款，对于这个问题，我们国家法律规定也很明确，合同需要按照使用的词句、有关条款、合同目的、交易习惯以及诚实信用原则，确定这个条款真实的含义。"

"一审法院的理解是对的吗？"

"我认为，法官可能理解错了。"

……

于是，窦律师和 Y 经理针对质量保修金条款的理解问题展开了讨论。翌日，窦律师就收到了 CC 公司决定上诉的消息。

4　二审逆转

4.1　上诉意见

CC 公司决定上诉后，蒋律师和窦律师便针对一审法院的判决内容开始起草相应的民事上诉状。针对合同条款理解的问题，CC 公司认为：

第一，一审法院对质量保修金返还的条款理解有误，应当从该条款文义解释，保修金返还期限应当从竣工验收合格之日开始起算。保修金是否应当支付问题，主要在于如何理解"保修期满×年后付保修金……"这一词组的含义，理解为"保修期满×年后付保修金"还是"保修期满，×年后付保修金"应当结合合同上下文进行解释。从第一期保修金40%后约定"扣减同期发生的违约金"以及最后一期保修金在付清时约定"发包人有权收回同期发生的承包人违约金和其他应有承包人承担的费用"的内容出发,HF公司在支付CC公司当期保修金时,系有权扣除同期发生的违约金或者其他费用。而由于被上诉人在保修期内承担保修责任,超出保修期则已无需承担保修责任,因此同期发生的违约金或者其他费用只可能发生在保修期内。因此,对于"保修期满×年后付保修金……"这一次词组的理解应当为"保修期满×年后付保修金"。

第二,合同双方当事人对质量保修金的返还条款的理解不存在争议,且HF公司已经履行了第一期质量保修金的支付义务。关于CC公司提出的质量保修金的返还时间,HF公司并无异议,事实上HF公司已经履行了第一期部分的质量保修金。

第三,一审法院对于质量保修金返还条款的理解,不符合建设工程实践操作。一审法院认为最长的质量保修期为屋面防水工程、有防水要求的卫生间、房间和外墙面的防渗漏工程,系对质量保修期间的片面认定。因为根据质量保修书关于质量保修期间的约定,基础和主体结构工程的质量保修期为设计文件规定的该工程的合理使用年限(商业一般为40年或50年),即终身保修,该期限显然超过防水工程约定的5年质量保修期间。若根据一审法院对于质量保修金返还条款的理解,被上诉人无需返还工程质量保修金,因此一审法院的认定显然与建设工程实践相悖。

4.2 逆转裁判

二审法院最终采纳了CC公司的上诉意见,同时认为,如果按照HF公司的主张,CC公司在质量保修期届满后需要经过若干年的时间才能退还全部质量保修金,不符合公平原则,且HF公司已经向CC公司支付了部分质量保修金,故认定一审法院关于CC公司主张的工程质量保修金支付条件未成就不当。最终判决:

一、维持浙江省义乌市人民法院一审第一项判决项目,即驳回HF公司的本诉全部诉讼请求。

二、撤销浙江省义乌市人民法院一审第二项判决项目及诉讼费负担部分。

三、判决HF公司于本判决生效之日起十日内支付CC公司工程质量保修金及利息300余万元。

四、驳回CC公司的其他诉讼请求。

5 尾声

Y经理拿到判决书的时候,露出了久违的笑容。本来CC公司还打算年底向HF公司催讨下剩余的工程款,看看能否支付一部分,不承想HF公司先发制人,要求CC公司赔偿其损失,结果HF公司赔了夫人又折兵,但是本以为围绕着最重要的索赔问题,最终努力胜诉,不承想节外生枝,因为合同歧义条款,导致工程款支付出现了争议,看来建设工程的施工合同和过程签证实在是太重要了。

而当窦律师再次见到 Y 经理的时候,Y 经理和窦律师说:"窦律师,你知道吗? 我们的工程款已经拿到了,对方公司说,不仅这个案件没有拿回一分赔偿款,现在还要去问赵某某把已经付出去的钱要回来,真是折腾了一圈又回到原点了啊。"

问题:

1. 试分析 HF 公司、CC 公司与 HD 公司之间的合同关系,并分析赵某某是以什么身份起诉 HF 公司的。

2. 反索赔的常用措施有哪些? 试分析反索赔的要点,并分析本案中 CC 公司在面对 HF 公司的索赔时,是如何进行反索赔的。

3. 请简述合同解释的基本原则,并分析本案中关于质量保修金支付,一审法院、二审法院是根据什么原则对合同中质量保修金支付条款进行判决的。

4. 请简述工程合同管理的主要内容,并分析 CC 公司、HF 公司在案涉工程合同管理方面存在的问题。

案例分析题 2

荆棘载途疑败诉,计上心来扭乾坤:王某某与 S 公司的工程款之争

1　案情概要

"宋律师,明天的官司能打得赢吗?""您不必太担心,我目前已有较大的把握了。"听到电话那头的答复,王某某紧锁的眉头舒展开来。明天,他与 S 公司之间的最后一次庭审就要开庭了,他的工程款能否成功讨回也就看这一次了。为了这些工程款,王某某这段时间没睡过一个好觉,今晚也注定是一个无眠夜……

1　案情概要

1.1　项目简介

桐庐山水项目位于杭州市桐庐,坐落于富春江南岸。项目总占地面积约 2.8 万方,建筑面积 12 万方,总计 512 户,主要以 5 幢 90~180m² 经典 ART-DECO 高层住宅和 28 套 250 m2 经典法式排屋组成,是桐庐高尚宅邸类别。

1.2　承包合同体系

1.2.1　总包合同

2012年12月,浙江S房地产开发有限公司(以下简称S公司)与H建设集团有限公司(以下简称H公司)私下签订建设工程施工合同(以下简称第一份施工合同),约定工程内容和承包范围为施工图纸范围内的土建及安装,合同工期总日历天数为700天,如表3-1所示。此外,合同还对其他事项作了约定,见附录1。

表3-1　第一份施工合同内容

工程内容和承包范围	施工图纸范围内的土建及安装
开工日期	2013年1月28日(以开工报告为准)
竣工日期	2015年12月28日
合同工期总日历天数	700天
合同价款	26000万元
质量要求	合格
项目负责人	李某松
项目经理	王某某

2012年12月31日,S公司、H公司将建设工程施工合同在桐庐县建筑业管理处备案。

2013年1月8日,S公司对桐庐山水项目进行了邀请招标,H公司等三家施工企业投标,后S公司在未评标未发出中标通知书的情况下确定H公司为总承包商,双方又签订一份建设工程施工合同(以下简称第二份施工合同),合同约定工程内容和承包范围为施工图内的工程内容,但是甲方分包工程除外,如表3-2所示。此外,合同还对其他事项作了约定,见附录2。

表3-2　第二份施工合同内容

工程内容和承包范围	施工图范围内的工程内容(甲方分包工程除外)
开工日期	具体开工日期
竣工日期	具体以竣工报告为准
合同工期总日历天数	850日历天(含桩基工程)
合同价款	20000万元,垫资金额为4000万元,土建综合费率25%,安装综合费率130%
质量要求	合格
项目负责人	李某松
项目经理	汤某根

1.2.2 "内包合同"

2013年1月18日,王某某与H公司签订一份"内部承包"合同(见附录3)约定:H公司承建的"桐庐山水总包"工程,以内部经济责任制的形式委托给王某某施工,王某某自愿接受并履行H公司与建设单位签订的工程承建合同条款、补充协议条款、承诺书及投标书、询标纪要规定的条款,王某某负责组建该工程的项目部,并对项目部负所有责任。H公司向王某某收取工程结算总造价为基数的6.5%营业税及管理成本费。合同还对工程质量等其他事项作了约定。

王某某的社保未在H公司,见附录4。

"内包合同"签订后,王某某于2013年9月1日开始组织施工。

1.2.3　指定分包

签订总包合同后,S公司对桩基、消防、弱电专业工程又另行招标。确定中标单位后,于2013年12月2日向H公司出具一份关于桐庐山水分包工程的函,见附录5。

关于桐庐山水分包工程的函

H建设集团有限公司:

兹有浙江S房地产开发有限公司通过邀请招标的方式确定"桐庐山水工程"消防分包工程承包人为浙江YA消防有限公司,承包价为949.4万元,"桐庐山水工程"弱电承包人为杭州BZ建设工程技术有限公司,承包价为635万元,"桐庐山水工程"桩基工程由徐某生承包施工,上述分包人纳入总包方H建设集团有限公司管理,由H建设集团有限公司与上述各分包工程分包人签订分包合同,望各总、分包单位密切配合、精心施工、科学管理,确保圆满完成桐庐山水工程。

浙江S房地产开发有限公司

2013年12月2日

之后,S公司、H公司就弱电工程、消防工程、桩基工程分别另行签订了建设工程施工合同,合同对双方的权利义务作了约定;事后,H公司分别与杭州BZ建设工程技术有限公司签订了弱电工程分包合同、与浙江YA消防有限公司签订了消防工程分包合同、与徐某生签订了桩基工程分包合同。

2014年3月10日,S公司、H公司签订一份建设工程施工合同(幕墙、外墙门窗分包工程),合同价款为5826万元,合同对双方之间的权利义务作了约定。

1.3　工程款之争

桐庐山水项目于2016年11月30日经竣工验收合格,同年12月30日在桐庐县住房和城乡建设局备案,见附录6,并于2016年12月1日交付S公司。王某某与H公司核对工程量和工程价款后,以H公司名义于2017年1月18日向被告S公司递交全套结算资料。然而,S公司却迟迟未对工程款进行结算。面对S公司的拖延,一心只想收回工程款的王某某却也束手无策,毕竟他不是总承包合同的相对人,无法依据合同向S公司主张工程款,因此只能一再地催讨。转眼间几个月过去了,但是事情却一直没有结果,思来想去,这样拖下去也不是个办法,王某某决定请H公司出面,让H公司起诉S公司,主张剩余工程款。

但天有不测风云,当王某某来到 H 公司时,还没等到他张口,就被 H 公司的张总告知"H 公司因经营不善已面临破产"。同时,他还从抽屉里面拿出杭州市萧山区人民法院发来的协助执行通知书,写明法院已告知 S 公司"履行协助执行义务,停止向 H 公司付款",见附录 7。所以,S 公司已经不可能向 H 公司付款。

王某某一时慌了神,以 H 公司现在的财务状况,显然也已经无力支付剩余的工程款。即使 H 公司出面打赢官司并要回工程款,也将计入 H 公司的破产财产,不可能由 H 公司直接支付王某某了。王某某想,要是 H 公司真的破产了,他能否直接向 S 公司追讨这笔工程款呢?毕竟 S 公司是桐庐山水项目的开发商,这或许是王某某最后的希望了。但是如果直接向法院起诉向 S 公司主张剩余工程款,他与 S 公司之间又无直接的合同关系,就这样平白无故地向 S 公司要钱,法院会支持他吗?但是除了起诉,他似乎也没有其他办法了。

于是,他马上联系了建纬(杭州)律师事务所的宋坚达律师。宋律师是处理建筑工程纠纷案件的专家,王某某把自己的情况一五一十地告诉宋律师。在宋律师的帮助下,王某某于 2017 年 2 月 27 日向桐庐县人民法院(以下简称桐庐法院)递交了起诉状,将 H 公司、S 公司告上了法庭。立案庭受理,审查通过后准予立案。

2 对簿公堂

2017 年 4 月 27 日一大早,王某某和宋律师带着所有需要的文件与资料来到了桐庐县人民法院,桐庐法院依法适用普通程序公开开庭进行了审理。随着一声法槌响起,第一次庭审正式开始。

H 公司与 S 公司实际履行的是 2013 年 1 月 8 日签订的合同,根据该合同,H 公司的承包范围为:施工图范围内工程(甲方另行分包工程除外),故王某某实际承包并施工的工程为土建及水电安装。王某某以其施工部分工程(即土建及水电安装)的送审价(17833 万元)扣除累计收到的工程进度款(总计 11904 万元)的金额,向 S 公司主张 5929 万元工程款。

然而,面对王某某的诉讼请求,被告 S 公司辩称:

(1)王某某无权要求 S 公司向其支付工程款及赔偿损失。考虑到工程建设的实际需要,S 公司与 H 公司前后签署了两份《建设工程施工合同》,两份合同中的其他条款均系双方真实意思表示,具有法律效力,对双方具有约束力。对于有效的《建设工程施工合同》应当得到遵守和全面履行,S 公司只需对 H 公司负有履行义务,对合同之外的任何主体不负担履行义务。王某某并非合同权利人,却要求 S 公司向其承担支付工程款、返还履约保证金、赔偿损失等责任。如果这些诉讼请求成立,则 S 公司作为工程发包方,需承担在签署建设工程施工合同时所不能预料的风险，负担建设工程施工合同之外的义务，这对于发包人而言是极不公平的，也无法保障基本的交易安全。同时也难以避免虚构实际承包人或者承包人与实际施工人相互串通，损害发包人权益的风险。根据《建设工程施工合同》条款，王某某的身份是 H 公司派驻案涉工程的项目经理，王某某与 H 公司之间是职务关系，并非案涉工程的实际施工人，王某某要求 S 公司在欠付工程款范围内支付工程款、赔偿损失并确认对工程折价、拍卖所得价款具有优先受偿权，没有事实、法律依据。

（2）S 公司不存在欠付 H 公司工程款的情形。关于案涉工程，S 公司、H 公司前后签署了两份《建设工程施工合同》，但两份合同中均明确合同价款是暂定工程价款。工程价款需要在工程竣工移交后，由双方进行竣工结算后最终确定。根据 2013 年 1 月 8 日签订的《建设工程施工合同》专用条款第九条第 32 款，承包人提交竣工结算文件后，由发包人开始核定或办理好委托具备资质的第三方对工程价款进行审核。截至目前，H 公司仍未能提交工程竣工图等工程技术资料，导致 S 公司至今无法有效开展结算，目前未能确定工程价款。另外，根据 2013 年 1 月 8 日签订的《建设工程施工合同》专用条款第六条第 26 款，工程竣工验收合格后，20 天内支付完成工程量及产值 85% 的工程款。按照合同暂定价 20000 万元计算，工程竣工验收合格后 20 天内 S 公司需累计完成向 H 公司支付工程款 17000 万元。截至目前，S 公司已向 H 公司支付的工程款金额为 20415 万元，大于其依照合同约定应支付的工程款。此外，S 公司曾专门派员对桐庐山水项目整体的工程造价进行了单方面结算，并制成《结算审核报告（上下两册）》（已有 S 公司盖章确认）提交至法庭，详见附录 8。依据该份结算报告，整个桐庐山水项目的工程造价为 15254 万元，而 S 公司已经向 H 公司支付的工程款为 20415 万元，大于桐庐山水项目的"实际造价"。据此，截至目前，无论依照合同约定还是工程结算价计算，S 公司均不存在欠付 H 公司工程款的情形，并且事实上超额支付了合同约定的工程款。

针对 S 公司的辩称，王某某并不认可 S 公司单方面出具的结算价，认为金额过低，而 S 公司也对王某某提交的送审价存在异议。双方各执己见，相持不下。鉴于本案起诉之前 S 公司尚未就王某某施工部分形成结算，于是宋律师向法庭申请对王某某施工部分进行造价鉴定。尽管 S 公司表示反对，但是法庭进行审查后，最终还是同意了宋律师的造价鉴定申请。

3 陷入僵局

经过浙江某工程审价咨询有限公司造价鉴定，王某某施工的土建、水电安装部分的工程造价为 15916 万元，详见附录 9。法庭再次开庭，对该份证据材料进行了质证。经质证，法庭将鉴定报告中的十余项内容进行了调整，最终确定王某某施工的土建、水电安装部分的工程造价为 15845 万元。由于工程造价相较于送审价发生了改变，故宋律师将诉请金

附录 1～9

额变更为 3941 万元。

然而在第二次庭审中,S 公司代理人提出,由鉴定可知王某某施工部分的价款应为 15845 万元,但是根据 S 公司现有的账簿记载可知其已经向 H 公司支付了 20415 万元,故 S 公司实际上非但没有欠付 H 公司任何工程款,而且已经超额支付 4570 万元工程款。

"不对呀,S 公司付给 H 公司的两亿多元是整个桐庐山水项目的工程款,又不是只给我一个人。"王某某辩解道。

但由于非王某某施工的消防分包工程、弱电工程分包、桩基工程以及幕墙工程、外墙门窗工程的承包商不配合王某某和 H 公司,不愿意提供相应专业工程的结算资料(如工程联系单等),因此王某某无法就这部分专业工程的造价进行鉴定,因而也无法得出整个桐庐山水项目的工程造价或 S 公司实际已支付王某某施工部分工程款的金额。

自此,王某某的工程款纠纷案陷入僵局。如果王某某仍然无法提供关键性证据,他将极有可能败诉。眼下即将进行最后一次开庭,成败在此一举,只有确定 S 公司的欠付范围才有可能扭转乾坤、反败为胜。

4 拨云见日

开庭结束后回到家中,宋律师稍作休整,便继续投入案件的工作中。时值隆冬深夜,万籁俱静,只有书房里透出微弱的灯光,传来沙沙的写字声。此时,宋律师正在对案件进行梳理。他发现,对于欠付范围,他算的是一笔"小账",涉及的仅仅是王某某施工的土建及水电安装部分,如图 3-1 所示。

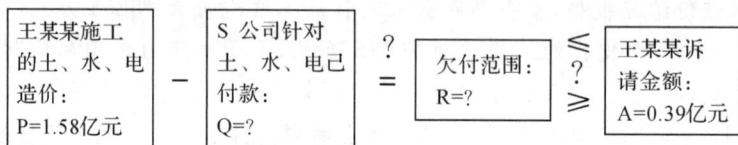

图 3-1 王某某对欠付范围的计算方法

而 S 公司则偷换概念,算的是整个桐庐山水项目的一笔"大账",除了王某某施工部分的造价(P),还包含了非王某某施工的其他专业工程,如图 3-2 所示。S 公司声称已向 H 公司支付约 20415 万元的工程款,符合施工合同要求,所以王某某的工程款应由 H 公司负责支付,与其无关。

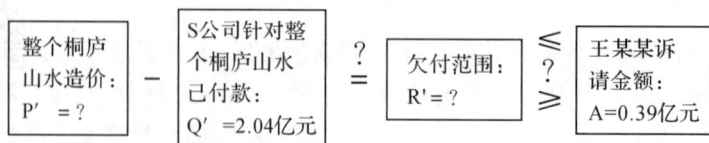

图 3-2 S 公司对欠付范围的计算方法

按照 S 公司的思路,本也可以计算工程款的欠付范围,然而其他专业工程的承包商出于他们各自的考量不愿意提供相应专业工程的结算资料(如工程联系单等),故王某某无法就整个桐庐山水项目向法院申请做造价鉴定,也就无法查清桐庐山水整个项目的造价(P′),故仅有 S 公司就桐庐山水整个项目的已付款金额(Q′)并不能查清 S 公司就整个桐庐山水工程拖欠 H 公司工程款的范围(R′)。

正苦恼时,不知怎的,突然有本书从书桌上滑落,宋律师俯身将其捡起,发现是当初 S 公司试图向法庭说明其未曾欠付 H 公司工程款而提交的《结算审核报告》(已有 S 公司盖章确认),详见附录 8,顿时茅塞顿开,心生一计。

"S 公司在这上面不是列出了他们单方面结算的工程价款清单吗?可以直接套用,虽然可能偏低,但是对方已经自认,能够得到法庭的认可,可以先按上面的数据计算下。"宋律师心想。

随即,宋律师拿起纸笔计算了起来。该"结算审核报告"中包含了不属于王某某施工承包范围内的专业工程的造价,再加上鉴定机构出具的由王某某实际施工的工程——土建工程(含围护工程)、水电安装工程(即强电与给排水)的司法鉴定造价,由此可以得到整个桐庐山水工程项目造价 P′,再减去 S 公司所谓的其已付 H 公司工程款的总额 Q′,可以得出 S 公司对整个桐庐山水工程项目的欠付范围 R′。

通过计算(如表 3-3 所示),S 公司暂应支付的工程总价款,即整个桐庐山水工程项目造价 P′ 为 26868 万元,大于目前 S 公司已支付给 H 公司的工程款 Q′(20415 万元),说明 S 公司存在欠付工程款。二者相减所得的欠付范围 R′ 为 6453 万元大于王某某的诉请金额 A(3941 万元)。所以 S 公司作为发包人,需在欠付工程款范围内承担连带责任,应当全额支付欠付王某某 3941 万元的工程款。

"终于把这笔账算清楚了。"解决了这一难题,局势逐渐明朗了起来。虽然王某某是通过承接转包才拿到这个工程,但是《最高人民法院关于审理建设工程施工合同纠纷案件适用法律问题的解释》中也明确规定了只要工程验收合格,就能保证实际施工人的合法权益。而且王某某也是为这个工程花了不少心血,投入了大量的人力、物力和财力,克服种种困难,最终完成施工。所以宋律师心里也十分希望能够帮助王某某打赢这场官司,拿回他应得的工程款,毕竟这里面广大农民工的血汗钱。

表 3-3　工程价款计算清单

工程	施工范围	承包公司	合同价款（万元）	结算价款（万元）	已支付（万元）	待付
分包工程	消防工程	YA 消防有限公司萧山分公司	949.4	843	665	/
	弱电工程	BZ 建设工程技术有限公司	635	301	375	/
	桩基工程	徐某生		1992	2132	/
	幕墙外墙门窗工程	QL 装潢工程有限公司	5826	7569	5033（已开票金额为 7034）	/
	总计 1			10705	8206	/
总包工程	土建水电	王某某		15845	11904	3941
其他				3180162	3053178	/
总计 2				26868	20415	6453

5　赢得胜诉

12 月 12 日一大早,王某某与宋律师再次前往桐庐法院参加最后一次开庭。虽然判决结果尚无定论,但是宋律师心里已有了较大的把握。

经历了一场激烈的辩论,最终,法院认为,被告 H 公司以"内部承包"方式将其承建的"桐庐山水"土建及安装工程转包给王某某施工,该行为违反了法律、行政法规的规定,该转包行为无效。王某某作为实际施工人,完成了合同约定的施工义务,涉案工程经竣工验收合格,故对其要求被告 H 公司支付工程款的诉请予以支持,同时,王某某对其涉案工程折价或者拍卖的价款享有优先受偿权。并且,虽然 S 公司与 H 公司未进行工程结算,但根据本案已查明的事实可知:

(一)经鉴定的王某某施工部分工程造价为 15845 万元,扣除其累计已收到工程款 11904 万元,H 公司尚欠王某某工程款 3941 万元。

(二)S 公司已支付 H 公司整个桐庐山水项目工程款为 20415 万元,而经鉴定的王某某施工部分工程造价与经 S 公司自认的其余部分工程造价之和为 26868 万元,大于 S 公司已支付工程款。因此,S 公司暂欠 H 公司工程款 6453 万元;

　　（三）根据《最高人民法院关于审理建设工程施工合同纠纷案件适用法律问题的解释》第二十六条，S公司需在欠付工程款范围内对王某某承担清偿责任，由于王某某诉请金额为3941万元，小于S公司欠付金额6453万元，故其暂应全额支付王某某剩余工程款。此外，由于王某某诉请金额中尚有2%的质量保证金317万元未到合同约定的期限，故法院暂将此部分予以扣除，仅对剩余的3624万元工程款予以支持。

　　2018年2月5日，杭州市桐庐县人民法院做出如下判决：

判决书

　　依照《中华人民共和国合同法》第一百零七条、第二百六十九、第二百八十六条和《最高人民法院关于审理建设工程施工合同纠纷案件适用法律问题的解释》第一条、第二条、第二十六条的规定（注1），判决如下：

　　（1）H建设集团有限公司于本判决生效之日起十日内给付王某某工程款36240264.18元，并支付自2017年2月27日起至款项付清之日止按中国人民银行同期贷款利率计算的利息；

　　（2）浙江S房地产开发有限公司在欠付H建设集团有限公司工程款36240264.18元范围内对H建设集团有限公司支付王某某第一项给付内容中的工程款承担连带清偿责任；

　　（3）王某某对涉案土建及安装工程依法处置后的价款享有优先受偿权；（注2）

　　（4）浙江S房地产开发有限公司、H建设集团有限公司给付王某某鉴定费387300元；

　　（5）驳回王某某的其他诉讼请求。

　　如果未按本判决指定的期限履行金钱给付义务的，应当依照《中华人民共和国民事诉讼法》第二百五十三条之规定，加倍支付迟延履行期间的债务利息。

　　注1：《中华人民共和国合同法》的第一百零七条、第二百六十九与第二百八十六条即《中华人民共和国民法典》的第五百七十七条、第七百八十八条与第八百零七条；《最高人民法院关于审理建设工程施工合同纠纷案件适用法律问题的解释》系2004年9月29日由最高人民法院审判委员会第1327次会议通过，自2005年1月1日起施行，该解释已于2021年1月1日被《最高人民法院关于审理建设工程施工合同纠纷案件适用法律问题的解释（一）》（以下简称为《司法解释》）取代，其相关条款分别变更为《司法解释》第一条、《中华人民共和国民法典》第七百九十三条、《司法解释》第四十三条。

6　风云再起

　　一波未平一波又起，在王某某起诉H公司、S公司工程款纠纷一案审理过程中，作为发包人的S公司另案起诉H公司和王某某至杭州市中级人民法院，主张施工方工期延误违约责任，指出招投标文件与备案合同约定工期总日历天数为850天，但实际工期为1402天，逾期长达552天，由此造成了S公司巨大经济损失,诉请工期违约金 11040 万元。H 公司作为案涉工程的总承包人,应对包括分包工程在内的工程工期延误承担责任;王某某作为工程价款的收取方,根据权利义务对等原则,应承担连带支付的责任。

面对这一突如其来的状况,王某某一时间慌了神,刚到手的 3000 多万元血汗钱还没捂热就要还回去,甚至还要再多付 7000 多万元给 S 公司。宋律师劝他不要紧张,既然前一次官司能赢,这次也未必不可。待王某某定了神,宋律师方才向他询问了几个问题。

"王先生,这个工程实际开工和竣工时间是什么时候?"

"工程的开工日期为 2013 年 1 月 28 日,竣工时间为 2016 年 11 月 30 日。"

"那实际施工工期的确是 1403 天啊,合同约定工期也的确是 850 天。按这样算的话,你很有可能需要承担工期延误的违约责任啊。"

"宋律师,这我真的冤枉啊。我也不想拖工期啊,但是实在是 S 公司和他指定的分包公司不配合。桩基工程到 2014 年 9 月 27 日才陆续完工,在此之前我们土建部分无法正常施工,严重影响了工期。此外,在施工过程中,S 公司也没有按合同约定组织图纸会审,没提供后续的变更设计方案,还时不时拖欠进度款,其他分包公司也不按时完工,所以这个工程才拖了这么久,我这边都是有记录的。"

随后,王某某就找出桩基部分工程验收记录、工程桩基检测报告、图纸会审纪要等文件,来证实他的话,接着又说道:"G20 峰会期间杭州地区所有工程项目都必须停工,结果我一个多月都没法开工。你看现在搞成这个局面,我也是哑巴吃黄连,有苦说不出啊。"

"王先生,别急别急。你刚才说的这些都可以作为证据,再加上你这些书面证明,法官肯定会考虑你的难处的,不一定会判定你承担工期延误的责任。"

7 大获全胜

到了法庭上,面对 S 公司的主张,宋律师以合同无效、设计变更、指定分包工期延误、不可抗力因素等方面进行抗辩。

考虑到上述因素,最终,法院驳回了 S 公司的请求,认为 S 公司单纯地将实际工期与合同工期相减得出工期延误的时间,没有考虑实际履行中对工期造成延长的各种因素,因而支持其主张的依据不具有说服力;以目前的证据来看,甲方存在指定分包,且无法证明只是王某某造成的工期延误;此外,S 公司主张王某某就 H 公司相关违约责任承担连带责任没有事实与法律依据,故不予支持。

2018 年 12 月 3 日,杭州市中级人民法院作出如下判决:

判决书

依照《中华人民共和国合同法》第五十二条、第六十条(注 3),《中华人民共和国民事诉讼法》第六十四条,《最高人民法院关于民事诉讼证据的若干规定》第二条之规定,判决如下:

驳回浙江 S 房地产开发有限公司的诉讼请求。

8 尾声

听到判决时,王某某紧紧握住宋律师的手,激动得说不出话来。走出法庭,王某某心中的忧虑已经完全散去,想到已经建成的桐庐山水项目,他知道之后会有许许多多的家庭入住,他心里也十分满足。因为不管怎样,桐庐山水依然是他用了三年多时间完成的项目,就像他的孩子一样。

问题

1. 试分析 S 公司与 H 公司签订的第一份和第二份施工合同、H 公司与王某某签订的内部承包合同的法律效力,并说明理由。

2. 试判断王某某在本案例中的身份是内部承包人还是实际施工人?说明理由,并分析内部承包人和实际施工人各自的救济途径。

3. 为什么案涉工程的施工方(H 公司和王某某)无须对工期延误承担违约责任?请陈列具体理由。

4. 请简述工程合同管理的主要内容,并分析 S 公司、H 公司在案涉工程合同管理方面存在的问题。

思考题

本章测试

1. 《民法典》的适用范围和基本原则有哪些?

2. 订立合同可以采用哪些形式?合同有哪些主要条款?

3. 什么是要约和承诺?其构成要件有哪些?

4. 试用合同的要约—承诺理论分析建设工程招标投标过程。

5. 什么是效力待定合同、无效合同和可撤销合同?相互之间有哪些区别?

6. 试述无效合同的种类和法律后果。

7. 合同的履行原则有哪些?

8. 合同履行中有哪些抗辩权?其构成要件及效力有哪些?在施工合同中如何应用?

9. 合同内容约定不明时应当如何处理?

10. 当事人变更合同应当注意哪些问题?

11. 合同转让有哪些形式？其构成要件及效力有哪些？

12. 合同终止和解除的条件与法律后果如何？

13. 代位权、撤销权成立的条件和法律效力有哪些？

14. 什么是违约行为？违约责任承担形式有哪些？

15. 违约责任与缔约过失责任有哪些区别？

16. 试述定金与预付款的异同。

17. 合同争议条款的解释原则有哪些？

18. 发生了合同争议应通过哪些途径加以解决？

第四章　建筑法律制度

第一节　概　述

本章课件

一、建筑法的概念

广义的建筑法,是指调整建筑活动的法律规范的总称。狭义的建筑法是指 1997 年 11 月 1 日第八届全国人民代表大会常务委员会第二十八次会议通过的《中华人民共和国建筑法》(以下简称《建筑法》),于 1998 年 3 月 1 日起实施。2011 年 4 月 22 日第十一届全国人民代表大会常务委员会第二十次会议决定对《建筑法》作出修改,并于 2011 年 7 月 1 日起施行。2019 年 4 月 23 日根据第十三届全国人民代表大会常务委员会第十次会议《关于修改〈中华人民共和国建筑法〉等八部法律的决定》第二次修正。

《建筑法》是我国工程建设和建筑业的一部大法,是建筑活动的基本法。它的公布,确立了我国建筑活动的基本法律制度,标志着我国建筑活动开始纳入依法管理的轨道。它的施行,对加强建筑活动的监督管理,维护建筑市场秩序,保障建筑工程的质量和安全,促进建筑业的健康发展,保护建筑活动当事人的合法权益,具有重要的意义。

中华人民共和国
建筑法
(2019 年修正)

二、建筑法的立法目的

1. 加强对建筑活动的监督管理

《建筑法》的首要目的,就是为了加强对建筑活动的监督管理。对建筑活动的监督包括两个方面的内容:宏观的监督管理,即从宏观的产业政策、行业标准上对建筑活动进行的组织、协调、控制、监督和惩治等措施。微观的监督管理,即有关部门对建筑项目的施工许可管理、从业者资质与资格认定管理、建设工程承包管理以及建筑安全生产管理和建设工程质量管理等。

2. 维护建筑市场秩序

建立起一个统一的、开放的、竞争的、有序的建筑市场是建筑业发展的客观要求。在我国建筑市场的形成和发展过程中,一些扰乱市场秩序、违反市场规则的行为时有发生,表现在以下几个方面:

一是发包方的行为不规范,主要是一部分建设单位不遵守建设程序,不报建、不招

标,搞私下交易,任意肢解工程,强行要求垫资承包,强行指定购买质次价高的材料设备,不合理压价和拖欠工程款等;

二是承包方的行为不规范,主要是一些设计、施工单位无证或者越级承包设计、施工任务、层层转包,以及在施工中偷工减料;

三是中介方的行为不规范,主要包括一些中介机构专业人员缺乏、服务水平低、机构功能不健全、内部管理混乱等。

因此,制定《建筑法》,就要从根本上解决建筑市场的混乱状况,确立与社会主义市场经济相适应的建筑市场管理制度,以维护建筑市场的秩序。

3. 保证建筑工程质量和安全

由于建筑生产的特殊性和复杂性,建筑产品使用的长期性和固定性,建筑工程质量和安全对公众安全、社会财富、国民经济发展的影响极为巨大。近年来,建筑工程质量事故和安全生产事故频频发生。因此,制定《建筑法》的一个重要目的,就是保证建筑工程质量和安全,促进建筑业的健康发展。

《建筑法》以切实保证建筑工程质量和安全为主要目的之一,作出了以下重要规定:

一是要求建筑活动应当确保建筑工程的质量和安全,符合国家的建筑工程安全标准,严格遵守《建设工程质量管理条例》,严格遵守《工程建设标准强制性条文》和建设工程技术法规;

二是要求建筑工程的质量和安全应当贯穿建筑活动的全过程,进行全过程的监督管理;

三是要求建筑活动的各个阶段、各个环节,如设计、施工、监理、竣工验收等阶段,都要保证质量和安全;

四是要求明确建筑活动各有关方面在保证建筑工程质量和安全中的法律责任等。

建设工程质量
管理条例
(2019 修订)

4. 促进建筑业健康发展

建筑业是国民经济的重要物质生产部门,是国家重要支柱产业之一。为了保障建筑业在国民经济和社会发展中的地位和作用,同时也是为了解决建筑业发展中存在的问题,我国迫切需要制定《建筑法》,以促进建筑业健康发展。

三、建筑法的调整对象和适用范围

(一)调整对象

《建筑法》第二条规定,在中华人民共和国境内从事建筑活动,实施对建筑活动的监督管理,应当遵守本法。本法所称建筑活动,是指各类房屋建筑及其附属设施的建造和与其配套的线路、管道、设备的安装活动。

(二)适用范围

《建筑法》的适用范围包含三层意思:

一是调整的地域范围为中华人民共和国境内,不包括香港、澳门、台湾地区;

二是调整的主体是建设单位、勘察设计单位、施工企业、监理单位、建筑行政管理机

关,同时也包括从事建筑活动的个人,如注册建筑师、注册结构师、注册建造师、注册监理师、注册造价师等;

三是调整的行为是各类房屋建筑及其设施的新建、改建、扩建、维修、拆除、装饰装修活动,以及线路、管道、设备的安装活动。

此外,《建筑法》第八十一条规定,本法关于施工许可,建筑施工企业资质审查和建筑工程发包、承包、禁止转包,以及建筑工程监理、建筑工程安全和质量管理的规定,适用于其他专业建筑工程的建筑活动,具体办法由国务院规定。

由此可见,《建筑法》不仅调整各类房屋建筑的建筑活动,也调整其他专业建筑工程(如铁路工程、民航工程、交通运输工程、水利工程等)的建筑活动。

还需要注意的是,《建筑法》适用范围的例外规定。《建筑法》第八十三条规定,省、自治区、直辖市人民政府确定的小型房屋建筑工程的建筑活动,参照本法执行。依法核定作为文物保护的纪念建筑物和古建筑等的修缮,依照《文物保护法》的有关规定执行。抢险救灾及其他临时性房屋建筑和农民自建低层住宅的建筑活动,不适用本法。《建筑法》第八十四条规定,军用房屋建筑工程建筑活动的具体管理办法,由国务院、中央军事委员会依据本法制定。

也就是说,有些工程不可能完全按照《建筑法》规定的要求去进行,如省、自治区、直辖市人民政府确定的小型房屋建筑工程;有些工程需要依照有关法律执行,如古建筑等的修缮;有些工程根本不适用《建筑法》的规定,如抢险救灾等工程;有些工程需要另行制定管理办法,如军用房屋建筑工程等。

四、建筑法的基本原则

《建筑法》的基本原则,即《建筑法》的主旨和基本准则,是制定和实施《建筑法》的出发点。《建筑法》的基本原则贯穿于整个《建筑法》的条文中,主要有以下三点:

1. 建筑活动应当确保工程质量和安全,符合国家的建筑工程安全标准

确保工程质量和安全是《建筑法》立法的主题之一。《建筑法》第三条规定,建筑活动应当确保建筑工程质量和安全,符合国家的建筑工程安全标准。这里所说的国家的建筑工程安全标准,包括有关涉及建筑工程安全的国家标准、行业标准。

《标准化法》第六条规定,对需要在全国范围内统一的技术要求,应当制定国家标准。国家标准由国务院标准化行政主管部门制定。对没有国家标准而又需要在全国某个行业范围统一的技术要求,可以制定行业标准。行业标准由国务院有关行业主管部门制定,并报国务院标准化行政主管部门备案,在公布国家标准后,该行业标准即行废止。第七条规定,国家标准、行业标准分为强制性标准和推荐性标准。保障人体健康及人身、财产安全的标准和法律、行政法规规定强制执行的标准是强制性标准。第十四条规定,强制性标准,必须执行。

依照《建筑法》和《标准化法》的规定,凡是依法制定的有关建筑工程安全的国家标准和行业标准,包括列入国家标准或行业标准的有关建筑工程安全的勘察、设计、施工、验收的技术规范、技术要求和方法,都属于强制性标准,必须严格按照执行。建设单位

不得以任何理由,要求设计单位或者施工企业在工程设计或施工作业中,违反有关建筑工程安全的国家标准和行业标准的规定,降低工程质量;建筑工程的勘察、设计单位和施工企业,必须按照国家或行业有关建筑工程安全标准的要求进行勘察、设计和施工;建筑工程监理单位也必须按照安全标准进行工程监理。当然,有关建筑工程安全的国家或行业标准,是保障建筑工程安全的基本要求,建筑工程的发包方和承包方可以在合同中约定严于国家标准或行业标准的工程质量要求,但不得以合同约定低于国家或行业安全标准的质量要求。

2. 国家扶持建筑业的发展,支持建筑科学技术研究

国家扶持建筑业的发展,支持建筑科学技术研究,提高房屋建筑设计水平,鼓励节约能源和保护环境,提倡采用先进技术、先进设备、先进工艺、新型建筑材料和现代管理方式。

3. 从事建筑活动应当遵守法律、法规,不得损害社会公共利益和他人的合法权益

建筑活动涉及多方面的关系,除了要遵守专门适用于建筑活动的特别法即《建筑法》的规定外,还要遵守其他有关的法律、法规。例如,在建设用地方面,应当遵守《土地管理法》和《城市房地产管理法》及相关行政法规的规定;在城市规划区内进行建筑活动的,要遵守《城乡规划法》及相关法规的规定;在环境保护方面,要遵守《环境保护法》《大气污染防治法》《水污染防治法》《固体废物污染环境防治法》和《环境噪声污染防治法》等法律、法规的规定;在建筑活动中,发现古文物、古墓葬等应当予以保护的文物,要遵守《文物保护法》的规定;在建筑工程承发包中,进行招标投标活动要遵守《招标投标法》《反不正当竞争法》等法律、法规的规定,订立承发包合同,还要遵守《民法典》及相关法规的规定;在建筑企业与职工的劳动关系方面,要遵守《劳动法》及相关法规的规定等。

五、建筑法律制度的立法现状

目前,有关建筑的法律、行政法规、部门规章主要有:

1988 年 12 月 29 日第七届全国人民代表大会常务委员会第五次会议通过、2017 年 11 月 4 日第十二届全国人民代表大会常务委员会第三十次会议修订的《中华人民共和国标准化法》;

土地管理法

1991 年 3 月 26 日建设部发布的《建设部质量奖评审管理办法》;

1992 年 12 月 29 日建设部第二十八次常务会议通过的《工程建设国家标准管理办法》《工程建设行业标准管理办法》;

城市房地产
管理法

1993 年 2 月 22 日第七届全国人民代表大会常务委员会第三十次会议通过、2000 年 7 月 8 日第九届全国人民代表大会常务委员会第十六次会议第一次修正、2018 年 12 月 29 日第十三届全国人民代表大会常务委员会第七次会议第二次修正的《中华人民共和国产品质量法》;

1997 年 11 月 1 日第八届全国人民代表大会常务委员会第二十八次会议通过、2011 年 4 月 22 日第十一届全国人民代表大会常务委员会第二十次会议第一次修正、

2019 年 4 月 23 日第十三届全国人民代表大会常务委员会第十次会议第二次修正的《中华人民共和国建筑法》;

1999 年 8 月 30 日第九届全国人民代表大会常务委员会第十一次会议通过、2017 年 12 月 27 日第十二届全国人民代表大会常务委员会第三十一次会议修正的《中华人民共和国招标投标法》;

1999 年 10 月 14 日建设部第十六次常务会议通过、2014 年 6 月 25 日建设部第十三次常务会议审议通过第一次修正、2018 年 9 月 19 日第四次部常务会议通过第二次修正的《建筑工程施工许可管理办法》;

2000 年 1 月 10 日国务院第 25 次常务会议通过、2017 年 10 月 7 日根据《国务院关于修改部分行政法规的决定》第一次修订、2019 年 4 月 23 日根据《国务院关于修改部分行政法规的决定》第二次修正的《建设工程质量管理条例》;

2000 年 4 月 4 日建设部第二十二次常务会议通过、2009 年 10 月 19 日住房和城乡建设部修正的《房屋建筑工程和市政基础设施工程竣工验收备案管理暂行办法》;

2000 年 6 月 26 日建设部第二十四次常务会议讨论通过的《房屋建筑工程质量保修办法》;

2000 年 8 月 21 日建设部第二十七次常务会议通过、2015 年 1 月 22 日根据住房和城乡建设部令第 23 号第一次修正、2021 年 3 月 30 日根据中华人民共和国住房和城乡建设部令(第 52 号)第二次修改的《实施工程建设强制性标准监督规定》;

2000 年 9 月 20 日国务院第三十一次常务会议通过、2015 年 6 月 12 日第一次修订、2017 年 10 月 7 日第二次修正的《建设工程勘察设计管理条例》;

2000 年 12 月 29 日建设部第三十六次常务会议讨论通过的《建设工程监理范围和规模标准规定》;

2001 年 11 月 2 日建设部第五十次常务会议审议通过发布的《建设领域推广应用新技术管理规定》;

2001 年 11 月 5 日建设部发布、2013 年 12 月 11 日第九次部常务会议通过修正的《建筑工程施工发包与承包计价管理办法》;

2002 年 6 月 29 日第九届全国人民代表大会常务委员会第二十八次会议通过、2002 年 6 月 29 日第九届全国人民代表大会常务委员会第二十八次会议第一次修正、根据 2014 年 8 月 31 日第十二届全国人民代表大会常务委员会第十次会议第二次修正、2021 年 6 月 10 日第十三届全国人民代表大会常务委员会第二十九次会议修正的《中华人民共和国安全生产法》;

2003 年 2 月 19 日国务院第六十八次常务会议通过、2009 年 1 月 24 日修正的《特种设备安全监察条例》;

2003 年 11 月 8 日建设部第二十一次常务会议讨论通过、2014 年 8 月 27 日第十五次部常务会议第一次修正、2019 年 2 月 15 日第六次部常务会议审议通过第二次修正的《房屋建筑和市政基础设施工程施工分包管理办法》;

2003 年 11 月 12 日国务院第二十八次常务会议通过发布的《建设工程安全生产管

理条例》；

2004 年 1 月 7 日国务院第三十四次常务会议通过、2013 年 7 月 18 日依据《国务院关于废止和修改部分行政法规的决定》第一次修订、2014 年 7 月 29 日国务院第五十四次常务会议第二次修订的《安全生产许可证条例》；

2007 年 6 月 26 日建设部令第 158 号发布、2015 年 5 月 4 日根据《住房和城乡建设部关于修改〈房地产开发企业资质管理规定〉等部门规章的决定》第一次修正、2016 年 9 月 13 日根据《住房和城乡建设部关于修改〈勘察设计注册工程师管理规定〉等 11 个部门规章的决定》第二次修正、2018 年 12 月 22 日根据《住房和城乡建设部关于修改〈建筑业企业资质管理规定〉等部门规章的决定》第三次修正的《工程监理企业资质管理规定》；

2007 年 3 月 28 日国务院第 172 次常务会议通过的《生产安全事故报告和调查处理条例》；

2011 年 6 月 24 日建市〔2011〕86 号发布,2019 年 3 月 18 日根据《住房和城乡建设部关于修改有关文件的通知》修正的《住房和城乡建设部关于进一步加强建筑市场监管工作的意见》(建市〔2011〕86 号)；

2013 年 12 月 2 日住房和城乡建设部发布的《房屋建筑和市政基础设施工程竣工验收规定》；

2016 年 12 月 27 日住房和城乡建设部、财政部共同颁布,2017 年 7 月 1 日第一次修改、2017 年 6 月 20 日再次进行修订的《建设工程质量保证金管理办法(建质〔2017〕138 号)》；

2019 年 1 月 3 日住房和城乡建设部发布的《建筑工程施工发包与承包违法行为认定查处管理办法》；

2020 年 8 月 28 日,中华人民共和国住房和城乡建设部、中华人民共和国教育部、中华人民共和国科学技术部、中华人民共和国工业和信息化部、中华人民共和国自然资源部、中华人民共和国生态环境部、中国人民银行、国家市场监督管理总局、中国银行保险监督管理委员会联合发布了《住房和城乡建设部等部门关于加快新型建筑工业化发展的若干意见》等。

第二节　建筑许可

建筑许可,是指建设行政主管部门或者其他有关行政主管部门准许、变更和终止公民、法人和其他组织从事建筑活动的具体行政行为。建筑许可的表现形式为施工许可证、批准证件(开工报告)、资质证书、执业资格证书等。《建筑法》规定的建筑许可包括建筑工程施工许可与从业资格两种。

一、建筑工程施工许可

建筑工程施工许可制度,是建设行政主管部门根据建设单位的申请,依法对建筑工程是否具备施工条件进行审查,符合条件者,准许该建筑工程开始施工并颁发建筑许可证的一种制度。

施工许可证是指建筑工程开始施工前建设单位向建筑行政主管部门申请的可以施工的证明。

(一)实施施工许可的范围

1. 需要办理施工许可证的建筑工程

《建筑法》第七条规定,建筑工程开工前,建设单位应当按照国家有关规定向工程所在地县级以上人民政府建设行政主管部门申请领取施工许可证。

2014 年 6 月住房和城乡建设部经修改后发布的《建筑工程施工许可管理办法》进一步规定,在中华人民共和国境内从事各类房屋建筑及其附属设施的建造、装修装饰和与其配备的线路、管道、设备的安装,以及城镇市政基础设施工程的施工,建设单位在开工前应当依照本办法的规定,向工程所在地的县级以上人民政府建设行政主管部门申请领取施工许可证。

2. 不需要办理施工许可证的建筑工程

(1)限额以下的小型工程

《建筑法》第七条规定,国务院建设行政主管部门确定的限额以下的小型工程,可以不申请办理施工许可证。

《建筑工程施工许可管理办法》第二条规定,工程投资额在 30 万元以下或者建筑面积在 300 平方米以下的建筑工程,可以不申请办理施工许可证。

建筑工程施工许可管理办法

(2)抢险救灾等特殊工程

《建筑法》第八十三条规定,抢险救灾及其他临时性房屋建筑和农民自建低层住宅的建筑活动,不适用本法。

这几类工程各有特殊性,所以,从实际出发,不适用施工许可制度,不需要办理施工许可证。

3. 不重复办理施工许可证的建筑工程

《建筑法》第七条规定,按照国务院规定的权限和程序批准开工报告的建筑工程,不再领取施工许可证。这有两层含义:一是实行开工报告批准制度的建设工程,必须符合国务院的规定,其他任何部门的规定无效;二是开工报告与施工许可证不得重复办理,避免同一建筑工程的开工由不同行政主管部门重复审批的现象。

4.另行规定的建筑工程

《建筑法》第八十四条规定,军用房屋建筑工程建筑活动的具体管理办法,由国务院、中央军事委员会依据本法制定。据此,军事房屋建筑工程施工许可的管理,按国务院、中央军事委员会制定的办法执行。

(二)申请领取施工许可证的条件

2019 年 4 月 23 日第十三届全国人民代表大会常务委员会第十次会议通过《关于

修改〈中华人民共和国建筑法〉等八部法律的决定》,修正后的《建筑法》第八条规定,申请领取施工许可证,应当具备下列条件:

(1)已经办理该建筑工程用地批准手续;

(2)依法应当办理建设工程规划许可证的,已经取得建设工程规划许可证;

(3)需要拆迁的,其拆迁进度符合施工要求;

(4)已经确定建筑施工企业;

(5)有满足施工需要的资金安排、施工图纸及技术资料;

(6)有保证工程质量和安全的具体措施。

上述六个条件,是建设单位申领施工许可证所必须同时具备的条件,缺一不可。

《建筑工程施工许可管理办法》对施工许可条件作出了进一步细化。《建筑工程施工许可管理办法》第四条规定,建设单位申请领取施工许可证,应当具备下列条件,并提交相应的证明文件:

(1)依法应当办理用地批准手续的,已经办理该建筑工程用地批准手续。

(2)依法应当办理建设工程规划许可证的,已经取得建设工程规划许可证。

(3)施工场地已经基本具备施工条件,需要征收房屋的,其进度符合施工要求。

(4)已经确定施工企业。按照规定应当招标的工程没有招标,应当公开招标的工程没有公开招标,或者肢解发包工程,以及将工程发包给不具备相应资质条件的企业的,所确定的施工企业无效。

(5)有满足施工需要的资金安排、施工图纸及技术资料,建设单位应当提供建设资金已经落实承诺书,施工图设计文件已按规定审查合格。

(6)有保证工程质量和安全的具体措施。施工企业编制的施工组织设计中有根据建筑工程特点制定的相应质量、安全技术措施。建立工程质量安全责任制并落实到人。专业性较强的工程项目编制了专项质量、安全施工组织设计,并按照规定办理了工程质量、安全监督手续。

(三)施工许可证的颁发程序及其管理规定

1. 施工许可证的颁发程序

根据《建筑法》的规定,施工许可证的颁发程序如下:

(1)建设单位必须向有权颁发施工许可证的建设行政主管部门提出书面申请;

(2)提出申请的时间是在建筑工程开工前;

(3)有权颁发施工许可证的建设行政部门是工程所在地县级以上人民政府建设行政主管部门;

(4)建设行政主管部门应当自收到申请之日起 7 日内,作出是否颁发施工许可证的决定,对符合条件的申请颁发施工许可证。

2. 施工许可证的效力期限

《建筑法》第九条规定,建设单位应当自领取施工许可证之日起 3 个月内开工。因故不能按期开工的,应当向发证机关申请延期;延期以两次为限,每次不超过 3 个月。既不开工又不申请延期或者超过延期时限的,施工许可证自行废止。

也就是说,施工许可证的有效期最长可达 9 个月,如果超过 9 个月开工,施工许可证就失去了法律效力。

3．中止施工与恢复施工

中止施工,是指建筑工程开工后,在施工过程中因特殊情况的发生而中途停止施工的一种行为。中止施工的原因很复杂,如地震、洪水等不可抗力,以及宏观调控压缩基建规模、停建缓建建筑工程等。

恢复施工,是指建筑工程中止施工后,造成中断施工的情况消除,继续进行施工的一种行为。

《建筑法》第十条规定,在建的建筑工程因故中止施工的,建设单位应当自中止施工之日起 1 个月内,向发证机关报告,并按照规定做好建筑工程的维护管理工作。建筑工程恢复施工时,应当向发证机关报告;中止施工满 1 年的工程恢复施工前,建设单位应当报发证机关核验施工许可证。

此外,对于实行开工报告制度的建筑工程,《建筑法》第十一条规定,按照国务院有关规定批准开工报告的建筑工程,因故不能按期开工或者中止施工的,应当及时向批准机关报告情况。因故不能按期开工超过 6 个月的,应当重新办理开工报告的批准手续。

二、从业资格

从业资格包括三个方面的内容:一是建筑施工企业、勘察单位、设计单位和工程监理单位从事建筑活动应具备的条件;二是建筑施工企业、勘察单位、设计单位和工程监理单位应在资质等级许可范围内从事建筑活动;三是专业技术人员从事建筑活动,应依法取得执业资格证书。

(一) 从业单位的基本条件

建筑活动不同于一般的经济活动,从业单位条件的高低直接影响建筑工程质量和建筑安全生产。因此,从事建筑活动的单位必须符合严格的资格条件。《建筑法》第十二条规定,从事建筑活动的建筑施工企业、勘察单位、设计单位和工程监理单位,应当具备下列条件:

(1)有符合国家规定的注册资本;

(2)有与其从事的建筑活动相适应的具有法定执业资格的专业技术人员;

(3)有从事相关建筑活动所应有的技术装备;

(4)法律、行政法规规定的其他条件。

(二) 从业单位在资质等级许可范围内从事建筑活动

《建筑法》第十三条规定,从事建筑活动的建筑施工企业、勘察单位、设计单位和工程监理单位,按照其拥有的注册资本、专业技术人员、技术装备和已完成的建筑工程业绩等资质条件,划分为不同的资质等级,经资质审查合格,取得相应等级的资质证书后,方可在其资质等级许可的范围内从事建筑活动。

资质审查,是指从事建筑活动的建筑施工企业、勘察单位、设计单位和工程监理单位,均须经过建设行政主管部门对其拥有的注册资本、专业技术人员、技术装备和已完成的建筑工程业绩、管理水平等进行审查,以确定其承担任务的范围,发给相应的资质证书,并须在其资质等级许可的范围内从事建筑活动。

资质审查制度是根据建筑活动的特点确立的一项重要的从业资格许可制度。《建筑法》对在实践中行之有效的资质审查制度作出明确规定,对规范建筑市场秩序、保证建筑工程质量和建筑安全生产具有非常重要的意义。

（三）从业人员执业资格制度

从业人员执业资格制度,是指具备一定专业学历、资历的从事建筑活动的专业技术人员,通过考试和注册确定其执业的技术资格,获得相应建筑工程文件签字权的一种制度。

《建筑法》第十四条规定,从事建筑活动的专业技术人员,应当依法取得相应的执业资格证书,并在执业资格证书许可的范围内从事建筑活动。

对从事建筑活动的专业技术人员实行执业资格制度非常必要。一是推进深化我国建筑工程管理体制改革的需要;二是促进我国工程建设领域与国际惯例接轨,适应对外开放的需要;三是加速人才培养,提高专业技术人员业务水平和队伍素质的需要。

目前,我国对从事建筑活动的专业技术人员已建立起多种执业资格制度,如注册建筑师、注册城市规划师、注册结构工程师、注册土木工程师（岩土）、注册建造师、注册监理工程师和注册造价工程师等。

第三节　建筑工程发包与承包

一、发承包概述

（一）发包与承包

建筑工程发包,是指建设单位通过招标方式或直接发包方式将建筑工程的全部或部分交付给具有从事相应建筑活动法定从业资格的单位完成,并按合同约定支付相应费用的行为。

建筑工程承包,是指具有从事相应建筑活动法定从业资格的单位通过招标方式或直接发包方式承揽全部或部分建筑工程任务,按合同约定完成并取得相应费用的行为。

（二）发包单位与承包单位

发包单位,也称建设单位或业主,是指投资建设该项建筑工程的主体。

承包单位,是指通过投标或协议等途径签订建设工程合同,实施建设项目,承办工程建设、建设物资采购等相关活动的单位。

（三）发承包活动的原则

《建筑法》第十六条规定,建筑工程发包与承包的招标投标活动,应当遵循公开、公正、平等竞争的原则,择优选择承包单位。建筑工程的招标投标,本法没有规定的,适用有关招标投标法律的规定。

（四）发包与承包的计价

《建筑法》第十八条规定,建筑工程造价应当按照国家有关规定,由发包单位与承包单位在合同中约定。公开招标发包的,其造价的约定,须遵守招标投标法律的规定。发包单位应当按照合同的约定,及时拨付工程款项。

建筑工程造价,是指由建筑工程的双方当事人依法约定的建筑工程所需要的总价款。

二、建筑工程发包

（一）发包方式

《建筑法》第十九条规定,建筑工程依法实行招标发包,对不适于招标发包的可以直接发包。

建筑工程实行招标发包的,发包单位应当将建筑工程发包给依法中标的承包单位。建筑工程实行直接发包的,发包单位应当将建筑工程发包给具有相应资质条件的承包单位。一般说来,建筑工程采取招标发包的方式更有利于建设单位,直接发包主要适用于特殊工程,如保密工程、特殊专业工程或施工条件特殊的工程。

（二）发包的禁止性规定

《建筑法》及相关法规对建筑工程的发包活动作了以下禁止性规定。

1. 禁止发包人受贿索贿

《建筑法》第十七条规定,发包单位及其工作人员在建筑工程发包中不得收受贿赂、回扣或者索取其他好处。

2. 禁止肢解发包建筑工程

《建筑法》第二十四条规定,提倡对建筑工程实行总承包,禁止将建筑工程肢解发包。建筑工程的发包单位可以将建筑工程的勘察、设计、施工、设备采购一并发包给一个工程总承包单位,也可以将建筑工程的勘察、设计、施工、设备采购的一项或者多项发包给一个工程总承包单位;但是,不得将应当由一个承包单位完成的建筑工程肢解成若干部分发包给几个承包单位。

肢解发包,即建设单位将应当由一个承包单位完成的建筑工程分解成若干部分发包给不同承包单位的行为。肢解发包容易导致以下弊端的产生:

(1)可能导致发包人变相规避招标;

(2)不利于投资和进度目标的控制;

(3)增加发包的成本;

(4)增加发包人管理的成本。

3. 禁止发包人非法干涉承包人的建材设备采购权

在工程建设过程中,建筑材料、建筑配件和设备的采购权一般由发包人行使,这是国际上的通行做法。《建筑法》第二十五条规定,按照合同约定,建筑材料、建筑构配件和设备由工程承包单位采购的,发包单位不得指定承包单位购入用于工程的建筑材料、建筑构配件和设备或者指定生产厂、供应商。

4. 禁止发包人不合理的干预降低工程质量

《建筑法》第五十四条规定,建设单位不得以任何理由,要求建筑设计单位或者建筑施工企业在工程设计或者施工作业中,违反法律、行政法规和建筑工程质量、安全标准,降低工程质量。

《建设工程质量管理条例》第十条规定,建设工程发包单位不得迫使承包方以低于成本的价格竞标,不得任意压缩合理工期。建设单位不得明示或者暗示设计单位或者施工单位违反工程建设强制性标准,降低工程质量。

三、建筑工程承包

(一)承包方式

建筑工程的承包方式包括总承包、联合共同承包、专业承包与分包等。

1. 总承包

总承包通常分为工程总承包和施工总承包两大类。

工程总承包,是指从事工程总承包的企业受建设单位委托,按照合同约定对工程项目的可行性研究、勘察、设计、采购、施工、试运行(竣工验收)等实行全过程或若干阶段的承包。工程总承包主要有设计—采购—施工总承包(EPC)、设计—施工总承包(D-B)、设计—采购总承包(E-P)、采购—施工总承包(P-C)等方式。

施工总承包,是指建筑工程发包人将全部施工任务发包给具有相应资质条件的施工总承包企业,由施工总承包企业按照合同约定向建设单位负责,承包完成施工任务。

2. 联合共同承包

联合共同承包,是指两个以上具有承包资质的单位共同组成非法人的联合体,以该联合体的名义共同承包某项建筑工程的承包形式。

《建筑法》第二十七条规定,大型建筑工程或者结构复杂的建筑工程,可以由两个以上的承包单位联合共同承包。大型的建筑工程或结构复杂的建筑工程,一般投资额大、技术要求复杂、建设周期长、潜在风险较大,如果采取联合共同承包的方式,有利于更好发挥各承包单位在资金、技术、管理等方面的优势,增强抗风险能力,保证工程质量和工期,提高投资效益。至于中小型或结构不复杂的工程,则无须采用联合共同承包方式,完全可由一家承包单位独立完成。

同时,《建筑法》第二十七条还规定,共同承包的各方对承包合同的履行承担连带责任。两个以上不同资质等级的单位实行联合共同承包的,应当按照资质等级低的单位的业务许可范围承揽工程。也就是说,共同承包各方本身都必须具有与其所承包的工程相符合的资质条件,任何一方不能超越资质等级的规定去联合承包,以此避免了在实践中以联合共同承包为名进行"资质挂靠"的不规范行为。

3. 专业承包

专业承包指建筑工程发包人将工程中的专业工程发包给具有相应资质的企业完成

的活动。专业承包的范围包括地基与基础工程、土石方工程、建筑装修装饰工程、建筑幕墙工程、钢结构工程、空调安装工程、建筑防水工程、金属门窗工程、设备安装工程、建筑智能化工程,等等。

4. 分包

分包,是指工程承包单位将所承包工程中的部分专业工程或劳务作业分包给其他工程承包单位完成的活动。工程施工分包可以分为专业工程分包与劳务作业分包。

《建筑法》第二十九条规定,建筑工程总承包单位可以将承包工程中的部分工程发包给具有相应资质条件的分包单位;但是,除总承包合同中约定的分包外,必须经建设单位认可。施工总承包的,建筑工程主体结构的施工必须由总承包单位自行完成。《招标投标法》也规定,中标人按照合同约定或者经招标人同意,可以将中标项目的部分非主体、非关键性工作分包给他人完成。

建筑工程总承包单位按照总承包合同的约定对建设单位负责;分包单位按照分包合同的约定对总承包单位负责。总承包单位和分包单位就分包工程对建设单位承担连带责任。

2014 年 8 月住房和城乡建设部经修改后发布的《房屋建筑和市政基础设施工程施工分包管理办法》第十二条规定,分包工程发包人可以就分包合同的履行,要求分包工程承包人提供分包工程履约担保;分包工程承包人在提供担保后,要求分包工程发包人同时提供分包工程付款担保的,分包工程发包人应当提供。

招标投标法

房屋建筑和市政基础设施工程施工分包管理办法

(二) 承包的禁止性规定

《建筑法》及相关法规对建筑工程的承包活动作了以下禁止性规定。

1. 禁止承包人行贿

《建筑法》第十七条规定,承包单位及其工作人员不得利用向发包单位及其工作人员行贿、提供回扣或者给予其他好处等不正当手段承揽工程。

2. 禁止承包人非法承揽工程

《建筑法》第二十六条规定,承包建筑工程的单位应当持有依法取得的资质证书,并在其资质等级许可的业务范围内承揽工程。禁止建筑施工企业超越本企业资质等级许可的业务范围或者以任何形式用其他建筑施工企业的名义承揽工程。禁止建筑施工企业以任何形式允许其他单位或者个人使用本企业的资质证书、营业执照,以本企业的名义承揽工程。

《房屋建筑和市政基础设施工程施工分包管理办法》第十五条规定,禁止转让、出借企业资质证书或者以其他方式允许他人以本企业名义承揽工程。分包工程发包人没有将其承包的工程进行分包,在施工现场所设项目管理机构的项目经理、技术负责人、项目核算负责人、质量管理人员、安全管理人员不是工程承包人本单位人员的,视同允许他人以本企业名义承揽工程。

3. 禁止承包人转包

转包,是指承包单位承包建筑工程后,不履行合同的责任和义务,将其承包的全部建筑工程转给他人或将其承包的全部建筑工程肢解以后以分包的名义分别转给其他单位承包的行为。

《建筑法》第二十八条规定,禁止承包单位将其承包的全部建筑工程转包给他人,禁止承包单位将其承包的全部建筑工程肢解以后以分包的名义分别转包给他人。

2014 年 8 月住房和城乡建设部发布的《建筑工程施工转包违法分包等违法行为认定查处管理办法(试行)》第七条规定,存在下列情形之一的,属于转包:

(1)施工单位将其承包的全部工程转给其他单位或个人施工的;

(2)施工总承包单位或专业承包单位将其承包的全部工程肢解以后,以分包的名义分别转给其他单位或个人施工的;

(3)施工总承包单位或专业承包单位未在施工现场设立项目管理机构或未派驻项目负责人、技术负责人、质量管理负责人、安全管理负责人等主要管理人员,不履行管理义务,未对该工程的施工活动进行组织管理的;

(4)施工总承包单位或专业承包单位不履行管理义务,只向实际施工单位收取费用,主要建筑材料、构配件及工程设备的采购由其他单位或个人实施的;

(5)劳务分包单位承包的范围是施工总承包单位或专业承包单位承包的全部工程,劳务分包单位计取的是除上缴给施工总承包单位或专业承包单位"管理费"之外的全部工程价款的;

(6)施工总承包单位或专业承包单位通过采取合作、联营、个人承包等形式或名义,直接或变相地将其承包的全部工程转给其他单位或个人施工的;

(7)法律法规规定的其他转包行为。

为了进一步界定转包行为,《房屋建筑和市政基础设施工程施工分包管理办法》第十三条规定,分包工程发包人将工程分包后,未在施工现场设立项目管理机构和派驻相应人员,并未对该工程的施工活动进行组织管理的,视同转包行为。

4. 禁止承包人违法分包

按照我国法律规定,工程分包是允许的,但必须依法进行,违法分包同样是法律禁止的行为。

《建设工程质量管理条例》第七十八条规定,本条例所称违法分包是指下列行为:

(1)总承包单位将工程分包给不具备相应资质条件的单位;

(2)施工总承包合同中未有约定,又未经建设单位认可,承包单位将其承包的部分建设工程交由其他单位完成;

(3)施工总承包单位将建设工程主体结构的施工分包给其他单位的;

(4)分包单位将其承包的工程再分包。

为此,《房屋建筑和市政基础设施工程施工分包管理办法》规定,除专业承包企业可以将其承包工程中的劳务作业发包给劳务分包企业外,专业分包工程承包人和劳务作业承包人都必须自行完成所承包的任务。

第四节 建筑工程监理

一、建筑工程监理的概念

建筑工程监理,是指按照一定条件,经过政府主管部门的批准,取得资格证书的工程建筑咨询、监理单位,受建设单位的委托,依照国家法律、行政法规、规范标准和合同条款,对建筑工程项目进行可行性研究、协助招标、评标、监督勘察、设计和施工的一种有偿服务。

《建筑法》第三十条规定,国家推行建筑工程监理制度。

(一) 依法承担工程监理任务

《建筑法》第三十四条规定,工程监理单位应当在其资质等级许可的监理范围内,承担工程监理业务。工程监理单位不得转让工程监理业务。

《建设工程质量管理条例》第三十四条规定,禁止工程监理单位超越本单位资质等级许可的范围或者以其他工程监理单位的名义承担监理业务。禁止工程监理单位允许其他工程监理单位或者个人以本单位的名义承担监理业务。

《工程监理企业资质管理规定》规定,工程监理企业应当按照其拥有的注册资本、专业技术人员和工程监理业绩等资质条件申请资质,经审查合格,取得相应等级的资质证书后,方可在其资质等级许可的范围内从事工程监理活动。

工程监理企业资质管理规定

工程监理单位按照资质等级承担监理业务,是保证监理工作质量的前提。越级监理、允许其他单位或者个人以本单位的名义承担监理业务等,将使工程监理变得有名无实,最终会对工程质量造成伤害。监理单位转让工程监理业务,与施工单位转包工程有着同样的危害性。

(二) 建设单位与工程监理单位的委托关系

《建筑法》第三十一条规定,实行监理的建筑工程,由建设单位委托具有相应资质条件的工程监理单位监理。建设单位与其委托的工程监理单位应当订立书面委托监理合同。

建设单位与监理单位是一种委托与被委托的关系,建设单位与其委托的工程监理单位应当订立书面委托监理合同。实施建筑工程监理前,建设单位应当将委托工程监理单位、监理的内容及监理权限,书面通知被监理的建筑施工企业。

(三) 工程监理单位对有隶属关系或其他利害关系的回避

《建筑法》第三十四条规定,工程监理单位应当根据建设单位的委托,客观、公正地执行监理任务。工程监理单位与被监理工程的承包单位及建筑材料、建筑构配件和设备供应单位不得有隶属关系或者其他利害关系。这是工程监理公正性的体现。

二、建筑工程监理的依据

《建筑法》第三十二条规定,建筑工程监理应当依照法律、行政法规及有关的技术标准、设计文件和建筑工程承包合同,对承包单位在施工质量、建设工期和建设资金使用等方面,代表建设单位实施监督。

工程监理的依据包括:

(1)国家法律、行政法规,如《建筑法》《民法典》《建设工程质量管理条例》等;

(2)国家现行的技术规范、技术标准,如《工程建设标准强制性条文》以及建筑工程承包合同中确认采用的推荐性标准等;

(3)设计文件,如施工图设计等设计文件既是施工的依据,也是监理的依据;

(4)建筑工程承包合同,监理单位据此监督施工单位是否全面履行合同约定的义务。

三、建筑工程监理的范围

《建筑法》第三十条规定,国务院可以规定实行强制监理的建筑工程的范围。

《建设工程监理范围和规模标准规定》进一步明确了强制监理的范围和标准。下列五类建设工程必须实行监理:

(一) 国家重点建设工程

国家重点建设工程,是指依据《国家重点建设项目管理办法》所确定的对国民经济和社会发展有重大影响的骨干项目。

建设工程监理范围
和规模标准规定

(二) 大中型公用事业工程

大中型公用事业工程,是指项目总投资额在 3000 万元以上的下列工程项目:

(1)供水、供电、供气、供热等市政工程项目;

(2)科技、教育、文化等项目;

(3)体育、旅游、商业等项目;

(4)卫生、社会福利等项目;

(5)其他公用事业项目。

(三) 成片开发建设的住宅小区工程

成片开发建设的住宅小区工程,建筑面积在 5 万平方米以上的住宅建设工程必须实行监理;5 万平方米以下的住宅建设工程,可以实行监理,具体范围和规模标准,由省、自治区、直辖市人民政府建设行政主管部门规定。为了保证住宅质量,对高层住宅及地基、结构复杂的多层住宅应当实行监理。

(四) 利用外国政府或者国际组织贷款、援助资金的工程

利用外国政府或者国际组织贷款、援助资金的工程范围包括:

(1)使用世界银行、亚洲开发银行等国际组织贷款资金的项目;

(2)使用国外政府及其机构贷款资金的项目;

（3）使用国际组织或者国外政府援助资金的项目。

（五）国家规定必须实行监理的其他工程

国家规定必须实行监理的其他工程是指：

（1）项目总投资额在 3000 万元以上，关系社会公共利益、公众安全的下列基础设施项目：

①煤炭、石油、化工、天然气、电力、新能源等项目；

②铁路、公路、管道、水运、民航以及其他交通运输业等项目；

③邮政、电信枢纽、通信、信息网络等项目；

④防洪、灌溉、排涝、发电、引（供）水、滩涂治理、水资源保护、水土保持等水利建设项目；

⑤道路、桥梁、地铁和轻轨交通、污水排放及处理、垃圾处理、地下管道、公共停车场等城市基础设施项目；

⑥生态环境保护项目；

⑦其他基础设施项目。

（2）学校、影剧院、体育场馆项目。

四、工程监理单位质量管理的主要权利和义务

（一）工程监理单位质量管理的主要权利

工程监理实行总监理工程师负责制。总监理工程师享有合同赋予监理单位的全部权利，全面负责受委托的监理工作。

《建筑法》第三十二条规定，工程监理人员认为工程施工不符合工程设计要求、施工技术标准和合同约定的，有权要求建筑施工企业改正。工程监理人员发现工程设计不符合建筑工程质量标准或者合同约定的质量要求，应当报告建设单位要求设计单位改正。

《建设工程质量管理条例》第三十七条规定，工程监理单位应当选派具备相应资格的总监理工程师和监理工程师进驻施工现场。未经监理工程师签字的建筑材料、建筑构配件和设备不得在工程上使用或者安装，施工单位不得进行下一道工序的施工。未经总监理工程师签字，建设单位不拨付工程款，不进行竣工验收。

旁站监理人员实施旁站监理时，发现施工企业有违反工程建设强制性标准行为的，有权责令施工企业立即整改；发现其施工活动已经或者可能危及工程质量的，应当及时向监理工程师或者总监理工程师报告，总监理工程师可下达局部暂停施工指令或者采取其他应急措施。凡旁站监理人员和施工企业现场质检人员未在旁站监理记录上签字的，不得进行下一道工序施工。

（二）工程监理单位质量管理的主要义务

工程监理单位应根据所承担的监理任务，组建驻工地监理机构。监理机构一般由总监理工程师、监理工程师和其他监理人员组成。《建设工程质量管理条例》第三十八条规定，监理工程师应当按照工程监理范围的要求，采取旁站、巡视和平行检查等形式，

对建设工程实施监理。

房屋建筑工程施工旁站,是指监理人员在房屋建筑工程施工阶段监理中,对关键部位、关键工序的施工质量实施全过程现场跟班的监督活动。房屋建筑工程的关键部位、关键工序,在基础工程方面包括土方回填,混凝土灌注桩浇筑,地下连续墙、土钉墙、后浇带及其他结构的混凝土及防水混凝土浇筑,卷材防水层细部构造处理,钢结构安装等;在主体结构工程方面包括梁柱节点钢筋隐蔽过程、混凝土浇筑、预应力张拉、装配式结构安装、钢结构安装、网架结构安装、索膜安装等。

旁站监理在总监理工程师的指导下,由现场监理人员负责具体实施。旁站监理人员的主要职责如下:

(1)检查施工企业现场质检人员到岗、特殊工种人员持证上岗及施工机械、建筑材料准备情况;

(2)在现场跟班监督关键部位、关键工序的施工、执行施工方案及工程建设强制性标准情况;

(3)核查进场建筑材料、建筑构配件、设备和商品混凝土的质量检验报告等,并可在现场监督施工企业进行检验或者委托具有资格的第三方进行复验;

(4)做好旁站监理记录和监理日记,保存旁站监理原始资料。凡没有实施旁站监理或者没有旁站监理记录的,监理工程师或者总监理工程师不得在相应文件上签字。

巡视,是指监理人员对正在施工的部位或工序在现场进行的定期或不定期的监督活动,是监理工作的日常程序。

平行检查,是指监理人员利用一定的检查或检测手段,在施工单位自检的基础上,按照一定的比例独立进行的工程质量检测活动。平行检查体现了工程监理的独立性、工作的科学性,也是管理专业化的要求。

五、建筑工程监理的民事责任

《建筑法》第三十五条第一款规定,工程监理单位不按照委托监理合同的约定履行监理义务,对应当监督检查的项目不检查或者不按照规定检查,给建设单位造成损失的,应当承担相应的赔偿责任。

《建筑法》第三十五条第二款规定,工程监理单位与承包单位串通,为承包单位谋取非法利益,给建设单位造成损失的,应当与承包单位承担连带赔偿责任。

《建筑法》第三十六条规定,建筑工程监理应当依照法律、行政法规及有关的技术标准、设计文件和建筑工程承包合同,对承包单位在施工质量、建设工期和建设资金使用等方面,代表建设单位实施监督,并对施工质量承担监理责任。

第五节　建筑安全生产管理

一、建筑工程安全生产管理概述

（一）建筑工程安全生产管理的概念

建筑安全生产管理,是指为保证建筑生产安全所进行的计划、组织、指挥、协调和控制等一系列管理活动,目的在于保护职工在生产过程的安全与健康,保证国家和人民的财产不受到损失,保证建筑生产任务的顺利完成。

建筑安全生产管理包括:建设行政主管部门对建筑活动过程中安全生产的行业管理;劳动行政主管部门对建筑活动过程中安全生产的综合性监督管理;从事建筑活动的主体(包括建筑施工企业、建筑勘察单位、设计单位和工程监理单位)为保证建筑生产活动的安全生产所进行的自我管理。建筑生产活动多为露天、高处作业,不安全因素较多,有些工作危险性较大,是事故多发的行业,每年因工死亡人数仅次于矿山,居全国各行业的第二位。因此,必须依法加强建筑安全生产管理,预防和减少建筑业事故的发生,保障建筑行业职工及他人的人身安全和财产安全。

《安全生产法》第二条规定,在中华人民共和国领域内从事生产经营活动的单位(以下统称生产经营单位)的安全生产,适用本法;有关法律、行政法规对消防安全和道路交通安全、铁路交通安全、水上交通安全、民用航空安全以及核与辐射安全、特别设备安全另有规定的,适用其规定。所以,建筑工程安全生产管理属于《安全生产法》调整范围。

（二）建筑工程安全生产管理的方针

《安全生产法》第三条规定,安全生产工作应当以人为本,坚持人民至上、生命至上,把保护人民生命安全摆在首位,树牢安全发展理念,坚持安全第一、预防为主、综合治理的方针,从源头上防范化解重大安全风险。安全生产工作实行管行业必须管安全、管业务必须管安全、管生产经营必须管安全,强化和落实生产经营单位主体责任与政府监管责任,建立生产经营单位负责、职工参与、政府监管、行业自律和社会监督的机制。同时,《建筑法》第三十六条也规定,建筑工程安全生产管理必须坚持安全第一、预防为主的方针,建立健全安全生产的责任制度和群防群治制度。

安全生产法

所谓坚持"安全第一、预防为主"的方针,是指将建筑工程安全管理放到第一位,采取有效措施控制不安全因素的发展与扩大,把可能发生的事故消灭在萌芽状态。

（三）建筑工程安全生产管理的基本制度

1. 安全生产责任制度

安全生产责任制度,是指将各项保障生产安全的责任具体落实到各有关管理人员和不同岗位人员身上的制度。这一制度是最基本的安全生产管理制度。

2．群防群治制度

群防群治制度，是指由广大职工群众共同参与的预防安全事故的发生、治理各种安全事故隐患的制度。这一制度是群众路线在安全工作中的具体体现，是企业进行民主管理的重要内容。

3．安全生产教育培训制度

安全生产教育培训制度是对广大建筑企业职工进行安全教育培训，提高安全意识，增加安全知识和技能的制度。安全生产，人人有责。只有通过对广大职工进行安全教育、培训，才能使广大职工真正认识到安全生产的重要性、必要性，才能使广大职工掌握更多更有效的安全生产的科学技术知识，牢固树立安全第一的思想，自觉遵守各项安全生产和规章制度。分析许多建筑安全事故，发现事故发生一个重要的原因就是有关人员安全意识不强、安全技能不够，这些都是没有搞好安全教育培训工作的后果。

4．安全生产检查制度

安全生产检查制度是上级管理部门或企业自身对安全生产状况进行定期或不定期检查的制度。通过检查可以发现问题，查出隐患，从而采取有效措施，堵塞漏洞，把事故消灭在发生之前，做到防患于未然，是"预防为主"的具体体现。通过检查，还可总结出好的经验加以推广，为进一步搞好安全工作打下基础。安全生产检查制度是安全生产的保障。

5．伤亡事故处理报告制度

伤亡事故处理报告制度是施工中发生事故时，建筑企业应当采取紧急措施减少人员伤亡和事故损失，并按照国家有关规定及时向有关部门报告的制度。事故处理必须遵循一定的程序，做到三不放过（事故原因不清不放过、事故责任者和群众没有受到教育不放过、没有防范措施不放过）。通过对事故的严格处理，可以总结出教训，为制定规程、规章提供第一手素材，做到亡羊补牢。

6．安全责任追究制度

《建筑法》第七章法律责任中规定，建设单位、设计单位、施工单位、监理单位，由于没有履行职责造成人员伤亡和事故损失的，视情节给予相应处理。情节严重的，责令停业整顿，降低资质等级或吊销资质证书；构成犯罪的，依法追究刑事责任。

二、建筑工程安全生产责任

《建设工程安全生产管理条例》对建设工程参与各方及相关方的安全责任作了明确规定。政府是安全生产的监管主体，企业是安全生产的责任主体。安全生产工作必须建立、落实政府行政首长负责制和企业法人代表负责制。两个主体、两个负责制相辅相成，共同构成我国安全生产工作基本责任制度。

（一）建设单位的安全责任

（1）建设单位应当向施工单位提供有关资料；

（2）不得向有关单位提出影响安全生产的违法要求；

（3）建设单位应当保证安全生产投入，在编制工程概算时，应当确定建筑工程安全费用；

（4）不得明示或暗示施工单位购买、租赁和使用不符合安全施工要求的用具设备；

（5）办理施工许可证或开工报告时应当报送安全施工措施的资料；

（6）应当将拆除工程发包给具有相应资质的施工单位。

（二）勘察、设计单位的安全责任

1. 勘察单位的安全责任

根据《建设工程安全生产管理条例》第十二条的规定，勘察单位的安全责任包括：

（1）勘察单位应当按照法律、法规和工程建设强制性标准进行勘察，提供的勘察文件应当真实、准确，满足建设工程安全生产的需要；

（2）勘察单位在勘察作业时，应当严格按照操作规程，采取措施保证各类管线、设施和周边建筑物、构筑物的安全。

2. 设计单位的安全责任

建筑工程设计是工程建设的重要环节，工程设计质量的优劣直接影响建设活动和建筑产品的安全。《建筑法》第三十七条对设计单位的安全责任有明确规定，建筑工程设计应符合按照国家规定制定的建筑安全规程和技术规范，保证工程的安全性能。

所谓保证工程的安全性能，是指设计单位应当按照建筑工程安全标准进行设计，保证其符合按照国家规定制定的建筑安全规程和技术规范。建筑工程的安全性能，包括两层含义：（1）在建造过程中的安全，主要指建造者的安全；（2）建成后的使用安全，主要指建筑物的安全。所谓建筑安全规程，是指在建筑活动中为了消除导致人身伤亡或者造成设备、财产破坏及危害环境而由有关部门制定的具体技术要求和实施程序的统一规定。所谓建筑技术规范，是指由有关部门制定的对设计、施工等技术事项所作的统一规定，技术规范是标准的一种形式。所谓按照国家规定制定，是指制定建筑安全规程和技术规范时必须符合国家规定的原则，不得同国家规定相抵触，抵触的无效。这里国家规定包括全国人民代表大会及其常务委员会通过的法律、国务院制定的行政法规、行业部门制度的行政规章等。

根据《建设工程安全生产管理条例》第十三条的规定，设计单位的安全责任包括：

（1）设计单位应当按照法律、法规和工程建设强制性标准进行设计，防止因设计不合理导致安全生产事故的发生；

（2）设计单位应当考虑施工安全操作和防护的需要，对涉及施工安全的重点部位和环节在设计文件中注明，并对防范安全生产事故提出指导意见；

（3）采用新结构、新材料、新工艺的建设工程和特殊结构的建设工程，设计单位应当在设计中提出保障施工作业人员安全和预防生产安全事故的措施建议；

（4）设计单位和注册建筑师等注册执业人员应当对其设计负责。

（三）工程监理、检验检测单位的安全责任

1. 工程监理单位的安全责任

根据《建设工程安全生产管理条例》第十四条的规定，工程监理单位的安全责任包括：

（1）安全技术措施及专项施工方案审查义务。工程监理单位应当审查施工组织设计中的安全技术措施或者专项施工方案是否符合工程建设强制性标准。

（2）安全生产事故隐患报告义务。工程监理单位在实施监理过程中，发现存在安全事故隐患的，应当要求施工单位整改；情况严重的，应当要求施工单位暂时停止施工，并及时报告建设单位。施工单位拒不整改或者不停止施工的，工程监理单位应当及时向有关主管部门报告。

（3）应当承担监理责任。工程监理单位和监理工程师应当按照法律、法规和工程建设强制性标准实施监理，并对建设工程安全生产承担监理责任。

2．设备检验检测单位的安全责任

《建设工程安全生产管理条例》第十五条规定，检验检测机构对检测合格的施工起重机械和整体提升脚手架、模板等自升式架设设施，应当出具安全合格证明文件，并对检测结果负责。

《特种设备安全监察条例》第四十三条规定，特种设备的监督检验、定期检验、型式检验和无损检测应当由经核准的特种设备检验检测机构进行。

特种设备安全
监察条例

（四）施工单位的安全责任

1．施工安全生产许可证制度

2014 年 7 月经修改后发布的《安全生产许可证条例》第二条规定，国家对矿山企业，建筑施工企业和危险化学品、烟花爆竹、民用爆破器材生产企业（以下统称企业）实行安全生产许可制度。企业未取得安全生产许可证的，不得从事生产活动。

2015 年 1 月住房和城乡建设部经修改后重新发布的《建筑施工企业安全生产许可证管理规定》中规定，本规定所称建筑施工企业，是指从事土木工程、建筑工程、线路管道和设备安装工程及装修工程的新建、扩建、改建和拆除等有关活动的企业。

安全生产许
可证条例

（1）安全生产许可证的申请

《安全生产许可证条例》第七条规定，企业进行生产前，应当依照本条例的规定向安全生产许可证颁发管理机关提交相关材料，申请领取安全生产许可证。安全生产许可证颁发管理机关应当自收到申请之日起 45 日内审查完毕，经审查符合安全生产条件的，颁发安全生产许可证。

《建筑施工企业安全生产许可证管理规定》进一步明确，建筑施工企业从事建筑施工活动前，应当依照本规定向企业注册所在地省、自治区、直辖市人民政府住房和城乡建设主管部门申请领取安全生产许可证。

建筑施工企业申请安全生产许可证时，应当向住房和城乡建设主管部门提供下列材料：①建筑施工企业安全生产许可证申请表；②企业法人营业执照；③申请安全生产许可证应当具备的安全生产条件相关的文件、材料。

建筑施工企业申请安全生产许可证,应当对申请材料实质内容的真实性负责,不得隐瞒有关情况或者提供虚假材料。

（2）安全生产许可证的有效期

按照《安全生产许可证条例》的规定,安全生产许可证的有效期为3年。安全生产许可证有效期满需要延期的,企业应当于期满前3个月向原安全生产许可证颁发管理机关办理延期手续。企业在安全生产许可证有效期内,严格遵守有关安全生产的法律法规,未发生死亡事故的,安全生产许可证有效期届满时,经原安全生产许可证颁发管理机关同意,不再审查,安全生产许可证有效期延期3年。

建筑施工企业
安全生产许可
证管理规定

但是,建筑施工企业变更名称、地址、法定代表人等,应当在变更后10日内,到原安全生产许可证颁发管理机关办理安全生产许可证变更手续。建筑施工企业破产、倒闭、撤销的,应当将安全生产许可证交回原安全生产许可证颁发管理机关予以注销。建筑施工企业遗失安全生产许可证,应当立即向原安全生产许可证颁发管理机关报告,并在公众媒体上声明作废后,方可申请补办。

2. 施工安全生产责任制度

《建筑法》第四十四条规定,建筑施工企业必须依法加强对建筑安全生产的管理,执行安全生产责任制度,采取有效措施,防止伤亡和其他安全生产事故的发生。

安全生产责任制度是施工单位最基本的安全管理制度,是安全生产的核心和中心环节。

（1）施工单位应当具备安全生产资质条件

《建设工程安全生产管理条例》第二十条规定,施工单位从事建设工程的新建、扩建和拆除等活动,应当具备国家规定的注册资本、专业技术人员、技术装备和安全生产等条件,依法取得相应等级的资质证书,并在其资质等级许可的范围内承揽工程。

（2）施工单位安全生产费用应当专款专用

建设工程安全
生产管理条例

《建设工程安全生产管理条例》第二十二条规定,施工单位对列入建设工程概算的安全作业环境及安全施工措施所需费用,应当用于施工安全防护用具及设施的采购和更新、安全施工措施的落实、安全生产条件的改善,不得挪作他用。

（3）施工单位主要负责人的安全生产责任

《建筑法》第四十四条规定,建筑施工企业的法定代表人对本企业的安全生产负责。

《建设工程安全生产管理条例》第二十一条规定,施工单位主要负责人依法对本单位的安全生产工作全面负责。施工单位应当建立健全安全生产责任制度和安全生产教育培训制度,制定安全生产规章制度和操作规程,保证本单位安全生产条件所需要资金的投入,对所承担建设工程进行定期和专项安全检查,并做好安全检查记录。

施工单位主要负责人,通常是指对施工单位全面负责、有生产经营决策权的人,具体说,可以是董事长、总经理或总裁等。

（4）施工单位项目负责人的安全生产责任

《建设工程安全生产管理条例》第二十一条规定，施工单位的项目负责人应当由取得相应执业资格的人员担任，对建设工程项目的安全施工负责，落实安全生产责任制度、安全生产规章制度和操作规程，确保安全生产费用的有效使用，并根据工程的特点组织制定安全施工措施，消除安全事故隐患，及时、如实报告生产安全事故。

（5）施工单位安全生产管理机构和专职安全生产管理人员的责任

安全生产管理机构，是指施工单位设置的负责安全生产管理工作的独立职能部门。专职安全生产管理人员，是指经建设主管部门或者其他有关部门安全生产考核合格取得安全生产考核合格证书，并在施工单位及其项目从事安全生产管理工作的专职人员。

《安全生产法》第二十四条规定，矿山、金属冶炼、建筑施工、运输单位和危险物品的生产、经营、储存装卸单位，应当设置安全生产管理机构或者配备专职安全生产管理人员。

《建设工程安全生产管理条例》第二十三条规定，施工单位应当设立安全生产管理机构，配备专职安全生产管理人员。专职安全生产管理人员负责对安全生产进行现场监督检查。发现安全事故隐患，应当及时向项目负责人和安全生产管理机构报告；对违章指挥、违章操作的，应当立即制止。

2008年5月住房和城乡建设部经修改后发布的《建筑施工企业安全生产管理机构设置及专职安全生产管理人员配备办法》规定，建筑施工企业安全生产管理机构具有以下职责：

①宣传和贯彻国家有关安全生产法律法规和标准；

②编制并适时更新安全生产管理制度并监督实施；

③组织或参与企业生产安全事故应急救援预案的编制及演练；

④组织开展安全教育培训与交流；

⑤协调配备项目专职安全生产管理人员；

⑥制订企业安全生产检查计划并组织实施；

⑦监督在建项目安全生产费用的使用；

⑧参与危险性较大工程安全专项施工方案专家论证会；

⑨通报在建项目违规违章查处情况；

⑩组织开展安全生产评优评先表彰工作；

⑪建立企业在建项目安全生产管理档案；

⑫考核评价分包企业安全生产业绩及项目安全生产管理情况；

⑬参加生产安全事故的调查和处理工作；

⑭企业明确的其他安全生产管理职责。

建筑施工企业安全生产管理机构专职安全生产管理人员在施工现场检查过程中具有以下职责：

①查阅在建项目安全生产有关资料、核实有关情况；

②检查危险性较大工程安全专项施工方案落实情况；

建筑施工企业安全生产管理机构设置及专职安全生产管理人员配备办法

③监督项目专职安全生产管理人员履责情况；

④监督作业人员安全防护用品的配备及使用情况；

⑤对发现的安全生产违章违规行为或安全隐患，有权当场予以纠正或作出处理决定；

⑥对不符合安全生产条件的设施、设备、器材，有权当场作出查封的处理决定；

⑦对施工现场存在的重大安全隐患有权越级报告或直接向建设主管部门报告；

⑧企业明确的其他安全生产管理职责。

专职安全生产管理人员的配备应满足下列要求，并应根据企业经营规模、设备管理和生产需要予以增加：

①建筑施工总承包资质序列企业：特级资质不少于6人，一级资质不少于4人，二级和二级以下资质不少于3人；

②建筑施工专业承包资质序列企业：一级资质不少于3人，二级和二级以下资质不少于2人；

③建筑施工劳务分包资质序列企业：不少于2人；

④建筑施工企业的分公司、区域公司等较大的分支机构（以下简称分支机构）应依据实际生产情况配备不少于2人的专职安全生产管理人员。

(6)施工总承包和分包单位的安全生产责任

《建筑法》第四十五条规定，施工现场安全由建筑施工企业负责。实行施工总承包的，由总承包单位负责。分包单位向总承包单位负责，服从总承包单位对施工现场的安全生产管理。

《建设工程安全生产管理条例》第二十四条规定，建设工程实行施工总承包的，由总承包单位对施工现场的安全生产负总责。总承包单位应当自行完成建设工程主体结构的施工。总承包单位依法将建设工程分包给其他单位的，分包合同中应当明确各自的安全生产方面的权利、义务。总承包单位和分包单位对分包工程的安全生产承担连带责任。分包单位应当接受总承包单位的安全生产管理，分包单位不服从管理导致生产安全事故的，由分包单位承担主要责任。

(7)施工作业人员安全生产的权利和义务

施工作业人员应当依法享受安全生产的权利，也应当依法履行安全生产的义务。

根据《建筑法》《安全生产法》《建设工程安全生产管理条例》等法律法规的规定，施工作业人员主要享有以下安全生产权利：①施工安全生产的知情权和建议权；②施工安全防护用品的获得权；③批评、检举、控告权及拒绝违章指挥权；④紧急避险权；⑤获得意外伤害保险赔偿的权利；⑥请求民事赔偿权；⑦依靠工会维权和被派遣劳动者的权利。

同时，施工作业人员主要应当履行以下安全生产义务：①守法遵章和正确使用安全防护用具等的义务；②接受安全生产教育培训的义务；③施工安全事故隐患报告的义务；④被派遣劳动者的义务。

3. 施工安全生产教育培训制度

《建筑法》第四十六条规定,建筑施工企业应当建立健全劳动安全生产教育培训制度,加强对职工安全生产的教育培训;未经安全生产教育培训的人员,不得上岗作业。

(1)特种作业人员安全培训和持证上岗

《建设工程安全生产管理条例》第二十五条规定,垂直运输机械作业人员、安装拆卸工、爆破作业人员、起重信号工、登高架设作业人员等特种作业人员,必须按照国家有关规定经过专门的安全作业培训,并取得特种作业操作资格证书后,方可上岗作业。

2008年4月住房和城乡建设部发布的《建筑施工特种作业人员管理规定》第三条规定,建筑施工特种作业包括:①建筑电工;②建筑架子工;③建筑起重信号司索工;④建筑起重机械司机;⑤建筑起重机械安装拆卸工;⑥高处作业吊篮安装拆卸工;⑦经省级以上人民政府建设主管部门认定的其他特种作业。

建筑施工特种作业人员管理规定

(2)安全管理人员和作业人员的安全教育培训和考核

《建设工程安全生产管理条例》第三十六条规定,施工单位的主要负责人、项目负责人、专职安全生产管理人员应当经建设行政主管部门或者其他有关部门考核合格后方可任职。施工单位应当对管理人员和作业人员每年至少进行一次安全生产教育培训,其教育培训情况记入个人工作档案。安全生产教育培训考核不合格的人员,不得上岗。

(3)作业人员进入新岗位、新工地或采用新技术时的上岗教育培训

《建设工程安全生产管理条例》第三十七条规定,作业人员进入新的岗位或者新的施工现场前,应当接受安全生产教育培训。未经教育培训或者教育培训考核不合格的人员,不得上岗作业。施工单位在采用新技术、新工艺、新设备、新材料时,应当对作业人员进行相应的安全生产教育培训。

4. 施工现场安全防护制度

(1)编制安全技术措施及专项施工方案

《建筑法》第三十八条规定,建筑施工企业在编制施工组织设计时,应当根据建筑工程的特点制定相应的安全技术措施;对专业性较强的工程项目,应当编制专项安全施工组织设计,并采取安全技术措施。

《建设工程安全生产管理条例》第二十六条规定,施工单位应当在施工组织设计中编制安全技术措施和施工现场临时用电方案,对下列达到一定规模的危险性较大的分部分项工程编制专项施工方案,并附具安全验算结果,经施工单位技术负责人、总监理工程师签字后实施,由专职安全生产管理人员进行现场监督:

①基坑支护与降水工程;

②土方开挖工程;

③模板工程;

④起重吊装工程;

⑤脚手架工程;

⑥拆除、爆破工程;

⑦国务院建设行政主管部门或者其他有关部门规定的其他危险性较大的工程。

对上述工程中涉及深基坑、地下暗挖工程、高大模板工程的专项施工方案,施工单位还应当组织专家进行论证、审查。

(2)不同施工阶段和暂停施工采取相应安全施工措施

《建设工程安全生产管理条例》第二十八条规定,施工单位应当根据施工阶段和周围环境及季节、气候的变化,在施工现场采取相应的安全施工措施。施工现场暂时停止施工的,施工单位应当做好现场防护,所需费用由责任方承担,或按照合同约定执行。

例如,夏季要防暑降温,在特别高温的天气下,要调整施工时间,改变施工方式等;冬季要防寒防冻,防止煤气中毒,冬季施工还应专门制定保证工程质量和施工安全的安全技术措施;夜间施工应有足够的照明,在深坑、陡坡等危险地段应增设红灯标志,以防发生伤亡事故;雨季和冬季施工时应对运输道路采取防滑措施,如加铺炉渣、砂子等,如有可能应避免在雨季、冬季和夜间施工;傍山沿河地区应制定防滑坡、防泥石流、防汛措施;大风、大雨期间应暂停施工等。

(3)对安全施工技术要求的交底

《建设工程安全生产管理条例》第二十七条规定,建设工程施工前,施工单位负责项目管理的技术人员应当对有关安全施工的技术要求向施工作业班组、作业人员作出详细说明,并由双方签字确认。

施工前对有关安全施工的技术要求作出详细说明,就是通常说的安全技术交底。安全技术交底有助于作业班组和作业人员尽快了解工程概况、施工方法、安全技术措施等具体情况,掌握操作方法和注意事项,保护作业人员的人身安全,减少因安全事故导致的经济损失。

(4)危险部位安全警示标志的设置

《建设工程安全生产管理条例》第二十八条第一款规定,施工单位应当在施工现场入口处、施工起重机械、临时用电设施、脚手架、出入通道口、楼梯口、电梯井口、孔洞口、桥梁口、隧道口、基坑边沿、爆破物及有害危险气体和液体存放处等危险部位,设置明显的安全警示标志。安全警示标志必须符合国家标准。

安全警示标志,是指提醒人们注意的各种标牌、文字符号以及灯光等,一般由安全色、几何图形和图形符号构成。如在孔洞口、桥梁口、隧道口、基坑边沿等处,设立红灯警示;在施工起重机械、临时用电设施等处,设置警戒标志,并保证充足的照明等。各种安全警示标志设置后,未经施工单位负责人批准,不得擅自移动或者拆除。

(5)对施工现场生活区、作业环境的要求

《建设工程安全生产管理条例》第二十九条规定,施工单位应当将施工现场的办公、生活区与作业区分开设置,并保持安全距离;办公、生活区的选址应当符合安全性要求。职工的膳食、饮水、休息场所等应当符合卫生标准。施工单位不得在尚未竣工的建筑物内设置员工集体宿舍。施工现场临时搭建的建筑物应当符合安全使用要求。施工现场使用的装配式活动房屋应当具有产品合格证。

施工现场的办公、生活区应当与作业区分开设置并保持安全距离,是因为办公和日常生活区域人员较多且复杂,安全意识和防范措施也相对较弱,如果将其与作业区混设一处,势必造成施工现场的管理混乱,极易发生生产安全事故。

（6）环境污染防护措施

《建设工程安全生产管理条例》第三十条规定,施工单位对因建设工程施工可能造成损害的毗邻建筑物、构筑物和地下管线等,应当采取专项保护措施。施工单位应当遵守有关环境保护法律、法规的规定,在施工现场采取措施,防止或减少粉尘、废气、废水、固体废物、噪声、振动和施工照明对人和环境的危害和污染。在城市市区内的建设工程,施工单位应当对施工现场实行封闭围挡。

（7）消防安全保障措施

《建设工程安全生产管理条例》第三十一条规定,施工单位应当在施工现场建立消防安全责任制度,确定消防安全责任人,制定用火、用电、使用易燃易爆材料等各项消防安全管理制度和操作规程,设置消防通道、消防水源,配备消防设施和灭火器材,并在施工现场入口处设置明显标志。

（8）劳动安全管理规定

《建设工程安全生产管理条例》第三十二条规定,施工单位应当向作业人员提供安全防护用具和安全防护服装,并书面告知危险岗位的操作规程和违章操作的危害。

《建设工程安全生产管理条例》第三十三条规定,作业人员应当遵守安全施工的强制性标准、规章制度和操作规程,正确使用安全防护用具、机械设备等。

《建设工程安全生产管理条例》第三十八条规定,施工单位应当为施工现场从事危险作业的人员办理意外伤害保险。

（9）安全防护用具及机械设备、施工机具的安全管理

《建设工程安全生产管理条例》第三十四条规定,施工单位采购、租赁的安全防护用具、机械设备、施工机具及配件,应当具有生产（制造）许可证、产品合格证,并在进入施工现场前进行查验。施工现场的安全防护用具、机械设备、施工机具及配件必须由专人管理,定期进行检查、维修和保养,建立相应的资料档案,并按照国家有关规定及时报废。

《建设工程安全生产管理条例》第三十五条规定,施工单位在使用施工起重机械和整体提升脚手架、模板等自升式架设设施前,应当组织有关单位进行验收,也可以委托具有相应资质的检验检测机构进行验收;使用承租的机械设备和施工机具及配件的,由施工总承包单位、分包单位、出租单位和安装单位共同进行验收,验收合格的方可使用。

（五）物资供应单位的安全责任

1. 机械设备和配件供应单位的安全责任

《建设工程安全生产管理条例》第十五条规定,为建设工程提供机械设备和配件的单位,应当按照安全施工的要求配备齐全有效的保险、限位等安全设施和装置。

2. 机械设备、施工机具和配件出租单位的安全责任

《建设工程安全生产管理条例》第十六条规定,出租的机械设备和施工工具及配件,应当具有生产（制造）许可证、产品合格证。出租单位应当对出租的机械设备和施工工

具及配件的安全性能进行检测,在签订租赁协议时,应当出具检测合格证明。禁止出租检测不合格的机械设备和施工工具及配件。

3. 施工起重机械和自升式架设设施安装、拆卸单位的安全责任

施工起重机械,是指施工中用于垂直升降或者垂直升降并水平移动重物的机械设备,如塔式起重机、施工外用电梯、物料提升机等。自升式架设设施,是指通过自有装置可将自身升高的架设设施,如整体提升脚手架、模板等。

根据《建设工程安全生产管理条例》的规定,施工起重机械和自升式架设设施安装、拆卸单位的安全责任包括:

①在施工现场安装、拆卸施工起重机械和整体提升脚手架、模板等自升式架设设施,必须由具有相应资质的单位承担。

②安装、拆卸施工起重机械和整体提升脚手架、模板等自升式架设设施,应当编制拆装方案、制定安全施工措施,并由专业技术人员现场监督。

③施工起重机械和整体提升脚手架、模板等自升式架设设施安装完毕后,安装单位应当自检,出具自检合格证明,并向施工单位进行安全使用说明,办理验收手续并签字。

④施工起重机械和整体提升脚手架、模板等自升式架设设施的使用达到国家规定的检验检测期限的,必须经具有专业资质的检验检测机构检测。经检测不合格的,不得继续使用。

三、建筑工程安全生产的行政监督管理

建筑工程安全生产的行政监督管理,是指各级人民政府建设行政主管部门及其授权的建筑工程安全生产监督机构,对建筑工程安全生产所实施的行政监督管理。

(一)建筑工程安全生产的行政监督管理的分级管理

我国现行对建筑工程安全生产的行政监督管理是分级进行的,建设行政主管部门因级别不同具有的管理职责也不完全相同。

《建设工程安全生产管理条例》第三十九条规定,国务院负责安全生产监督管理的部门依照《安全生产法》的规定,对全国建设工程安全生产工作实施综合监督管理。县级以上地方人民政府负责安全生产监督管理的部门依照《安全生产法》的规定,对本行政区域内建设工程安全生产工作实施综合监督管理。

《建设工程安全生产管理条例》第四十条规定,国务院建设行政主管部门负责全国建设工程安全生产的监督管理,并依法接受国家安全生产综合管理部门的指导和监督。国务院铁道、交通、水利等有关部门按照国务院规定职责分工,负责有关专业建设工程安全生产的监督管理。

县级以上地方人民政府建设行政主管部门负责本行政区域内的建设工程安全生产管理。县级以上地方人民政府交通、水利等有关部门在各自的职责范围内,负责本行政区域内的专业建设工程安全生产的监督管理;县级以上地方人民政府建设行政主管部门和地方人民政府交通、水利等有关部门应当设立建设工程安全监督机构,负责建设工程安全生产的日常监督管理工作。

（二）建设行政主管部门的监督管理职责

1. 国务院建设行政主管部门的监督管理职责

国务院建设行政主管部门主管全国建设工程安全生产的行业监督管理工作。其主要职责如下：

（1）贯彻执行国家有关安全生产的法规和方针、政策，起草或者制定建筑安全生产管理的法规和标准；

（2）统一监督管理全国工程建设方面的安全生产工作，完善建筑安全生产的组织保证体系；

（3）制定建筑安全生产管理的中、长期规划和近期目标，组织建筑安全生产技术的开发与推广应用；

（4）指导和监督检查省、自治区、直辖市人民政府建设行政主管部门开展建筑安全生产的行业监督管理工作；

（5）统计全国建筑职工因工伤亡人数，掌握并发布全国建筑安全生产动态；

（6）负责对申报资质等级一级企业和国家二级企业以及国家和部级先进建筑企业进行安全资格审查或者审批，行使安全生产否决权；

（7）组织全国建筑安全生产检查，总结交流建筑安全生产管理经验，并表彰先进；

（8）检查和监督工程建设重大事故的调查处理，组织或者参与工程建设特别重大事故的调查。

2. 县级以上地方人民政府建设行政主管部门的监督管理职责

县级以上地方人民政府建设行政主管部门负责本区域建筑安全生产的行业监督管理工作。其主要职责如下：

（1）贯彻执行国家和地方有关安全生产的法规、标准和方针、政策，起草或者制定本行政区域建筑安全生产管理的实施细则或者实施办法；

（2）制定本行政区域建筑安全生产管理的中、长期规划和近期目标，组织建筑安全生产技术的开发与推广应用；

（3）建立健全安全生产的监督管理体系，制定本行政区域建筑安全生产监督管理工作制度，组织落实各级领导分工负责的建筑安全生产责任制；

（4）负责本行政区域建筑职工因工伤亡的统计和上报工作，掌握并发布本行政区域建筑安全生产动态；

（5）负责对申报晋升企业资质等级、企业升级和报评先进企业的安全资格进行审查或者审批，行使安全生产否决权；

（6）组织或者参与本行政区域工程建设中人身伤亡事故的调查处理工作，并依照有关规定上报重大伤亡事故；

（7）组织开展本行政区域建筑安全生产检查，总结交流建筑安全生产管理经验，并表彰先进；

（8）监督检查施工现场、构配件生产车间等安全管理和防护措施，纠正违章指挥和违章作业；

（9）组织开展本行政区域建筑企业安全生产管理人员、作业人员的安全生产教育、培训、考核及发证工作，监督检查建筑企业对安全技术措施费的提取和使用；

（10）领导和管理建筑安全生产监督机构的工作。

（三）安全生产的监督方式

1．工会民主监督

工会有权对建设项目的安全设施与主体工程同时设计、同时施工、同时投入生产和使用的情况进行监督，提出意见。

2．社会舆论监督

新闻、出版、广播、电影、电视等单位有对违反安全生产法律、法规的行为进行舆论监督的权利。

3．公众举报监督

任何单位或者个人对事故隐患或者安全生产违法行为，均有权向负有安全生产监督管理职责的部门报告或者举报。

4．社区报告监督

居民委员会、村民委员会发现其所在区域内的生产经营单位存在事故隐患或者安全生产违法行为时，有权向当地人民政府或者有关部门报告。

（四）安全监督检查人员的职权与义务

1．安全监督检查人员的职权

（1）现场调查取证权

安全生产监督检查人员可以进入生产经营单位进行现场调查，单位不得拒绝；有权向被检查单位调阅资料，向有关人员（负责人、管理人员、技术人员）了解情况。

（2）现场处理权

对安全生产违法作业当场纠正权；对现场检查出的隐患，责令限期改正、停产停业或停止使用的职权；责令紧急避险权和依法行政处罚权。

（3）查封、扣押行政强制措施权

其对象是安全设施、设备、器材、仪表等；依据是不符合国家或行业安全标准；条件是必须按程序办事、有足够证据、经部门负责人批准、通知被查单位负责人到场、登记记录等，并必须在 15 日内作出决定。

2．安全监督检查人员的义务

（1）审查、验收禁止收取费用；

（2）禁止要求被审查、验收的单位购买指定产品；

（3）必须遵循忠于职守、坚持原则、秉公执法的执法原则；

（4）监督检查时须出示有效的监督执法证件；

（5）对检查单位的技术秘密、业务秘密尽到保密之义务。

（五）建筑安全生产监督机构的职责

建筑安全生产监督机构根据同级人民政府建设行政主管部门的授权，依据有关的

法规、标准,对本行政区域内建筑安全生产实施监督管理。其职责如下:

(1)贯彻执行党和国家的安全生产方针、政策和决议。

(2)监察各工地对国家、住建部、省、市政府公布的安全法规、标准、规章制度、办法和安全技术措施的执行情况。

(3)总结、推广建筑施工安全科学管理、先进安全装置、措施等经验,并及时给以奖励。

(4)制止违章指挥和违章作业行为,对情节严重者按处罚条例给以经济处罚;对隐患严重的现场或机械、电气设备等,及时签发停工指令,并提出改进措施。

(5)参加建筑行业伤亡事故的调查处理,对造成死亡1人、重伤3人、直接经济损失5万元以上的事故主要负责者,有权向检察院、法院提出控诉,追究刑事责任。

(6)对建筑施工队伍负责人、安全检查员、特种作业人员,进行安全教育培训、考核发证工作。

(7)参加建筑施工企业新建、扩建、改建和挖潜、革新、改造工程项目和竣工验收工作,负责安全卫生设施"三同时"(安全卫生设施同时设计、同时验收、同时使用)的审查工作。

(8)及时召开安全施工或重大伤亡事故现场会议。

四、建筑工程安全事故的处理

(一)建筑工程安全事故的等级划分

《安全生产法》第一百一十八条规定,本法规定的生产安全一般事故、较大事故、重大事故、特别重大事故的划分标准由国务院规定。

《生产安全事故报告和调查处理条例》第三条规定,根据生产安全事故(以下简称事故)造成的人员伤亡或者直接经济损失,事故一般分为以下等级:

(1)特别重大事故,是指造成30人以上死亡,或者100人以上重伤(包括急性工业中毒,下同),或者1亿元以上直接经济损失的事故;

(2)重大事故,是指造成10人以上30人以下死亡,或者50人以上100人以下重伤,或者5000万元以上1亿元以下直接经济损失的事故;

(3)较大事故,是指造成3人以上10人以下死亡,或者10人以上50人以下重伤,或者1000万元以上5000万元以下直接经济损失的事故;

(4)一般事故,是指造成3人以下死亡,或者10人以下重伤,或者1000万元以下直接经济损失的事故。所称的"以上"包括本数,所称的"以下"不包括本数。

《生产安全事故报告和调查处理条例》第四十四条规定,没有造成人员伤亡,但是社会影响恶劣的事故,国务院或者有关地方人民政府认为需要调查处理的,依照本条例的有关规定执行。

据此,安全事故等级划分包括三个要素:一是人身要素,即人员伤亡的数量;二是经

生产安全事故报告和调查处理条例

济要素,即直接经济损失的数额;三是社会要素,即造成恶劣的社会影响。这三个要素依法可以单独适用。

(二)建筑工程安全事故报告

《建筑法》第五十一条规定,施工中发生事故时,建筑施工企业应当采取紧急措施减少人员伤亡和事故损失,并按照国家有关规定及时向有关部门报告。

《建设工程安全生产管理条例》第五十条规定,施工单位发生生产安全事故,应当按照国家有关伤亡事故报告和调查处理的规定,及时、如实地向负责安全生产监督管理的部门、建设行政主管部门或者其他有关部门报告;特种设备发生事故的,还应当同时向特种设备安全监督管理部门报告。接到报告的部门应当按照国家有关规定,如实上报。

1. 事故报告的基本要求

《生产安全事故报告和调查处理条例》第四条规定,事故报告应当及时、准确、完整,任何单位和个人对事故不得迟报、漏报、谎报或者瞒报。

同时,还规定了事故报告的具体要求:

(1)时间要求。事故发生后,事故现场有关人员应当立即向本单位负责人报告;单位负责人接到报告后,应当于1小时内向事故发生地县级以上人民政府安全生产监督管理部门和负有安全生产监督管理职责的有关部门报告。情况紧急时,事故现场有关人员可以直接向事故发生地县级以上人民政府安全生产监督管理部门和负有安全生产监督管理职责的有关部门报告。

(2)内容要求。报告事故应当包括下列内容:①事故发生单位概况;②事故发生的时间、地点及事故现场情况;③事故的简要经过;④事故已经造成或者可能造成的伤亡人数(包括下落不明的人数)和初步估计的直接经济损失;⑤已经采取的措施;⑥其他应当报告的情况。

(3)补报要求。事故报告后出现新情况的,应当及时补报。自事故发生之日起30日内,事故造成的伤亡人数发生变化的,应当及时补报。道路交通事故、火灾事故自发生之日起7日内,事故造成的伤亡人数发生变化的,应当及时补报。

2. 事故逐级上报的规定

《生产安全事故报告和调查处理条例》第十条规定,安全生产监督管理部门和负有安全生产监督管理职责的有关部门接到事故报告后,应当依照下列规定上报事故情况,并通知公安机关、劳动保障行政部门、工会和人民检察院:

(1)特别重大事故、重大事故逐级上报至国务院安全生产监督管理部门和负有安全生产监督管理职责的有关部门;

(2)较大事故逐级上报至省、自治区、直辖市人民政府安全生产监督管理部门和负有安全生产监督管理职责的有关部门;

(3)一般事故上报至设区的市级人民政府安全生产监督管理部门和负有安全生产监督管理职责的有关部门。

安全生产监督管理部门和负有安全生产监督管理职责的有关部门依照以上规定上报事故情况,应当同时报告本级人民政府。国务院安全生产监督管理部门和负有安全生产监督管理职责的有关部门及省级人民政府接到发生特别重大事故、重大事故的报告后,应当立即报告国务院。必要时,安全生产监督管理部门和负有安全生产监督管理职责的有关部门可以越级上报事故情况。

《生产安全事故报告和调查处理条例》第十一条规定,安全生产监督管理部门和负有安全生产监督管理职责的有关部门逐级上报事故情况,每级上报的时间不得超过2小时。

3. 发生事故后应采取的措施

《建设工程安全生产管理条例》第五十一条规定,发生生产安全事故后,施工单位应当采取措施防止事故扩大,保护事故现场。需要移动现场物品时,应当作出标记和书面记录,妥善保管有关证物。

根据《生产安全事故报告和调查处理条例》的规定,发生事故应采取以下措施:

(1)组织应急抢救工作。事故发生单位负责人接到事故报告后,应当立即启动事故相应应急预案,或者采取有效措施,组织抢救,防止事故扩大,减少人员伤亡和财产损失。事故发生地有关地方人民政府、安全生产监督管理部门和负有安全生产监督管理职责的有关部门接到事故报告后,其负责人应当立即赶赴事故现场,组织事故救援。

(2)妥善保护事故现场。事故发生后,有关单位和人员应当妥善保护事故现场及相关证据,任何单位和个人不得破坏事故现场、毁灭相关证据。因抢救人员、防止事故扩大及疏通交通等原因,需要移动事故现场物件的,应当作出标志,绘制现场简图并作出书面记录,妥善保存现场重要痕迹、物证。

(3)有关部门的相关职责。事故发生地公安机关根据事故的情况,对涉嫌犯罪的,应当依法立案侦查,采取强制措施和侦查措施。犯罪嫌疑人逃匿的,公安机关应当迅速追捕归案。安全生产监督管理部门和负有安全生产监督管理职责的有关部门应当建立值班制度,并向社会公布值班电话,受理事故报告和举报。

(三)建筑工程安全事故调查

《安全生产法》第八十六条规定,事故调查处理应当按照科学严谨、依法依规、实事求是、注重实效的原则,及时、准确地查清事故原因,查明事故性质和责任,评估应急处置工作,总结事故教训,提出整改措施,并对事故责任单位和人员提出处理建议。事故调查报告应当依法及时向社会公布。《生产安全事故报告和调查处理条例》对事故调查作出以下具体规定。

1. 事故调查的管辖

特别重大事故由国务院或者国务院授权有关部门组织事故调查组进行调查。

重大事故、较大事故、一般事故分别由事故发生地省级人民政府、设区的市级人民政府、县级人民政府负责调查。省级人民政府、设区的市级人民政府、县级人民政府可以直接组织事故调查组进行调查,也可以授权或者委托有关部门组织事故调查组进行调查。

未造成人员伤亡的一般事故,县级人民政府也可以委托事故发生单位组织事故调查组进行调查。

上级人民政府认为必要时,可以调查由下级人民政府负责调查的事故。

自事故发生之日起 30 日内(道路交通事故、火灾事故自发生之日起 7 日内),因事故伤亡人数变化导致事故等级发生变化,依照规定应当由上级人民政府负责调查的,上级人民政府可以另行组织事故调查组进行调查。

特别重大事故以下等级事故,事故发生地与事故发生单位不在同一个县级以上行政区域的,由事故发生地人民政府负责调查,事故发生单位所在地人民政府应当派人参加。

2. 事故调查组的组成

事故调查组的组成应当遵循精简、效能的原则。根据事故的具体情况,事故调查组由有关人民政府、安全生产监督管理部门、负有安全生产监督管理职责的有关部门、监察机关、公安机关以及工会派人组成,并应当邀请人民检察院派人参加。事故调查组可以聘请有关专家参与调查。

事故调查组成员应当具有事故调查所需要的知识和专长,并与所调查的事故没有直接利害关系。事故调查组组长由负责事故调查的人民政府指定。事故调查组组长主持事故调查组的工作。

3. 事故调查组的职责

事故调查组履行下列职责:

(1)查明事故发生的经过、原因、人员伤亡情况及直接经济损失;

(2)认定事故的性质和事故责任;

(3)提出对事故责任者的处理建议;

(4)总结事故教训,提出防范和整改措施;

(5)提交事故调查报告。

4. 事故调查组的权利与纪律

事故调查组有权向有关单位和个人了解与事故有关的情况,并要求其提供相关文件、资料,有关单位和个人不得拒绝。事故发生单位的负责人和有关人员在事故调查期间不得擅离职守,并应当随时接受事故调查组的询问,如实提供有关情况。事故调查中发现涉嫌犯罪的,事故调查组应当及时将有关材料或者其复印件移交司法机关处理。

事故调查中需要进行技术鉴定的,事故调查组应当委托具有国家规定资质的单位进行技术鉴定。必要时,事故调查组可以直接组织专家进行技术鉴定。技术鉴定所需时间不计入事故调查期限。

事故调查组成员在事故调查工作中应当诚信公正、恪尽职守,遵守事故调查组的纪律,保守事故调查的秘密。未经事故调查组组长允许,事故调查组成员不得擅自发布有关事故的信息。

5. 事故调查报告的期限与内容

事故调查组应当自事故发生之日起 60 日内提交事故调查报告;特殊情况下,经负责事故调查的人民政府批准,提交事故调查报告的期限可以适当延长,但延长的期限最长不超过 60 日。

事故调查报告应当包括下列内容:

(1)事故发生单位概况;

(2)事故发生的经过和事故救援情况;

(3)事故造成的人员伤亡和直接经济损失;

(4)事故发生的原因和事故性质;

(5)事故责任的认定及对事故责任者的处理建议;

(6)事故防范和整改措施。

事故调查报告应当附具有关证据材料。事故调查组成员应当在事故调查报告上签名。事故调查报告报送负责事故调查的人民政府后,事故调查工作即告结束。事故调查的有关资料应当归案保存。

(四)建筑工程安全事故处理

《生产安全事故报告和调查处理条例》对事故处理作出以下规定:

1. 事故处理的时限

对于重大事故、较大事故、一般事故,负责事故调查的人民政府应当自收到事故调查报告之日起 15 日内作出批复;特别重大事故,30 日内作出批复,特殊情况下,批复时间可以适当延长,但延长的时间最长不超过 30 日。

2. 事故调查批复的落实

有关机关应当按照人民政府的批复,依照法律、行政法规规定的权限和程序,对事故发生单位和有关人员进行行政处罚,对负有事故责任的国家工作人员进行处分。事故发生单位应当按照负责事故调查的人民政府的批复,对本单位负有事故责任的人员进行处理。

负有事故责任的人员涉嫌犯罪的,依法追究刑事责任。

3. 事故发生单位的防范整改措施

事故发生单位应当认真吸取事故教训,落实防范和整改措施,防止事故再次发生。防范和整改措施的落实情况应当接受工会和职工的监督。

安全生产监督管理部门和负有安全生产监督管理职责的有关部门应当对事故发生单位落实防范和整改措施的情况进行监督检查。

4. 事故处理结果的公布

事故处理的情况由负责事故调查的人民政府或者其授权的有关部门、机构向社会公布,依法应当保密的除外。

第六节　建筑工程质量管理

一、建筑工程质量管理概述

质量的概念应包括产品质量、工序质量、工作质量三个方面的含义。产品质量即产品的使用价值,是指产品能够满足国家建设和人民需要所具备的自然属性,一般包括产品的适用性、可靠性、安全性、经济性和使用寿命等。工序质量指的是生产过程能稳定地生产合格产品的能力。工作质量是指企业为达到工程(产品)质量标准所做的管理工作、组织工作和技术工作的效率和水平,它包括经营决策工作质量和现场执行工作质量。

产品质量、工序质量和工作质量三者之间的关系是:产品质量是企业生产的最终成果,它取决于工序质量和工作质量;工作质量则是工序质量、产品质量和经济效果的保证和基础。

建筑工程质量是指在国家现行的有关法律、法规、技术标准、设计文件和合同中,对工程的安全、适用、经济、美观等特性的综合要求。

二、建筑工程质量的标准化制度

《建筑法》第五十二条规定,建筑工程勘察、设计、施工的质量必须符合国家有关建筑工程安全标准的要求,具体管理办法由国务院规定。

中华人民共和国
标准化法
(2017 修订)

《标准化法》规定,我国的标准分为国家标准、行业标准、地方标准和企业标准。国家标准、行业标准分为强制性标准和推荐性标准。保障人体健康,人身、财产安全的标准和法律、行政法规规定强制执行的标准是强制性标准,其他标准是推荐性标准。

2017 年 3 月国务院印发的《深化标准化工作改革方案》中规定,要基本建立统一的强制性国家标准体系。根据强制性标准整合精简结论,对拟废止的强制性标准公告废止;对拟转化为推荐性标准的强制性标准公告转化,使其不再具有强制执行效力,尽快完成文本修改;对拟整合或修订的强制性标准,分批提出修订项目计划,推进整合修订工作。制定《强制性国家标准管理办法》,完善强制性标准管理制度。强制性标准要守住底线,保障人身健康和生命财产安全、国家安全、生态环境安全以及满足社会经济管理基本要求。

(一) 国家标准

《标准化法》规定,对需要在全国范围内统一的技术要求,应当制定国家标准。国家标准由国务院标准化行政主管部门制定。

1992 年 12 月建设部发布的《工程建设国家标准管理办法》规定,对需要在全国范

围内统一的下列技术要求,应当制定国家标准:

(1)工程建设勘察、规划、设计、施工(包括安装)及验收等通用的质量要求;

(2)工程建设通用的有关安全、卫生和环境保护的技术要求;

(3)工程建设通用的术语、符号、代号、量与单位、建筑模数和制图方法;

(4)工程建设通用的试验、检验和评定等方法;

(5)工程建设通用的信息技术要求;

(6)国家需要控制的其他工程建设通用的技术要求。

工程建设国家标准管理办法

国家标准分为强制性标准和推荐性标准。下列标准属于强制性标准:

(1)工程建设勘察、规划、设计、施工(包括安装)及验收等通用的综合标准和重要的通用的质量标准;

(2)工程建设通用的有关安全、卫生和环境保护的标准;

(3)工程建设重要的通用的术语、符号、代号、量与单位、建筑模数和制图方法标准;

(4)工程建设重要的通用的试验、检验和评定方法等标准;

(5)工程建设重要的通用的信息技术标准;

(6)国家需要控制的其他工程建设通用的标准。

强制性标准以外的标准是推荐性标准。推荐性标准,国家鼓励企业自愿采用。

(二)行业标准

《标准化法》规定,对没有国家标准而又需要在全国某个行业范围内统一的技术要求,可以制定行业标准。在公布国家标准之后,该项行业标准即行废止。

《工程建设行业标准管理办法》规定,对没有国家标准而需要在全国某个行业范围内统一的下列技术要求,可以制定行业标准:

(1)工程建设勘察、规划、设计、施工(包括安装)及验收等行业专用的质量要求;

(2)工程建设行业专用的有关安全、卫生和环境保护的技术要求;

工程建设行业标准管理办法

(3)工程建设行业专用的术语、符号、代号、量与单位和制图方法;

(4)工程建设行业专用的试验、检验和评定等方法;

(5)工程建设行业专用的信息技术要求;

(6)其他工程建设行业专用的技术要求。

行业标准也分为强制性标准和推荐性标准。下列标准属于强制性标准:

(1)工程建设勘察、规划、设计、施工(包括安装)及验收等行业专用的综合性标准和重要的行业专用的质量标准;

(2)工程建设行业专用的有关安全、卫生和环境保护的标准;

(3)工程建设重要的行业专用的术语、符号、代号、量与单位和制图方法标准;

(4)工程建设重要的行业专用的试验、检验和评定方法等标准;

（5）工程建设重要的行业专用的信息技术标准；

（6）行业需要控制的其他工程建设标准。

强制性标准以外的标准是推荐性标准。

行业标准不得与国家标准相抵触。行业标准的某些规定与国家标准不一致时，必须有充分的科学依据和理由，并经国家标准的审批部门批准。行业标准在相应的国家标准实施后，应当及时修订或废止。

（三）地方标准

《标准化法》规定，对没有国家标准和行业标准而又需要在省、自治区、直辖市范围内统一的工业产品的安全、卫生要求，可以制定地方标准。在公布国家标准或者行业标准之后，该项地方标准即行废止。

我国幅员辽阔，各地的自然环境差异较大，而工程建设在许多方面要受到自然环境的影响。例如，我国的黄土地区、冻土地区以及膨胀土地区，对建筑技术的要求有很大区别。因此，工程建设标准除国家标准、行业标准外，还需要有相应的地方标准。但是，工程建设地方标准不得与国家标准和行业标准相抵触。对与国家标准或行业标准相抵触的工程建设地方标准的规定，应当自行废止。工程建设地方标准应报国务院建设行政主管部门备案。未经备案的工程建设地方标准，不得在建设活动中使用。

工程建设地方标准中，对直接涉及人民生命财产安全、人体健康、环境保护和公共利益的条文，经国务院建设行政主管部门确定后，可作为强制性条文。在不违反国家标准和行业标准的前提下，工程建设地方标准可以独立实施。

（四）企业标准

《标准化法》规定，企业生产的产品没有国家标准和行业标准的，应当制定企业标准，作为组织生产的依据。企业的产品标准须报当地政府标准化行政主管部门和有关行政主管部门备案。已有国家标准或者行业标准的，国家鼓励企业制定严于国家标准或者行业标准的企业标准，在企业内部适用。

国务院《深化标准化工作改革方案》中规定，放开搞活企业标准。企业根据需要自主制定、实施企业标准。鼓励企业制定高于国家标准、行业标准、地方标准，具有竞争力的企业标准。建立企业产品和服务标准自我声明公开和监督制度，逐步取消政府对企业产品标准的备案管理，落实企业标准化主体责任。鼓励标准化专业机构对企业公开的标准开展比对和评价，强化社会监督。

需要说明的是，标准、规范、规程都是标准的一种表现形式，习惯上统称为标准，只有针对具体对象才加以区别。当针对产品、方法、符号、概念等基础标准时，一般采用"标准"，如《土工试验方法标准》《生活饮用水卫生标准》《道路工程标准》《建筑抗震鉴定标准》等；当针对工程勘察、规划、设计、施工等通用的技术事项作出规定时，一般采用"规范"，如《混凝土设计规范》《建筑设计防火规范》《住宅建筑设计规范》《砌体工程施工及验收规范》《屋面工程技术规范》等；当针对操作、工艺、管理等专用技术要求时，一般采用"规程"，如《钢筋气压焊接规程》《建筑安装工程工艺及操作规程》《建筑机械使用安全操作规程》等。

三、建筑工程的质量责任

《建设工程质量管理条例》第三条规定,建设单位、勘察单位、设计单位、施工单位、工程监理单位依法对建设工程质量负责。

(一) 建设单位的质量责任

1. 依法发包工程

建设单位应当将工程发包给具有相应资质等级的单位。建设单位不得将建设工程肢解发包。建设单位应当依法对工程建设项目的勘察、设计、施工、监理及与工程建设有关的重要设备、材料等采购进行招标。

2. 依法提供原始资料

建设单位必须向相关的勘察、设计、施工、工程监理等单位提供与建设工程有关的原始资料,原始资料必须真实、准确、齐全。

3. 限制不合理干预行为

建设工程发包单位不得迫使承包方以低于成本的价格竞标,不得任意压缩合理工期。建设单位不得明示或者暗示设计单位或者施工单位违反工程建设强制性标准,降低建设工程质量。

4. 依法报审施工图设计文件

建设单位应当将施工图设计文件报县级以上人民政府建设行政主管部门或者其他有关部门审查,施工图设计文件未经审查批准的,不得使用。

5. 依法实行工程监理

实行监理的建设工程,建设单位应当委托具有相应资质等级的工程监理单位进行监理,也可以委托具有工程监理相应资质等级并与被监理工程的施工承包单位没有隶属关系或者其他利害关系的该工程的设计单位进行监理。

6. 依法办理工程质量监督手续

建设单位在领取施工许可证或者开工报告前,应当按照国家有关规定办理工程质量监督手续。

7. 依法保证建筑材料等符合要求

按照合同约定,由建设单位采购建筑材料、建筑构配件和设备的,建设单位应当保证建筑材料、建筑构配件和设备符合设计文件和合同要求。建设单位不得明示或者暗示施工单位使用不合格的建筑材料、建筑构配件和设备。建设单位按照工程承包合同中规定供应的设备等产品的质量,必须符合国家现行的有关法律、法规和技术标准的要求。

8. 依法进行装修工程

涉及建筑主体和承重结构变动的装修工程,建设单位应当在施工前委托原设计单位或者具有相应资质等级的设计单位提出设计方案,没有设计方案的,不得施工。房屋建筑使用者在装修过程中,不得擅自变动房屋建筑主体和承重结构。

9. 依法组织竣工验收

建设单位收到建设工程竣工报告后,应当组织设计、施工、工程监理等有关单位进行竣工验收。

10. 依法建立、移交建设项目档案

建设单位应当严格按照国家有关档案管理的规定,及时收集、整理建设项目各环节的文件资料。建立健全建设项目档案,并在建设工程竣工验收后,及时向建设行政主管部门或者其他有关部门移交建设项目档案。

(二) 勘察、设计单位的质量责任

1. 依法承揽工程勘察、设计业务

从事建设工程勘察、设计的单位应当依法取得相应等级的资质证书,并在其资质等级许可的范围内承揽工程。禁止勘察、设计单位超越其资质等级许可的范围或者以其他勘察、设计单位的名义承揽工程;禁止勘察、设计单位允许其他单位或者个人以本单位的名义承揽工程;勘察、设计单位不得转包或者违法分包承揽的工程。

2. 勘察、设计必须执行强制性标准

勘察、设计单位必须按照工程强制性标准进行勘察、设计,并对其勘察、设计的质量负责。注册建筑师、注册结构工程师等注册执业人员应当在设计文件上签字,对设计文件负责。

3. 勘察成果必须真实、准确

勘察单位提供的地质、测量、水文等勘察成果必须真实、准确。

4. 设计依据和设计深度应符合规定

设计单位应当根据勘察成果文件进行建设工程设计。设计文件应当符合国家规定的设计深度要求,注明工程合理使用年限。

5. 依法规范设计对建筑材料的使用

设计单位在设计文件中选用的建筑材料、建筑构配件和设备,应当注明规格、型号、性能等技术指标,其质量要求必须符合国家规定的标准。除有特殊要求的建筑材料、专业设备、工艺生产线等外,设计单位不得指定生产厂、供应商。

6. 依法对设计文件进行技术交底

设计单位应当就审查合格的施工图设计文件向施工单位作出详细说明。

7. 设计单位依法参与建设工程质量事故分析

设计单位应当参与建设工程质量事故分析,并对因设计造成的质量事故提出相应的技术处理方案。

(三)施工单位的质量责任

《建设工程质量管理条例》第二十六条规定,建筑施工企业对工程的施工质量负责。施工单位应当建立质量责任制,确定工程项目的项目经理、技术负责人和施工管理负责人。

1. 施工单位的质量责任

(1)依法承揽工程

施工单位应当依法取得相应等级的资质证书,并在其资质等级许可的范围内承揽工程。禁止施工单位允许其他单位或者个人以本单位的名义承揽工程。施工单位不得转包或者违法分包工程。

(2)确保施工质量

建筑物在合理使用寿命内,必须确保地基基础工程和主体结构的质量。建筑工程竣工时,屋顶、墙面不得留有渗漏、开裂等质量缺陷。

(3)遵守标准,按图施工

建筑施工企业必须按照国家工程安全标准、工程设计图纸和施工技术标准施工,不得偷工减料。工程设计的修改由原设计单位负责,建筑施工企业不得擅自修改工程设计。施工单位在施工过程中发现设计文件和图纸有差错的,应当及时提出意见和建议。

(4)建立健全施工质量检验制度

施工单位必须建立健全施工质量的检验制度,严格工序管理,做好隐蔽工程的质量检查和记录。隐蔽工程在隐蔽前,施工单位应当通知建设单位、监理单位和建设工程质量监督机构。

(5)建立健全教育培训制度

施工单位应当建立健全教育培训制度,加强对职工的教育培训,未经教育培训或者考核不合格的人员,不得上岗作业。

(6)使用合格建筑材料

建筑施工企业必须按照工程设计要求、施工技术标准和合同的约定,对建筑材料、建筑构配件、设备和商品混凝土进行检验,检验应当书面记录并由专人签字,未经检验或检验不合格的,不得使用。

(7)施工检测的见证取样和送检

施工人员对涉及结构安全的试块、试件及有关材料,应当在建设单位或者工程监理单位监督下现场取样,并送具有相应资质等级的质量检测单位进行检测。

(8)无偿返修

施工单位对施工中出现质量问题的建设工程或竣工验收不合格的建设工程,应当负责返修。建筑工程竣工时,屋顶、墙面不得留有渗漏、开裂等质量缺陷,对已发现的质量缺陷,建筑施工企业应当修复。建筑工程竣工验收合格后,方可交付使用,未经验收或者验收不合格的,不得交付使用。施工单位对施工中出现质量问题的建设工程或竣工验收不合格的建设工程,都应当负责返修。

2. 施工总分包单位的质量责任

《建设工程质量管理条例》第二十六条规定,建筑工程实行总承包的,总承包单位应当对全部工程质量负责;建设工程勘察、设计、施工、设备采购的其中一项或者多项实行总承包的,总承包单位应当对其承包的建设工程或者采购的设备质量负责。第二十七条规定,总承包单位依法将建筑工程分包给其他单位的,分包单位应当按照分包合同的约定对其分包工程质量向总承包单位负责,总承包单位应当对分包工程的质量与分包单位承担连带责任。

(四) 工程监理单位的质量责任

1. 依法承担工程监理业务

工程监理单位应当依法取得相应等级的资质证书,并在其资质等级许可的范围内承担工程监理业务。禁止工程监理单位超越本单位资质等级许可的范围或者以其他工程监理单位的名义承担工程监理业务。禁止工程监理单位允许其他单位或者个人以本单位的名义承担工程监理业务。工程监理单位不得转让工程监理业务。

2. 对有隶属关系或其他利害关系的回避

工程监理单位与被监理工程的施工承包单位以及建筑材料、建筑构配件和设备供应单位有隶属关系或者其他利害关系的,不得承担该项建设工程的监理业务。

3. 依法实施监理并承担监理责任

工程监理单位应当依照法律、法规以及有关技术标准、设计文件和建设工程承包合同,代表建设单位对施工质量实施监理,并对施工质量承担监理责任。

4. 组建驻工地监理机构

工程监理单位应当选派具备相应资格的总监理工程师和监理工程师进驻施工现场。未经监理工程师签字,建筑材料、建筑构配件和设备不得在工程上使用或者安装,施工单位不得进行下一道工序的施工。未经总监理工程师签字,建设单位不拨付工程款,不进行竣工验收。

四、建筑工程的质量监督管理制度

(一) 建筑工程质量监督概述

根据建设部《建设工程质量监督管理规定》,建设工程质量监督是指由政府授权的专门机构对建设工程质量实施的监督。其主要依据是国家颁发的有关法律、法规、技术标准及设计文件。

建筑工程质量监督的主要内容包括以下方面:

1. 对责任主体和有关机构履行质量责任的行为的监督检查

责任主体,是指参与工程项目建设的建设单位、勘察单位、设计单位、施工单位和监理单位;有关机构是指工程质量检测机构。

监督机构对责任主体和有关机构质量行为进行监督的一般原则:

(1)抽查责任主体和有关机构执行有关法律、法规及工程技术标准的情况;

(2)抽查责任主体和有关机构质量管理体系的建立和实施情况;

(3)发现存在违法、违规行为的,按建设行政主管部门委托的权限对违法、违规事实进行调查取证,对责任单位、责任人提出处罚建议或按委托权限实施行政处罚。

监督机构应对建设单位的下列行为进行抽查:

(1)施工前办理质量监督注册、施工图设计文件审查、施工许可(开工报告)手续情况；

（2）按规定委托监理情况；

（3）组织图纸会审、设计交底、设计变更工作情况；

（4）组织工程质量验收情况；

（5）原设计有重大修改、变动的施工图设计文件重新报审情况；

（6）及时办理工程竣工验收备案手续情况。

监督机构应对勘察、设计单位的下列行为进行抽查：

（1）参加地基验槽、基础、主体结构及有关主要部位工程质量验收和工程竣工验收情况；

（2）签发设计修改变更、技术洽商通知情况；

（3）参加有关工程质量问题的处理情况。

监督机构应对施工单位的下列行为进行抽查：

（1）施工单位资质，项目经理部管理人员的资格、配备及到位情况，主要专业工种操作上岗资格、配备及到位情况；

（2）分包单位资质与对分包单位的管理情况；

（3）施工组织设计或施工方案审批及执行情况；

（4）施工现场施工操作技术规程及国家有关规范、标准的配置情况；

（5）工程技术标准及经审查批准的施工图设计文件的实施情况；

（6）检验批、分项、分部（子分部）、单位（子单位）工程质量的检验评定情况；

（7）质量问题的整改和质量事故的处理情况；

（8）技术资料的收集、整理情况。

监督机构应对监理单位的下列行为进行抽查：

（1）监理单位资质，项目监理机构的人员资格、配备及到位情况；

（2）监理规划、监理实施细则（关键部位和工序的确定及措施）的编制审批内容的执行情况；

（3）对材料、构配件、设备投入使用或安装前进行审查的情况；

（4）对分包单位的资质进行核查的情况；

（5）见证取样制度的实施情况；

（6）对重点部位、关键工序实施旁站监理情况；

（7）质量问题通知单签发及质量问题整改结果的复查情况；

（8）组织检验批、分项、分部（子分部）工程的质量验收、参与单位（子单位）工程质量的验收情况；

（9）监理资料的收集整理情况。

监督机构应对工程质量检测单位的下列行为进行抽查：

（1）是否超越核准的类别、业务范围承接任务；

（2）检测业务基本管理制度情况；

（3）检测内容和方法的规范性程度；

(4)检测报告形成程序、数据及结论的符合性程度。

2. 对工程实体质量的监督检查

监督机构可对涉及结构安全、使用功能、关键部位的实体质量或材料进行监督检测,检测记录应列入质量监督报告。监督检测的项目和数量应根据工程的规模、结构形式、施工质量等因素确定。

监督机构对工程实体质量监督的一般原则:

(1)对工程实体质量的监督采取抽查施工作业面的施工质量与对关键部位重点监督相结合的方式;

(2)重点检查结构质量、环境质量和重要使用功能,其中重点监督工程地基基础、主体结构和其他涉及结构安全的关键部位;

(3)抽查涉及结构安全和使用功能的主要材料、构配件和设备的出厂合格证、试验报告、见证取样送检资料及结构实体检测报告;

(4)抽查结构混凝土及承重砌体施工过程的质量控制情况;

(5)实体质量检查要辅以必要的监督检测,由监督人员根据结构部位的重要程度及施工现场质量情况进行随机抽验。

监督机构应对地基基础工程的验收进行监督,并对下列内容进行重点抽查:

(1)桩基、地基处理的施工质量及检测报告、验收记录、验槽记录;

(2)防水工程的材料和施工质量;

(3)地基基础子分部、分部工程的质量验收情况。

监督机构应对主体结构工程的验收进行监督,并对下列内容进行重点抽查:

(1)对混凝土预制构件及预拌混凝土质量的监督检查;

(2)钢结构、混凝土结构等重要部位及有特殊要求部位的质量及隐蔽验收;

(3)混凝土、钢筋及砌体等工程关键部位,必要时进行现场监督检测;

(4)主体结构子分部、分部工程的质量验收资料。

监督机构应根据实际情况对有关装饰装修、安装工程的下列部分内容进行抽查:

(1)幕墙工程、外墙粘(挂)饰面工程、大型灯具等涉及安全和使用功能的重点部位施工质量的监督抽查;

(2)安装工程使用功能的检测及试运行记录;

(3)工程的观感质量;

(4)分部(子分部)工程的施工质量验收资料。

监督机构应根据实际情况对有关工程使用功能和室内环境质量的下列部分内容进行抽查:

(1)有环保要求材料的检测资料;

(2)室内环境质量检测报告;

(3)绝缘电阻、防雷接地及工作接地电阻的检测资料,必要时可进行现场测试;

(4)屋面、外墙和厕所、浴室等有防水要求的房间及卫生器具防渗漏试验的记录,必要时可进行现场抽查;

(5)各种承压管道系统水压试验的检测资料。

监督机构可对涉及结构安全、使用功能、关键部位的实体质量或材料进行监督检测,检测记录应列入质量监督报告。监督检测的项目和数量应根据工程的规模、结构形式、施工质量等因素确定。

监督检测的项目宜包括:

(1)承重结构混凝土强度;

(2)受力钢筋数量、位置及混凝土保护层厚度;

(3)现浇楼板厚度;

(4)砌体结构承重墙柱的砌筑砂浆强度;

(5)安装工程中涉及安全及功能的重要项目;

(6)钢结构的重要连接部位;

(7)其他需要检测的项目。

3. 对工程竣工验收的监督检查。

监督机构应对验收组成员组成及竣工验收方案进行监督,对工程实体质量进行抽测,对观感质量进行检查,对工程竣工验收文件进行审查。

工程竣工验收文件审查的内容有:

(1)施工单位出具的工程竣工报告,包括结构安全、室内环境质量和使用功能抽样检测资料等合格证明文件及施工过程中发现的质量问题整改报告等;

(2)勘查、设计单位出具的工程质量检查报告;

(3)监理单位出具的工程质量评估报告。

监督机构应在工程竣工验收合格后7个工作日内,向备案机关提交工程质量监督报告。

工程质量监督报告应包括以下内容:

(1)工程概况和监督工作概况;

(2)对责任主体和有关机构质量行为及执行工程建设强制性标准的检查情况;

(3)工程实体质量监督抽查(包括监督检测)情况;

(4)工程质量技术档案和施工管理资料抽查情况;

(5)工程质量问题的整改和质量事故处理情况;

(6)各方质量责任主体及相关有资格的人员的不良记录内容;

(7)工程质量竣工验收监督记录;

(8)对工程竣工验收备案的建议。

(二)建筑工程质量监督管理体制

《建设工程质量管理条例》第四十三条规定,国家实行建筑工程的质量监督管理制度。国务院建设行政主管部门对全国的建设工程质量实施统一监督管理。国务院铁路、交通、水利等有关部门按照国务院规定的职责分工,负责对全国有关专业建设工程质量的监督管理。县级以上地方人民政府建设行政主管部门对本行政区域的建设工程质量实施监督管理,县级以上地方人民政府交通、水利等有关部门在各自的职责范围内,负责对本行政区域内的专业建设工程质量的监督管理。

国务院建设行政主管部门和国务院铁路、交通、水利等有关部门应当加强对有关建设工程质量的法律、法规和强制性标准执行情况的监督检查。

国务院发展计划部门按照国务院规定的职责,组织稽查特派员,对国家出资的重大建设项目实施监督检查。国务院经济贸易主管部门按照国务院规定的职责,对国家重大技术改造项目实施监督检查。

(三) 建筑工程质量监督管理机构

《建设工程质量管理条例》第四十六条规定,建设工程质量监督管理,可以由建设行政主管部门或者其他有关部门委托的建设工程质量监督机构具体实施。从事房屋建筑工程和市政基础设施工程质量监督的机构,必须按照国家有关规定经国务院建设行政主管部门或者省、自治区、直辖市人民政府建设行政主管部门考核,经考核合格后,方可实施质量监督。

建筑工程质量监督工作由各级建设主管部门委托的建筑工程质量监督站进行具体实施。建设工程质量监督机构是经省级以上建设主管部门或有关专业部门考核认定的独立法人,建设工程质量监督机构接受县级以上地方人民政府建设主管部门或有关专业部门的委托,依法对建设工程质量进行强制性监督,并对委托部门负责。

五、建筑工程竣工验收制度

(一) 建筑工程竣工验收条件

建筑工程竣工验收应由建设单位组织。《建设工程质量管理条例》第十六条规定,建设单位收到建设工程竣工报告后,应当组织设计、施工、工程监理等有关单位进行竣工验收。

《建筑法》第六十一条规定,交付竣工验收的建筑工程,必须符合规定的建筑工程质量标准,有完整的工程技术经济资料和经签署的工程保修书,并具备国家规定的其他竣工条件。

《建设工程质量管理条例》第十六条规定,建设工程竣工验收应当具备下列条件:

(1)完成建设工程设计和合同约定的各项内容;

(2)有完整的技术档案和施工管理资料;

(3)有工程使用的主要建筑材料、建筑构配件和设备的进场试验报告;

(4)有勘察、设计、施工、工程监理等单位分别签署的质量合格文件;

(5)有施工单位签署的工程保修书。

建设工程经验收合格的,方可交付使用。

《房屋建筑和市政基础设施工程竣工验收规定》对建筑工程竣工验收条件又作出了详细规定。工程符合下列要求方可进行竣工验收:

(1)完成工程设计和合同约定的各项内容。

(2)施工单位在工程完工后对工程质量进行了检查,确认工程质量符合有关法律、法规和工程建设强制性标准,符合设计文件及合同要求,并提出工程竣工报告。工程竣工报告应经项目经理和施工单位有关负责人审核签字。

（3）对于委托监理的工程项目，监理单位对工程进行了质量评估，具有完整的监理资料，并提出工程质量评估报告。工程质量评估报告应经总监理工程师和监理单位有关负责人审核签字。

（4）勘察、设计单位对勘察、设计文件及施工过程中由设计单位签署的设计变更通知书进行了检查，并提出质量检查报告。质量检查报告应经该项目勘察、设计负责人和勘察、设计单位有关负责人审核签字。

（5）具有完整的技术档案和施工管理资料。

（6）具有工程使用的主要建筑材料、建筑构配件和设备的进场试验报告。

（7）建设单位已按合同约定支付工程款。

（8）具有施工单位签署的工程质量保修书。

（9）城乡规划行政主管部门对工程是否符合规划设计要求进行检查，并出具认可文件。

（10）具有公安消防、环保等部门出具的认可文件或者准许使用文件。

（11）建设行政主管部门及其委托的工程质量监督机构等有关部门责令整改的问题全部整改完毕。

（二）工程竣工验收的程序

根据《房屋建筑和市政基础设施工程竣工验收规定》，工程竣工验收应当按以下程序进行：

（1）工程完工后，施工单位向建设单位提交工程竣工报告，申请工程竣工验收。实行监理的工程，工程竣工报告须经总监理工程师签署意见。

（2）建设单位收到工程竣工报告后，对符合竣工验收要求的工程，组织勘察、设计、施工、监理等单位和其他有关方面的专家组成验收组，制定验收方案。

（3）建设单位应当在工程竣工验收 7 个工作日前将验收的时间、地点及验收组名单书面通知负责监督该工程质量的监督机构。

（4）建设单位组织工程竣工验收，具体包括以下内容：①建设、勘察、设计、施工、监理单位分别汇报工程合同履约情况和工程建设各个环节执行法律、法规和工程建设强制性标准的情况；②审阅建设、勘察、设计、施工、监理单位的过程档案资料；③实地查验工程质量；④对工程勘察、设计、施工、设备安装质量和各管理环节等方面作出全面评价，形成经验收组人员签署的工程竣工验收意见。

当参与工程竣工验收的建设、勘察、设计、施工、监理等各方不能形成一致意见时，应当协商提出解决的方法，待意见一致后，重新组织工程竣工验收。

工程竣工验收合格后，建设单位应当及时提出工程竣工验收报告。工程竣工验收报告主要包括：①工程概况；②建设单位执行基本建设程序情况；③对工程勘察、设计、施工、监理等方面的评价；④工程竣工验收时间、程序、内容和组织形式；⑤工程竣工验收意见。

（三）工程竣工验收备案管理制度

国家实施工程竣工验收备案制度。《建设工程质量管理条例》第四十九条规定,建设单位应当自建设工程竣工验收合格之日起 15 日内,将建设工程竣工验收报告和规划、公安消防、环保等部门出具的认可文件或者准许使用文件报建设行政主管部门或者其他有关部门备案。

《房屋建筑和市政基础设施工程竣工验收备案管理办法》规定,建设单位应当自工程竣工验收合格之日起 15 日内,向工程所在地的县级以上地方人民政府建设行政主管部门(以下简称备案机关)备案。

建设单位办理工程竣工验收备案应当提交下列文件:

(1)工程竣工验收备案表;

(2)工程竣工验收报告,应当包括工程报建日期,施工许可证号,施工图设计文件审查意见,勘察、设计、施工、工程监理等单位分别签署的质量合格文件及验收人员签署的竣工验收原始文件,市政基础设施的有关质量检测和功能性试验资料及备案机关认为需要提供的有关资料;

(3)法律、行政法规规定应当由规划、公安消防、环保等部门出具的认可文件或者准许使用文件;

(4)施工单位签署的工程质量保修书;

(5)法规、规章规定必须提供的文件。

住宅工程还应当提交《住宅质量保证书》和《住宅使用说明书》。

备案机关收到建设单位报送的竣工验收备案文件,验证文件齐全后,应当在工程竣工验收备案表上签署文件收讫。工程质量监督机构应当在工程竣工验收之日起 5 日内,向备案机关提交工程质量监督报告。备案机关发现建设单位在竣工验收过程中有违反国家有关建设工程质量管理规定行为的,应当在收讫竣工验收备案文件 15 日内,责令停止使用,重新组织竣工验收。

六、建筑工程质量保修制度

根据《房屋建筑工程质量保修办法》,房屋建筑工程质量保修,是指对房屋建筑工程竣工验收后在保修期限内出现的质量缺陷,予以修复。质量缺陷是指房屋建筑工程的质量不符合工程建设强制性标准及合同的约定。

《建筑法》《建设工程质量管理条例》都规定,建筑工程实行质量保修制度。

建筑工程质量保修制度,是指建筑工程竣工经验收后,在规定的保修期限内,因勘察、设计、施工、材料等原因造成的质量缺陷,应当由施工承包单位负责维修、返工或更换,由责任单位负责赔偿损失的法律制度。

（一）建筑工程质量保修的范围和期限

1. 建筑工程质量保修的范围

《建筑法》第六十二条规定,建筑工程的保修范围应当包括地基基础工程、主体结构工程、屋面防水工程和其他土建工程,以及电气管线、上下水管线的安装工程,供热、供冷系统工程等项目。

2. 建筑工程质量保修的期限

《建筑法》第六十二条规定,保修的期限应当按照保证建筑物合理寿命年限内正常使用,维护使用者合法权益的原则确定。

《建设工程质量管理条例》四十条规定,建设工程的保修期,自竣工验收合格之日起计算。在正常使用条件下,建设工程的最低保修期限为:

(1)基础设施工程、房屋建筑的地基基础工程和主体结构工程,为设计文件规定的该工程的合理使用年限;

(2)屋面防水工程、有防水要求的卫生间、房间和外墙面的防渗漏,为5年;

(3)供热与供冷系统,为2个采暖期、供冷期;

(4)电气管线、给排水管道、设备安装和装修工程,为2年。

其他项目的保修期限由发包方与承包方约定。

(二)建筑工程质量保修责任和损失赔偿责任

1. 施工单位履行保修义务

《建设工程质量管理条例》第四十一条规定,建设工程在保修范围和保修期限内出现质量问题的,施工单位应当履行保修义务,并对造成的损失承担赔偿责任。

《房屋建筑工程质量保修办法》第九至十二条规定,房屋建筑工程在保修期限内出现质量缺陷,建设单位或者房屋建筑所有人应当向施工单位发出保修通知。施工单位接到保修通知后,应当到现场核查情况,在保修书约定的时间内予以保修。发生涉及结构安全或者严重影响使用功能的紧急抢修事故,施工单位接到保修通知后,应当立即到达现场抢修。发生涉及结构安全的质量缺陷,建设单位或者房屋建筑所有人应当立即向当地建设行政主管部门报告,采取安全防范措施,由原设计单位或者具有相应资质等级的设计单位提出保修方案,由施工单位实施保修,原工程质量监督机构负责监督,保修完成后,由建设单位或者房屋建筑所有人组织验收,涉及结构安全的,应当报当地建设行政主管部门备案。施工单位不按工程质量保修书约定保修的,建设单位可以另行委托其他单位保修,由原施工单位承担相应责任。

《最高人民法院关于审理建设工程施工合同纠纷案件适用法律问题的解释(一)》规定,因保修人未及时履行保修义务,导致建筑物损毁或者造成人身、财产损害的,保修人应当承担赔偿责任。保修人与建筑物所有人或者发包人对建筑物毁损均有过错的,各自承担相应的责任。

2. 责任方承担保修费用

《房屋建筑工程质量保修办法》第十三条规定,保修费用由质量缺陷的责任方承担。

对于保修期间的质量责任划分和损失承担原则根据以下情形确定:

(1)因施工单位未按国家有关规范、标准和设计要求施工而造成的质量缺陷,由施工单位负责返修并承担经济责任。

(2)因勘查、设计原因造成的质量缺陷,先由施工单位负责维修,其经济责任由建设单位承担,建设单位可按有关规定向勘查、设计单位索赔。

(3)因建筑材料、构配件和设备质量不合格引起的质量缺陷,先由施工单位负责维修,属于施工单位采购的或经其验收同意的,由施工单位承担经济责任;属于建设单位采购的,由建设单位承担经济责任。

(4)因建设单位(或监理单位)管理不当造成的质量缺陷,先由施工单位负责维修,其经济责任由建设单位承担;如属监理单位责任,建设单位可向监理单位索赔。

(5)因使用单位使用不当造成的质量问题,先由施工单位负责维修,其经济责任由使用单位自行负责。

(6)因地震、洪水、台风等不可抗力造成的质量问题,先由施工单位负责维修,其经济责任由建设参与各方根据国家具体政策分担。

(三) 建筑工程质量保证金

2005 年 1 月建设部、财政部发布的《建设工程质量保证金管理暂行办法》第二条规定,建设工程质量保证金(保修金)(以下简称保证金)是指发包人与承包人在建设工程承包合同中约定,从应付的工程款中预留,用以保证承包人在缺陷责任期内对建设工程出现的缺陷进行维修的资金。

1. 缺陷责任期的确定

所谓缺陷,是指建筑工程质量不符合工程建设强制性标准、设计文件,以及承包合同的约定。缺陷责任期一般为 6 个月、12 个月或 24 个月,具体可由发承包双方在合同中约定。

缺陷责任期从工程通过竣(交)工验收之日起计。由于承包人原因导致工程无法按规定期限进行竣(交)工验收的,缺陷责任期从实际通过竣(交)工验收之日起计。由于发包人原因导致工程无法按规定期限进行竣(交)工验收的,在承包人提交竣(交)工验收报告 90 天后,工程自动进入缺陷责任期。

2. 预留保证金的比例

全部或者部分使用政府投资的建设项目,按工程价款结算总额 5% 左右的比例预留保证金。社会投资项目采用预留保证金方式的,预留保证金的比例可参照执行。

缺陷责任期内,由承包人原因造成的缺陷,承包人应负责维修,并承担鉴定及维修费用。如承包人不维修也不承担费用,发包人可按合同约定扣除保证金,并由承包人承担违约责任。承包人维修并承担相应费用后,不免除对工程的一般损失赔偿责任。由他人原因造成的缺陷,发包人负责组织维修,承包人不承担费用,且发包人不得从保证金中扣除费用。

3. 质量保证金的返还

缺陷责任期内,承包人认真履行合同约定的责任,到期后,承包人向发包人申请返还保证金。

发包人在接到承包人返还保证金申请后,应于 14 日内会同承包人按照合同约定的内容进行核实。如无异议,发包人应当在核实后 14 日内将保证金返还给承包人,逾期支付的,从逾期之日起,按照同期银行贷款利率计付利息,并承担违约责任。发包人在接到承包人返还保证金申请后 14 日内不予答复,经催告后 14 日内仍不予答复,视同认可承包人的返还保证金申请。

发包人和承包人对保证金预留、返还以及工程维修质量、费用有争议,按承包合同约定的争议和纠纷解决程序处理。

第七节　建筑法律责任

一、建筑法律责任概述

法律责任,是指当事人由于违反法律规定的义务而应承担的法律后果。建筑法律责任,是指违反《建筑法》而承担的法律后果,包括民事责任、行政责任和刑事责任。

(一)民事责任

民事责任,是指民事违法行为人没有按照法律规定履行自己的义务所应承担的法律后果。民事责任可分为违约责任和侵权责任两类。违约责任是指合同当事人违反法律规定或合同约定的义务而应承担的责任。侵权责任是指行为人因过错侵害他人财产、人身而依法应当承担的责任,以及虽没有过错,但在造成损害以后,依法应当承担的责任。

建筑工程民事责任的承担方式主要有以下几种:

1. 返还财产

当施工合同无效、被撤销后,应当返还财产。执行返还财产的方式是折价返还,即承包人已经施工完成的工程,发包人按照"折价返还"的规则支付工程价款。主要是两种方式:一是参照无效合同中的约定价款;二是按当地市场价、定额量据实结算。

2. 修理

施工合同的承包人对施工中出现质量问题的建筑工程或者竣工验收不合格的建筑工程,应当进行返修。

3. 赔偿损失

赔偿损失,是指合同当事人由于不履行合同义务或者履行合同义务不符合约定,给对方造成财产上的损失时,由违约方依法或依照合同约定应承担的损害赔偿责任。

4. 支付违约金

违约金是指按照当事人的约定或者法律规定,一方当事人违约的,应向另一方支付的金钱。

《建筑法》共有九条规定了依法承担民事责任的内容,主要体现在:第六十六条规定转让、出借资质证书的民事责任;第六十七条规定转包、非法分包的民事责任;第六十九条规定降低工程质量标准的民事责任;第七十条规定擅自改变建筑主体或者承重结构的民事责任;第七十三条规定建筑设计单位不按照建筑工程质量、安全标准进行设计的民事责任;第七十四条规定施工企业质量事故的民事责任;第七十五条规定施工企业不履行保修义务的民事责任;第七十九条规定有关主管部门滥用职权或玩忽职守、徇私舞弊的民事责任;第八十条规定建筑质量责任的赔偿责任。

（二）行政责任

行政责任,是指当事人因为实施法律、法规、规章所禁止的行为而引起的行政上必须承担的法律后果,包括行政处罚和行政处分。

1. 行政处罚

1996年3月公布的《行政处罚法》规定,行政处罚的种类:(1)警告;(2)罚款;(3)没收违法所得,没收非法财物;(4)责令停产停业;(5)暂扣或者吊销许可证,暂扣或者吊销执照;(6)行政拘留;(7)法律、行政法规规定的其他行政处罚。

在建筑工程领域,法律、行政法规所设定的行政处罚主要有警告、罚款、没收违法所得、责令限期改正、责令停业整顿、取消一定期限内参加依法必须进行招标的项目的投标资格、责令停止施工、降低资质等级、吊销资质证书(同时吊销营业执照)、责令停止执业、吊销执业资格证书或其他许可证等。

2. 行政处分

行政处分是指国家机关、企事业单位对所属的国家工作人员违法失职行为尚不构成犯罪,依据法律、法规所规定的权限而给予的一种惩戒。行政处分种类有警告、记过、记大过、降级、撤职、开除。如《建设工程质量管理条例》第七十六条规定,国家机关工作人员在建设工程质量监督管理工作中玩忽职守、滥用职权、徇私舞弊,构成犯罪的,依法追究刑事责任;尚不构成犯罪的,依法给予行政处分。

《建筑法》共有三条规定了依法承担行政责任的内容,主要体现在:第六十八条规定索贿、受贿、行贿构成犯罪的行政责任;第七十七条规定有关主管部门人员滥用职权或玩忽职守、徇私舞弊颁发资质等级证书的行政责任;第七十九条规定有关主管部门人员滥用职权或玩忽职守、徇私舞弊颁发施工许可证或违法竣工验收的行政责任。

（三）刑事责任

刑事责任,是指因实施犯罪行为而应承担的国家司法机关依照刑事法律对其犯罪行为及其本人所作的否定性评价和谴责。

《刑法》规定,刑罚分为主刑和附加刑。主刑包括:(1)管制;(2)拘役;(3)有期徒刑;(4)无期徒刑;(5)死刑。附加刑包括:(1)罚金;(2)剥夺政治权利;(3)没收财产;(4)驱逐出境。

在建筑工程领域,常见的刑事法律责任有以下几种:(1)工程重大安全事故罪;(2)重大责任事故罪;(3)重大劳动安全事故罪;(4)串通投标罪。

《建筑法》共有十一条规定了依法追究刑事责任的内容,主要体现在:第六十五条规定诈骗的刑事责任;第六十八条规定索贿、受贿、行贿构成犯罪的追究刑事责任;第六十九条规定降低工程质量标准的刑事责任;第七十一条规定安全事故的刑事责任;第七十二条规定建设单位违反建筑工程质量、安全标准,降低工程质量的刑事责任;第七十三条规定建筑设计单位质量事故的刑事责任;第七十四条规定施工企业质量事故的刑事责任;第七十七条和第七十九条规定有关主管部门滥用职权或玩忽职守、徇私舞弊的刑事责任;第七十八条规定政府及有关主管部门限定招标单位的刑事责任。

二、建设单位的法律责任

1. 建设单位违反建筑许可制度的法律责任

《建筑法》第六十四条规定,违反本法规定,未取得施工许可证或者开工报告未经批准擅自施工的,责令改正,对不符合开工条件的责令停止施工,可以处以罚款。

《建设工程质量管理条例》第五十七条规定,违反本条例规定,建设单位未取得施工许可证或者开工报告未经批准,擅自施工的,责令停止施工,限期改正,处工程合同价款1%以上2%以下的罚款。

2. 建设单位违反建筑发包制度的法律责任

《建筑法》第六十五条规定,发包单位将工程发包给不具有相应资质条件的承包单位的,或者违反本法规定将建筑工程肢解发包的,责令改正,处以罚款。

《建设工程质量管理条例》第五十四条规定,违反本条例规定,建设单位将建设工程发包给不具有相应资质等级的勘察、设计、施工单位或者委托给不具有相应资质等级的工程监理单位的,责令改正,处50万元以上100万元以下的罚款。

《建设工程质量管理条例》第五十五条规定,违反本条例规定,建设单位将建设工程肢解发包的,责令改正,处工程合同价款0.5%以上1%以下的罚款;对全部或者部分使用国有资金的项目,并可以暂停项目执行或者暂停资金拨付。

《建筑法》第六十八条规定,在工程发包与承包中索贿、受贿、行贿,构成犯罪的,依法追究刑事责任;不构成犯罪的,分别处以罚款,没收贿赂的财物,对直接负责的主管人员和其他直接责任人员给予处分。

3. 建设单位违反安全生产、质量管理制度的法律责任

《建筑法》第七十二条规定,建设单位违反本法规定,要求建筑设计单位或者建筑施工企业违反建筑工程质量、安全标准,降低工程质量的,责令改正,可以处以罚款;构成犯罪的,依法追究刑事责任。

《建筑法》第七十条规定,违反本法规定,涉及建筑主体或者承重结构变动的装修工程擅自施工的,责令改正,可以处以罚款;造成损失的,承担赔偿责任;构成犯罪的,依法追究刑事责任。

《建设工程质量管理条例》第六十九条规定,违反本条例规定,涉及建筑主体或者承重结构变动的装修工程,没有设计方案擅自施工的,责令改正,处50万元以上100万元以下的罚款;房屋建筑使用者在装修过程中擅自变动房屋建筑主体或者承重结构的,责令改正,处5万元以上10万元以下的罚款;造成损失的,依法承担赔偿责任。

《建设工程质量管理条例》第五十六条规定,违反本条例规定,建设单位有下列行为之一的,责令改正,处20万元以上50万元以下的罚款:

(1)迫使承包方以低于成本的价格竞标的;

(2)任意压缩合理工期的;

(3)明示或者暗示设计单位或者施工单位违反工程建设强制性标准,降低工程质量的;

(4)施工图设计文件未经审查或者审查不合格,擅自施工的;

(5)建设项目必须实行工程监理而未实行工程监理的;

(6)未按照国家规定办理工程质量监督手续的;

(7)明示或者暗示施工单位使用不合格的建筑材料、建筑构配件和设备的;

(8)未按照国家规定将竣工验收报告、有关认可文件或者准许使用文件报送备案的。

《建设工程质量管理条例》第五十八条规定,建设单位有下列行为之一的,责令改正,处工程合同价款 2% 以上 4% 以下的罚款;造成损失的,依法承担赔偿责任:

(1)未组织竣工验收,擅自交付使用的;

(2)验收不合格,擅自交付使用的;

(3)对不合格的建设工程按照合格工程验收的。

《建设工程质量管理条例》第五十九条规定,违反本条例规定,建设工程竣工验收后,建设单位未向建设行政主管部门或者其他有关部门移交建设项目档案的,责令改正,处 1 万元以上 10 万元以下的罚款。

《建设工程安全生产管理条例》第五十四条规定,违反本条例的规定,建设单位未提供建设工程安全生产作业环境及安全施工措施所需费用的,责令限期改正,逾期未改正的,责令该建设工程停止施工。建设单位未将保证安全施工的措施或者拆除工程的有关资料报送有关部门备案的,责令限期改正,给予警告。

《建设工程安全生产管理条例》第五十五条规定,违反本条例的规定,建设单位有下列行为之一的,责令限期改正,处 20 万元以上 50 万元以下的罚款;造成重大安全事故,构成犯罪的,对直接责任人员,依照刑法有关规定追究刑事责任;造成损失的,依法承担赔偿责任:

(1)对勘察、设计、施工、工程监理等单位提出不符合安全生产法律、法规和强制性标准规定的要求的;

(2)要求施工单位压缩合同约定的工期的;

(3)将拆除工程发包给不具有相应资质等级的施工单位的。

三、勘察、设计单位的法律责任

1. 勘察、设计单位违反资质管理制度的法律责任

《建筑法》第六十五条规定,超越本单位资质等级承揽工程的,责令停止违法行为,处以罚款,可以责令停业整顿,降低资质等级;情节严重的,吊销资质证书;有违法所得的,予以没收。

未取得资质证书承揽工程的,予以取缔,并处罚款;有违法所得的,予以没收。

以欺骗手段取得资质证书的,吊销资质证书,处以罚款;构成犯罪的,依法追究刑事责任。

《建设工程质量管理条例》第六十条规定,违反本条例规定,勘察、设计单位超越本单位资质等级承揽工程的,责令停止违法行为,对勘察、设计单位处合同约定的勘察费、设计费1倍以上2倍以下的罚款;情节严重的,吊销资质证书;有违法所得的,予以没收。

未取得资质证书承揽工程的,予以取缔,依照本条规定处以罚款;有违法所得的,予以没收。

以欺骗手段取得资质证书承揽工程的,吊销资质证书,依照本条规定处以罚款;有违法所得的,予以没收。

勘察、设计单位允许其他单位或者个人以本单位名义承揽工程的,责令改正,没收违法所得,对勘察、设计单位处以合同约定的勘察费、设计费1倍以上2倍以下的罚款,可以责令停业整顿,降低资质等级;情节严重的,吊销资质证书。

2.勘察、设计单位违法转包、分包的法律责任

《建设工程质量管理条例》第六十二条规定,违反本条例规定,承包单位将承包的工程转包或者违法分包的,责令改正,没收违法所得,对勘察、设计单位处合同约定的勘察费、设计费25%以上50%以下的罚款,可以责令停业整顿,降低资质等级;情节严重的,吊销资质证书。

3.勘察、设计单位违反安全生产、质量管理制度的法律责任

《建筑法》第七十三条规定,建筑设计单位不按照建筑工程质量、安全标准进行设计的,责令改正,处以罚款;造成工程质量事故的,责令停业整顿,降低资质等级或者吊销资质证书,没收违法所得,并处罚款;造成损失的,承担赔偿责任;构成犯罪的,依法追究刑事责任。

《建设工程质量管理条例》第六十三条规定,有下列行为之一的,责令改正,处10万元以上30万元以下的罚款:

(1)勘察单位未按照工程建设强制性标准进行勘察的;

(2)设计单位未根据勘察成果文件进行工程设计的;

(3)设计单位指定建筑材料、建筑构配件的生产厂、供应单位的;

(4)设计单位未按照工程建设强制性标准进行设计的。

造成工程质量事故的,责令停业整顿,降低资质等级;情节严重的,吊销资质证书;造成损失的,承担赔偿责任。

《建设工程安全生产管理条例》第五十六条规定,违反本条例的规定,勘察单位、设计单位有下列行为之一的,责令限期改正,处10万元以上30万元以下的罚款;情节严重的,责令停业整顿,降低资质等级,直至吊销资质证书;造成重大安全事故,构成犯罪的,对直接责任人员依照刑法有关规定追究刑事责任;造成损失的,依法承担赔偿责任:

(1)未按照法律、法规和工程建设强制性标准进行勘察、设计的;

(2)采用新结构、新材料、新工艺的建设工程和特殊结构的建设工程,设计单位未在

设计中提出保障施工作业人员安全和预防生产安全事故的措施建议的。

四、施工单位的法律责任

1. 施工单位违反资质管理制度的法律责任

《建筑法》第六十五条规定,超越本单位资质等级承揽工程的,责令停止违法行为,处以罚款,可以责令停业整顿,降低资质等级;情节严重的,吊销资质证书;有违法所得的,予以没收。

未取得资质证书承揽工程的,予以取缔,并处罚款;有违法所得的,予以没收。

以欺骗手段取得资质证书的,吊销资质证书,处以罚款;构成犯罪的,依法追究刑事责任。

《建设工程质量管理条例》第六十条规定,违反本条例规定,施工单位超越本单位资质等级承揽工程的,责令停止违法行为,对施工单位处工程合同价款2%以上4%以下的罚款,可以责令停业整顿,降低资质等级;情节严重的,吊销资质证书;有违法所得的,予以没收。

未取得资质证书承揽工程的,予以取缔,依照本条规定处以罚款;有违法所得的,予以没收。

以欺骗手段取得资质证书承揽工程的,吊销资质证书,依照本条规定处以罚款;有违法所得的,予以没收。

《建筑法》第六十六条规定,建筑施工企业转让、出借资质证书或者以其他方式允许他人以本企业的名义承揽工程的,责令改正,没收违法所得,并处罚款,可以责令停业整顿,降低资质等级;情节严重的,吊销资质证书。

对因该项承揽工程不符合规定的质量标准造成的损失,建筑施工企业与使用本企业名义的单位或者个人承担连带赔偿责任。

《建设工程质量管理条例》第六十一条规定,违反本条例规定,施工单位允许其他单位或者个人以本单位名义承揽工程的,责令改正,没收违法所得,对施工单位处工程合同价款的2%以上4%以下的罚款,可以责令停业整顿,降低资质等级;情节严重的,吊销资质证书。

2. 施工单位违法转包、分包的法律责任

《建筑法》第六十七条规定,承包单位将承包的工程转包的,或者违反本法规定进行分包的,责令改正,没收违法所得,并处罚款,可以责令停业整顿,降低资质等级;情节严重的,吊销资质证书。

承包单位违反有关规定,对因转包工程或者违法分包的工程不符合规定的质量标准造成的损失,与接受转包或者分包的单位承担连带赔偿责任。

《建设工程质量管理条例》第六十二条规定,违反本条例规定,承包单位将承包的工程转包或者违法分包的,责令改正,没收违法所得,对施工单位处工程合同价款0.5%以上1%以下的罚款,可以责令停业整顿,降低资质等级;情节严重的,吊销资质证书。

3. 施工单位违反安全生产、质量管理制度的法律责任

《建筑法》第七十四条规定,建筑施工企业在施工中偷工减料的,使用不合格的建筑材料、建筑构配件和设备的,或者有其他不按照工程设计图纸或者施工技术标准施工的行为的,责令改正,处以罚款;情节严重的,责令停业整顿,降低资质等级或者吊销资质证书;造成建筑工程质量不符合规定质量标准的,负责返工、修理,并赔偿因此造成的损失;构成犯罪的,依法追究刑事责任。

《建设工程质量管理条例》第六十四条规定,违反本条例规定,施工单位在施工中偷工减料的,使用不合格的建筑材料、建筑构配件和设备的,或者有不按照工程设计图纸或者施工技术标准施工的其他行为的,责令改正,处工程合同价款的 2% 以上 4% 以下的罚款;造成建设工程质量不符合规定质量标准的,负责返工、修理,并赔偿因此造成的损失;情节严重的,责令停业整顿,降低资质等级或者吊销资质证书。

施工单位未对建筑材料、建筑构配件、设备和商品混凝土进行检验,或者未对涉及结构安全的试块、试件及有关材料取样检测的,责令改正,处 10 万元以上 20 万元以下的罚款;情节严重的,责令停业整顿,降低资质等级或者吊销资质证书;造成损失的,依法承担赔偿责任。

《建筑法》第七十一条规定,建筑施工企业违反本法规定,对建筑安全事故隐患不采取措施予以消除的,责令改正,可以处以罚款;情节严重的,责令停业整顿,降低资质等级或者吊销资质证书;构成犯罪的,依法追究刑事责任。建筑施工企业的管理人员违章指挥、强令职工冒险作业,因而发生重大伤亡事故或者造成其他严重后果的,依法追究刑事责任。

《建设工程质量管理条例》第七十条规定,发生重大工程质量事故隐瞒不报、谎报或者拖延报告期限的,对直接负责责任人员依法给予行政处分。

《建筑法》第六十九条规定,施工单位与监理单位或建设单位串通、弄虚作假、降低工程质量的,责令改正,处以罚款,降低资质等级或者吊销资质证书;有违法所得的,予以没收;造成损失的,承担连带赔偿责任;构成犯罪的,依法追究刑事责任。

《建筑法》第七十五条规定,建筑施工企业违反本法规定,不履行保修义务或者拖延履行保修义务的,责令改正,可以处以罚款,并对在保修期内因屋顶、墙面渗漏、开裂等质量缺陷造成的损失,承担赔偿责任。

《建设工程质量管理条例》第六十六条规定,违反本条例规定,施工单位不履行保修义务或者拖延履行保修义务的,责令改正,处 10 万元以上 20 万元以下的罚款,并对在保修期内因质量缺陷造成的损失承担赔偿责任。

《建设工程安全生产管理条例》第六十二条规定,违反本条例的规定,施工单位有下列行为之一的,责令限期改正;逾期未改正的,责令停业整顿,依照《安全生产法》的有关规定处以罚款;造成重大安全事故,构成犯罪的,对直接责任人员依照刑法有关规定追究刑事责任:

(1)未设立安全生产管理机构、配备专职安全生产管理人员或者分部分项工程施工时无专职安全生产管理人员现场监督的;

(2)施工单位的主要负责人、项目负责人、专职安全生产管理人员、作业人员或者特种作业人员,未经安全教育培训或者经考核不合格即从事相关工作的;

(3)未在施工现场的危险部位设置明显的安全警示标志,或者未按照国家有关规定在施工现场设置消防通道、消防水源,配备消防设施和灭火器材的;

(4)未向作业人员提供安全防护用具和安全防护服装的;

(5)未按照规定在施工起重机械和整体提升脚手架、模板等自升式架设设施验收合格后登记的;

(6)使用国家明令淘汰、禁止使用的危及施工安全的工艺、设备、材料的。

《建设工程安全生产管理条例》第六十三条规定,违反本条例的规定,施工单位挪用列入建设工程概算的安全生产作业环境及安全施工措施所需费用的,责令限期改正,处以挪用费用20%以上50%以下的罚款;造成损失的,依法承担赔偿责任。

《建设工程安全生产管理条例》第六十四条规定,违反本条例的规定,施工单位有下列行为之一的,责令限期改正;逾期未改正的,责令停业整顿,并处5万元以上10万元以下的罚款;造成重大安全事故,构成犯罪的,对直接责任人员依照刑法有关规定追究刑事责任:

(1)施工前未对有关安全施工的技术要求作出详细说明的;

(2)未根据不同施工阶段和周围环境及季节、气候的变化,在施工现场采取相应的安全施工措施,或者在城市市区内建设工程的施工现场未实行封闭围挡的;

(3)在尚未竣工的建筑物内设置员工集体宿舍的;

(4)施工现场临时搭建的建筑物不符合安全使用要求的;

(5)未对因建设工程施工可能造成损害的毗邻建筑物、构筑物和地下管线等采取专项防护措施的。

施工单位有以上规定的(4)(5)两项行为,造成损失的,依法承担赔偿责任。

《建设工程安全生产管理条例》第六十五条规定,违反本条例的规定,施工单位有下列行为之一的,责令限期改正;逾期未改正的,责令停业整顿,并处10万元以上30万元以下的罚款;情节严重的,降低资质等级,直至吊销资质证书;造成重大安全事故,构成犯罪的,对直接责任人员依照刑法有关规定追究刑事责任;造成损失的,依法承担赔偿责任:

(1)安全防护用具、机械设备、施工机具及配件在进入施工现场前未经查验或者查验不合格即投入使用的;

(2)使用未经验收或者验收不合格的施工起重机械和整体提升脚手架、模板等自升式架设设施的;

(3)委托不具有相应资质的单位承担施工现场安装、拆卸施工起重机械和整体提升脚手架、模板等自升式架设设施的;

(4)在施工组织设计中未编制安全技术措施、施工现场临时用电方案或者专项施工方案的。

《建设工程安全生产管理条例》第六十六条规定,违反本条例的规定,施工单位的主要负责人、项目负责人未履行安全生产管理职责的,责令限期改正;逾期未改正的,责令施工单位停业整顿;造成重大安全事故、重大伤亡事故或者其他严重后果,构成犯罪的,依照刑法有关规定追究刑事责任。作业人员不服管理、违反规章制度和操作规程冒险作业造成重大伤亡事故或者其他严重后果,构成犯罪的,依照刑法有关规定追究刑事责任。施工单位的主要负责人、项目负责人有前款违法行为,尚不够刑事处罚的,处2万元以上20万元以下的罚款或者按照管理权限给予撤职处分;自刑罚执行完毕或者受处分之日起,5年内不得担任任何施工单位的主要负责人、项目负责人。

《建设工程安全生产管理条例》第六十七条规定,施工单位取得资质证书后,降低安全生产条件的,责令限期改正;经整改仍未达到与其资质等级相适应的安全生产条件的,责令停业整顿,降低其资质等级直至吊销资质证书。

《建设工程安全生产管理条例》第五十九条规定,违反本条例的规定,为建设工程提供机械设备和配件的单位,未按照安全施工的要求配备齐全有效的保险、限位等安全设施和装置的,责令限期改正,处合同价款1倍以上3倍以下的罚款;造成损失的,依法承担赔偿责任。

《建设工程安全生产管理条例》第六十条规定,违反本条例的规定,出租单位出租未经安全性能检测或者经检测不合格的机械设备和施工机具及配件的,责令停业整顿,并处5万元以上10万元以下的罚款;造成损失的,依法承担赔偿责任。

《建设工程安全生产管理条例》第六十一条规定,违反本条例的规定,施工起重机械和整体提升脚手架、模板等自升式架设设施安装、拆卸单位有下列行为之一的,责令限期改正,处5万元以上10万元以下的罚款;情节严重的,责令停业整顿,降低资质等级,直至吊销资质证书;造成损失的,依法承担赔偿责任:

(1)未编制拆装方案、制定安全施工措施的;

(2)未由专业技术人员现场监督的;

(3)未出具自检合格证明或者出具虚假证明的;

(4)未向施工单位进行安全使用说明,办理移交手续的。

施工起重机械和整体提升脚手架、模板等自升式架设设施安装、拆卸单位有以上规定的(1)(3)两项行为,经有关部门或者单位职工提出后,对事故隐患仍不采取措施,因而发生重大伤亡事故或者造成其他严重后果,构成犯罪的,对直接责任人员依照刑法有关规定追究刑事责任。

五、监理单位的法律责任

1. 监理单位违反资质管理制度的法律责任

《建筑法》第六十五条规定,超越本单位资质等级承揽工程的,责令停止违法行为,处以罚款,可以责令停业整顿,降低资质等级;情节严重的,吊销资质证书;有违法所得的,予以没收。

未取得资质证书承揽工程的,予以取缔,并处罚款;有违法所得的,予以没收。

以欺骗手段取得资质证书的,吊销资质证书,处以罚款;构成犯罪的,依法追究刑事责任。

《建设工程质量管理条例》第六十条规定,违反本条例规定,工程监理单位超越本单位资质等级承揽工程的,责令停止违法行为,对工程监理单位处合同约定的监理酬金1倍以上2倍以下的罚款,可以责令停业整顿,降低资质等级;情节严重的,吊销资质证书;有违法所得的,予以没收。

未取得资质证书承揽工程的,予以取缔,依照本条规定处以罚款;有违法所得的,予以没收。

以欺骗手段取得资质证书承揽工程的,吊销资质证书,依照本条规定处以罚款;有违法所得的,予以没收。

工程监理单位允许其他单位或者个人以本单位名义承揽工程的,责令改正,没收违法所得,对工程监理单位处合同约定的监理酬金1倍以上2倍以下的罚款,可以责令停业整顿,降低资质等级;情节严重的,吊销资质证书。

2. 监理单位违法转包、分包的法律责任

《建筑法》第六十九条规定,工程监理单位转让监理业务的,责令改正,没收违法所得,可以责令停业整顿,降低资质等级;情节严重的,吊销资质证书。

《建设工程质量管理条例》第六十二条规定,违反本条例规定,工程监理单位转让工程监理业务的,责令改正,没收违法所得,处合同约定的监理酬金25%以上50%以下的罚款,可以责令停业整顿,降低资质等级;情节严重的,吊销资质证书。

3. 监理单位违反安全生产、质量管理制度的法律责任

《建筑法》第六十九条规定,工程监理单位与建设单位或者建筑施工企业串通,弄虚作假、降低工程质量的,责令改正,处以罚款,降低资质等级或者吊销资质证书;有违法所得的,予以没收;造成损失的,承担连带赔偿责任;构成犯罪的,依法追究刑事责任。

《建设工程质量管理条例》第六十七条规定,工程监理单位有下列行为之一的,责令改正,处50万元以上100万元以下的罚款,降低资质等级或者吊销资质证书;有违法所得的,予以没收;造成损失的,承担连带赔偿责任:

(1)与建设单位或者施工单位串通,弄虚作假、降低工程质量的;

(2)将不合格的建设工程、建筑材料、建筑构配件和设备按照合格签字的。

《建设工程质量管理条例》第六十八条规定,违反本条例规定,工程监理单位与被监理工程的施工承包单位及建筑材料、建筑构配件和设备供应单位有隶属关系或者其他利害关系承担该项建设工程的监理业务的,责令改正,处5万元以上10万元以下的罚款,降低资质等级或者吊销资质证书;有违法所得的,予以没收。

《建设工程安全生产管理条例》第五十七条规定,违反本条例的规定,工程监理单位有下列行为之一的,责令限期改正;逾期未改正的,责令停业整顿,并处10万元以上30万元以下的罚款;情节严重的,降低资质等级,直至吊销资质证书;造成重大安全事故,构成犯罪的,对直接责任人员,依照刑法有关规定追究刑事责任;造成损失的,依法承担赔偿责任:

(1)未对施工组织设计中的安全技术措施或者专项施工方案进行审查的;

(2)发现安全事故隐患未及时要求施工单位整改或者暂时停止施工的;

（3）施工单位拒不整改或者不停止施工，未及时向有关主管部门报告的；

（4）未依照法律、法规和工程建设强制性标准实施监理的。

六、建设行政主管部门的法律责任

《建筑法》第七十七条规定，对不具备相应资质等级条件的单位颁发该等级资质证书的，由其上级机关责令收回所发的资质证书，对直接负责的主管人员和其他直接责任人员给予行政处分；构成犯罪的，依法追究刑事责任。

《建筑法》第七十八条规定，政府及其所属部门的工作人员违反本法规定，限定发包单位将招标发包的工程发包给指定的承包单位的，由上级机关责令改正；构成犯罪的，依法追究刑事责任。

《建筑法》第七十九条规定，负责颁发建筑工程施工许可证的部门及其工作人员对不符合施工条件的建筑工程颁发施工许可证的，负责工程质量监督检查或者竣工验收的部门及其工作人员对不合格的建筑工程出具质量合格文件或者按合格工程验收的，由上级机关责令改正，对责任人员给予行政处分；构成犯罪的，依法追究刑事责任；造成损失的，由该部门承担相应的赔偿责任。

《建设工程质量管理条例》第五十一条规定，违反本条例规定，供水、供电、供气、公安消防等部门或者单位明示或者暗示建设单位或者施工单位购买其指定的生产供应单位生产的建筑材料、建筑构配件和设备的，责令改正。

《建设工程安全生产管理条例》第五十三条规定，违反本条例规定，县级以上人民政府建设行政主管部门或者其他有关行政管理部门的工作人员，有下列行为之一的，给予降级或者撤职的行政处分；构成犯罪的，依照刑法有关规定追究刑事责任：

（1）对不具备安全生产条件的施工单位颁发资质证书的；

（2）对没有安全施工措施的建设工程颁发施工许可证的；

（3）发现违法行为不予查处的；

（4）不依法履行监督管理职责的其他行为。

七、其他建筑法律责任

《建筑法》第八十条规定，在建筑物的合理使用寿命内，因建筑工程质量不合格受到损害的，有权向责任者要求赔偿。

《建设工程质量管理条例》第七十二条规定，违反本条例规定，注册建筑师、注册结构工程师、注册监理工程师等注册执业人员因过错造成质量事故的，责令停止执业 1年；造成重大质量事故的，吊销执业资格证书，5 年以内不予注册；情节特别恶劣的，终身不予注册。

《建设工程质量管理条例》第七十七条规定，建设、勘察、设计、施工、工程监理单位的工作人员因调动工作、退休等原因离开该单位后，被发现在该单位工作期间违反国家有关建设工程质量管理规定，造成重大工程质量事故的，仍应当依法追究法律责任。

《建设工程质量管理条例》第七十三条规定，依照本条例规定，给予单位罚款处罚的,对单位直接负责的主管人员和其他直接责任人员处以单位罚款数额 5% 以上 10% 以下的罚款。

《建筑法》第六十八条规定,在工程发包与承包中索贿、受贿、行贿,构成犯罪的,依法追究刑事责任;不构成犯罪的,分别处以罚款,没收行贿的财物,对直接负责的主管人员和其他直接责任人员给予处分。对在工程承包中行贿的承包单位,除依照前款规定处罚外,可以责令停业,降低资质等级或者吊销资质证书。

《建设工程安全生产管理条例》第五十八条规定,注册执业人员未执行法律、法规和工程建设强制性标准的,责令停止执业 3 个月以上 1 年以下;情节严重的,吊销执业资格证书,5 年以内不予注册;造成重大安全事故的,终身不予注册;构成犯罪的,依照刑法有关规定追究刑事责任。

案例分析

案例 4-1

一、背景

2006 年 8 月,某房地产公司(以下简称 A 公司)将商品住宅项目交由某建筑公司(以下简称 B 公司)承建。2008 年 11 月,A 公司将属于 B 公司总包范围的地下车库开挖工程分包给不具备资质的某分包商(以下简称 C 公司)承建,并由 A 公司项目负责人直接指令安排 C 公司组织施工、违规开挖堆土。C 公司向没有土方开挖资质的公司借用机械、人员,将开挖出的土方堆放在工地 7 号楼北侧等多处。2009 年 6 月,A 公司明知 0 号地下车库尚处于基坑围护期内,也未进行天然地基承载力计算,为赶工程进度而指令 C 公司对 0 号地下车库进行开挖,并将开挖出的土方继续向 7 号楼北侧等处堆放。由于 7 号楼(13 层)北侧堆土过高,而 0 号地下车库还在开挖,7 号楼两侧的压力差使土体产生水平位移,过大的水平力超过了桩基的横向承载能力,结果导致房屋倾倒的安全事故,并有一名工人被压身亡。在 C 公司进场挖土、堆土过程中,B 公司未对 A 公司的分包、指挥施工提出异议,而某监理公司(以下简称 D 公司)虽曾多次向 A 公司提出将堆土运出工地,却没有被 A 公司采纳。事故调查对勘察、设计结果的认定是:原勘测报告经现场补充勘测和复核,符合规范要求,原结构设计经复核符合规范要求。大楼所用 PHC 管柱经检测质量符合规范要求。

二、问题

试分析本案中各建筑活动参与方有哪些违反建筑法律制度的行为。

三、分析

1. A 公司的违法行为

(1)将工程发包给不具有相应资质的承包单位

根据我国《建筑法》第二十二条规定："建筑工程实行招标发包的,发包单位应当将建筑工程发包给依法中标的承包单位。建筑工程实行直接发包的,发包单位应当将建筑工程发包给具有相应资质条件的承包单位。"这条规定明确了发包单位无论是采用招标方式发包工程还是采用直接发包方式发包工程,都必须把工程发包给具有相应资质的承包单位。

在本案中,C公司不具备与其承包范围相应的资质,而A公司将地下车库开挖工程直接发包给C公司,属于违法发包行为。

(2)将工程肢解发包

《建筑法》第二十四条第一款规定："提倡对建筑工程实行总承包,禁止将建筑工程肢解发包。"由于考虑到国际通行的"平行发包"方式存在一定的合理性,因此在本条规定中,还明确规定了关于不得肢解发包工程的最小范围,即"不得将应当由一个承包单位完成的建筑工程肢解成若干部分发包给几个承包单位"。关于"应当由一个承包单位完成的建筑工程"指多大范围,在《建筑法》及《建设工程质量管理条例》中未进一步明确,由各地方相关政府部门对发包行为作出具体的管理规定。如地方性法规《上海市建筑市场管理条例》第二十三条规定:"建设单位或者总承包单位发包施工项目的,以建设工程中的单项工程为最小标的。"制定类似地方性法规的还有湖南、辽宁、黑龙江等省份,以及贵阳、深圳、沈阳、哈尔滨等市,但2004年修订的《云南省建筑市场管理条例》第十八条与上述规定不同,规定"发包方或其代理人,可以将一个建设工程发包给一个总承包单位,也可以将其中的单位工程分别发包,但不得将一个单位工程肢解发包"。可以看出,我国大多数省份都认为"应当由一个承包单位完成的建筑工程"为单位工程。

本案A公司起先将商品住宅项目交B公司承建,符合法律、法规规定,但合同签订后,将挖土工程直接发包给C公司,挖土工程属于一个分项工程,并非单位工程。因此,A公司的行为应属于违法肢解发包。同时,A公司未经B公司同意,擅自变更合同范围,属于严重违约行为,违反了我国《民法典》规定。

(3)违反建筑安全生产管理法律规定

《建筑法》第五十四条第一款规定:"建设单位不得以任何理由,要求建筑设计单位或者建筑施工企业在工程设计或者施工作业中,违反法律、行政法规和建筑工程质量、安全标准,降低工程质量。"

本案A公司项目负责人为赶工程进度,不顾建筑工程正常施工次序,直接指令C公司违章作业,导致重大事故发生。根据法律规定,应对建设单位进行罚款,并对建设单位直接责任人依照刑法有关规定追究刑事责任。

2. B公司的违法行为

《建筑法》第五十四条第二款规定:"建筑设计单位和建筑施工企业对建设单位违反前款规定提出的降低工程质量的要求,应当予以拒绝。"

本案中,B公司未对建设单位的违法发包行为和直接指挥施工违章作业提出异议和拒绝,应负法律责任。

此外,虽然是C公司违章作业,但作为总包单位,B公司应当对工程的质量、安全与分包单位承担连带责任。

3. C公司的违法行为

(1)违反建筑许可

《建筑法》第十二条规定,从事建筑活动的建筑施工企业、勘察单位、设计单位和工程监理单位,应当具备下列条件:(一)有符合国家规定的注册资本;(二)有与其从事的建筑活动相适应的具有法定执业资格的专业技术人员;(三)有从事相关建筑活动所应有的技术装备;(四)法律、行政法规规定的其他条件。此外,为加强建筑市场管理,我国还实施资质审查制度。我国《建筑法》第十三条规定,从事建筑活动的建筑施工企业、勘察单位、设计单位和工程监理单位,按照其拥有的注册资本、专业技术人员、技术装备和已完成的建筑工程业绩等资质条件,划分为不同的资质等级,经资质审查合格,取得相应等级的资质证书后,方可在其资质等级许可的范围内从事建筑活动。

本案中,C公司不仅没有相关资质,而且向没有土方开挖资质的其他公司借用机械和人员,显然不具备从事建筑施工的条件。因此,C公司违反了《建筑法》规定,应受到法律制裁。

(2)违反建筑安全生产管理法律规定

《建筑法》第四十七条规定:"建筑施工企业和作业人员在施工过程中,应当遵守有关安全生产的法律、法规和建筑行业安全规章、规程,不得违章指挥或者违章作业。"

本案中,C公司违反工程质量、安全法律规定,违章作业,导致重大事故发生,不仅负责人依照刑法有关规定追究刑事责任,而且具体违章指挥操作的人员也应依照刑法有关规定追究刑事责任。

4. D公司的违法行为

本案D公司违反建筑安全生产管理法律规定。

《建设工程安全生产管理条例》第十四条第二款规定:"工程监理单位在实施监理过程中,发现存在安全事故隐患的,应当要求施工单位整改;情况严重的,应当要求施工单位暂时停止施工,并及时报告建设单位。施工单位拒不整改或者不停止施工的,工程监理单位应当及时向有关主管部门报告。"

本案D公司对C公司施工人员资质怠于审查,虽对违规挖土、堆土提出过安全异议,却没有被A公司采纳,也未依监理职责进行有效制止。因此,D公司违反了建筑安全生产管理法律规定,其公司及总监理工程师应依照刑法有关规定追究刑事责任。

四、本案司法判决结果

根据人民法院判决,A公司、B公司、C公司及D公司相关负责人均以重大责任事故罪被定罪量刑。其中,A公司项目负责人被判有期徒刑5年,B公司主要负责人被判有期徒刑4年,B公司现场负责人被判有期徒刑4年,B公司标段项目负责人被判有期徒刑3年,C公司主要负责人被判有期徒刑4年,D公司总监理工程师被判有期徒刑3年。

案例 4-2

一、背景

张三为承建长富商贸广场工程项目与长富广场公司进行了多次洽谈,在张三支付长富广场公司50万元投标保证金(后转为履约保证金)后,长富广场公司同意张三承建该项目,同时要求张三必须以具有二级资质的施工企业的名义进行投标和签订合同。随后,张三与东深建筑公司签订了《长富商贸广场工程合作协议》,确立了双方在长富商贸广场工程项目上的挂靠承包关系。之后,张三以东深建筑公司的名义投标,并与长富广场公司签订《长富广场工程施工合同》。

施工过程中,案涉工程部分材料涨价,张三与长富广场公司多次协商,要求给予相应补偿,均未获得长富广场公司同意。张三为逼长富广场公司就范,不惜以停工相威胁。长富广场公司则将张三和东深建筑公司投诉至当地住建局,并请求住建局协调处理。

二、问题

1. 试分析案涉合同的法律效力。

2. 长富广场公司、东深建筑公司有何违法行为?依法应当作何处理?

三、分析

1. 我国《建筑法》第二十六条规定,承包建筑工程的单位应当持有依法取得的资质证书,并在其资质等级许可的业务范围内承揽工程。禁止建筑施工企业超越本企业资质等级许可的业务范围或者以任何形式,用其他建筑施工企业的名义承揽工程。禁止建筑施工企业以任何形式允许其他单位或者个人使用本企业的资质证书、营业执照,以本企业的名义承揽工程。根据该规定,张三作为自然人,不具有承包建筑工程的资质,张三挂靠有资质的建筑施工企业东深建筑公司承包工程,违反了上述法律的强制性规定。所以,张三与东深建筑公司签订的《长富商贸广场工程合作协议》依法应认定为无效。

《最高人民法院关于审理建设工程施工合同纠纷案件适用法律问题的解释(一)》第一条规定,建设工程施工合同具有下列情形之一的,应当根据《民法典》第一百五十三条第一款的规定,认定无效:……(二)没有资质的实际施工人借用有资质的建筑施工企业名义的。所以,东深建筑公司与长富广场公司签订的《长富广场工程施工合同》依法应认定为无效。

2. 长富广场公司的主要违法行为是将工程发包给没有施工资质的个人。根据《建设工程质量管理条例》的规定,应责令其改正,并处50万元以上100万元以下的罚款。

东深建筑公司的主要违法行为是允许无资质的个人以本单位名义承揽工程。根据《建设工程质量管理条例》的规定,应责令其改正,并对其处工程合同价款2%以上4%以下的罚款;可以责令停业整顿,降低资质等级;情节严重的,吊销资质证书。

案例 4-3

一、背景

江苏省无锡市太湖娱乐城工程地处无锡闹市区,工程的基坑围护结构设计和施工单位为A公司,工程桩基施工也同时由A公司承建。该工程开始后,首先由A公司进场开始围护及桩基施工,在基坑西南剩余土方基本挖清后不满10小时基坑西南角发生倒塌。倒塌的主要原因是A公司在基坑围护支护结构的设计和施工中,仅进行单一情况的强度计算,特别是对该基坑西边线的大转折凸角结点受力复杂部位考虑疏漏,未进行受力分析和变形计算,形成薄弱突破点,留下严重隐患。

二、问题

请问A公司是否应对该事故负责?

三、分析

《建筑法》第三十七条规定,建筑工程设计应当符合按照国家规定的建筑安全视程和技术规范,保证工程的安全性能。《建设工程质量管理条例》第十九条第一款规定,勘察、设计单位必须按照工程建设强制性标准进行勘察、设计,并对其勘察、设计的质量负责。本案中,A公司仅进行单一情况的强度计算,造成重大质量隐患,实际上是违反工程建设强制性标准的行为,依法应当承担法律责任。

案例 4-4

一、背景

张三与A公司签订了拆迁安置居民回迁购房合同书,王某属于拆迁安置对象,分到了1套3居室楼房。3年后,A公司如约将回迁楼建设完毕并交付使用。

张三在没有办理回迁手续的情况下,私自进入该房进行装修,在装修的过程中,张三雇佣没有装修资质的装修人员对房屋内部结构进行拆改,将多处钢筋混凝土结构承重墙砸毁,并将结构柱主钢筋大量截断。其间,A公司多次向张三发出停工通知,并最终诉诸法院。

二、问题

请问张三的行违反了哪些建筑法律制度?

三、分析

张三在装修过程中,擅自变动建筑主体和承重结构,属于严重违法行为,涉及违反了《建筑法》第四十九条与《建筑工程质量管理条例》第十五条规定,不仅要依法承担赔偿责任,还应当受到建设行政管理部门的行政处罚。

《建筑法》第四十九条规定,涉及建筑主体和承重结构变动的装修工程,建设单位应当在施工前委托原设计单位或者具有相应资质条件的设计单位提出设计方案;没有设计方案的,不得施工。《建筑工程质量管理条例》第十五条规定,涉及建筑主体和承重结构变动的装修工程,建设单位应当在施工前委托原设计单位或者具有相应资质等级的设计单位提出设计方案;没有设计方案的,不得施工。房屋建筑使用者在装修过程中,不得擅自变动房屋建筑主体和承重结构。

思考题

1. 简述《建筑法》的立法目的和基本原则。
2. 简述《建筑法》的调整对象和适用范围。
3. 根据《建筑法》,请分别阐述发包和承包的禁止性规定。
4. 根据《建设工程监理范围和规模标准规定》,必须实行监理的建设工程有哪几类?
5. 根据《建筑法》,建筑工程安全生产管理的基本制度有哪些?
6. 简述工程监理单位的安全责任。
7. 简述建设单位的质量责任。
8. 简述施工单位的质量责任。
9. 简述建筑工程质量监督的主要内容。

本章测试

第五章　城乡规划法律制度

第一节　概　述

本章课件

一、城乡规划法的概念

（一）城乡的概念

城市是指一定区域内政治、经济、文化的中心，包括国家按行政建制设立的直辖市、市、建制镇。

集镇是指乡、民族乡人民政府所在地和经县级人民政府确认由集市发展而形成的作为农村一定区域经济文化和生活服务中心的非建制镇。

村庄是指农村村民居住和从事各种生产的聚居点。

（二）城乡规划的概念

中华人民共和国
城乡规划法

城乡规划是指为了促进城乡经济社会全面协调可持续发展，改善人居环境，确定城市、镇、村庄的发展规模、发展方向、步骤和建设标准，合理利用城乡土地，协调城乡空间布局和各项建设的综合部署与具体安排。城乡规划包括城镇体系规划、城市规划、镇规划、乡规划和村庄规划。

（三）城乡规划法的概念

广义的城乡规划法是指调整城市、镇及村庄规划制订、实施和管理过程中各种社会关系的法律规范的总称。

狭义的城乡规划法是指 2007 年 10 月 28 日通过的《中华人民共和国城乡规划法》（以下简称《城乡规划法》），该法律自 2008 年 1 月 1 日起施行，包括总则、城乡规划的制订、城乡规划的实施、城乡规划的修改、监督检查、法律责任、附则共七章 70 条。2015 年 4 月 24 日第十二届全国人民代表大会常务委员会第十四次会议通过对《城乡规划法》的修改，此次修改内容只涉及第二十四条。

2019 年 4 月 23 日，第十三届全国人民代表大会常务委员会第十次会议通过对《城乡规划法》的修正，本次修改内容只涉及第三十八条第二款。

二、城乡规划法律制度的立法现状

城乡规划法规体系是一个由多部法规组成的复杂而又具有相互联系的法规体系，

它是以《城乡规划法》为核心，由配套规章、技术标准和技术规范构成的专门法规体系。

《城乡规划法》是仅次于宪法处于第二位阶的法律，是城乡规划与建设领域的核心法律，也是其他配套章程的前提。与《城乡规划法》配套的法规章程有：

1991年8月23日建设部、国家计划委员会发布的《建设项目选址规划管理办法》（建规〔1991〕583号）；

1992年12月4日建设部令第22号发布，2011年1月26日根据住房和城乡建设部令第9号公布的《住房和城乡建设部关于废止和修改部分规章的决定》修正的《城市国有土地使用权出让转让规划管理办法》；

1993年5月7日国务院第三次常务会议通过的《村庄和集镇规划建设管理条例》，自1993年11月1日起施行；

1995年4月8日经第四次部常务会议通过、2011年1月26日根据《住房和城乡建设部关于废止和修改部分规章的决定》修正的《建制镇规划建设管理办法》；

1997年10月27日建设部令第58号发布、2001年11月20日根据《建设部关于修改〈城市地下空间开发利用管理规定〉的决定》第一次修正、2011年1月26日根据《住房和城乡建设部关于废止和修改部分规章的决定》第二次修正的《城市地下空间开发利用管理规定》；

1999年3月2日国土资源部第3号令发布，2010年11月30日第一次修正，2016年11月29日根据《国土资源部关于修改〈建设用地审查报批管理办法〉的决定》第二次修正的《建设用地审查报批管理办法》；

2001年7月25日国土资源部第7号令公布，2004年10月29日修订，2008年11月12日第一次修正，2016年11月29日根据《国土资源部关于修改〈建设项目用地预审管理办法〉的决定》第二次修正的《建设项目用地预审管理办法》；

2003年7月1日建设部第十一次部常务会议讨论通过、2010年12月31日经住房和城乡建设部第六十八次常务会议审议通过修正的《城市抗震防灾规划管理规定》；

2005年10月28日建设部第七十六次部常务会议讨论通过的《城市规划编制办法》，自2006年4月1日起施行；

2010年4月25日住房和城乡建设部第五十五次部常务会议审议通过的《省域城镇体系规划编制审批办法》，自2010年7月1日起施行；

2012年7月2日第八十四次部常务会议审议通过、2016年1月11日住房和城乡建设部第二十五次常务会议第二次修改通过的《城乡规划编制单位资质管理规定》；

2012年12月3日监察部、人力资源和社会保障部、住房和城乡建设部令第29号公布、2016年1月18日根据《关于修改〈城乡规划违法违纪行为处分办法〉的决定》）修正的《城乡规划违法违纪行为处分办法》；

2019年4月23日，第十三届全国人民代表大会常务委员会第十次会议修正并公布的《城乡规划法》等。

三、城乡规划法的适用范围

《城乡规划法》第二条规定,制订和实施城乡规划,在规划区内进行建设活动,必须遵守本法。

城乡规划法的规划区是指城市、镇和村庄的建成区以及因城乡建设和发展需要,必须实行规划控制的区域。规划区的具体范围由有关人民政府在组织编制的城市总体规划、镇总体规划、乡规划和村庄规划中,根据城乡经济社会发展水平和统筹城乡发展的需要划定。

《城乡规划法》第三条规定,城市和镇应当依照本法制订城市规划和镇规划。城市、镇规划区内的建设活动应当符合规划要求。县级以上地方人民政府根据本地农村经济社会发展水平,按照因地制宜、切实可行的原则,确定应当制订乡规划、村庄规划的区域。在确定区域内的乡、村庄,应当依照本法制订规划,规划区内的乡、村庄建设应当符合规划要求。县级以上地方人民政府鼓励、指导前款规定以外的区域的乡、村庄制订和实施乡规划、村庄规划。

城乡规划法适用范围包括两个方面:

(1)城市和镇应当依据《城乡规划法》制订城市规划和镇规划。这里的城市规划和镇规划既包括了总体规划,也包括了详细规划。城市和镇需要依据《城乡规划法》的规定编制符合地方特色的规划,并且城市、镇规划区内的建设活动应当符合规划要求,不能任意作出改变或撤销。

(2)某些确定区域内的乡、村庄,应当依照城乡规划法制订规划,并且规划区内的乡、村庄建设应当符合规划要求。

第二节　城乡规划的制订

一、城乡规划的方针和基本原则

(一)城乡规划的方针

1. 城乡规划的制订和实施,应改善生态环境,促进资源、能源节约和综合利用,保护耕地等自然资源和历史文化遗产,保持地方特色、民族特色和传统风貌,防止污染和其他公害,符合区域人口发展、国防建设、防灾减灾和公共卫生、公共安全的需要。

2. 城乡规划必须从经济社会发展的实际出发,合理确定城市、镇的发展规模、步骤和建设标准。

(二)城乡规划的基本原则

1. 城乡统筹的原则:城乡规划的制订和实施,应统筹城乡,促进经济社会全面协调发展。

2. 合理布局的原则:城乡规划对城市、镇、乡和村庄的土地要合理布置,达到协调城乡空间布局,改善人民居住环境的目的。

3. 节约土地的原则:土地是一种稀缺性自然资源,城乡规划的制订和实施必须珍惜、节约、合理利用每一寸土地。

4. 集约发展的原则:城乡规划应改变以往粗放型的发展模式,向集约型方向发展。

5. 先规划后建设的原则:城乡建设中的无序建设、重复建设容易造成资源大量浪费,在城乡规划的制订和实施中,应坚持先规划后建设的原则。

二、城乡规划的分类及编制内容

城乡规划包括城镇体系规划、城市规划、镇规划、乡规划和村庄规划。城市规划、镇规划分为总体规划和详细规划。详细规划分为控制性详细规划和修建性详细规划。

(一)城镇体系规划编制内容

城镇体系规划是指在全国或一定地区内,确定城镇的数量、性质、规模和布局的综合部署,是社会经济发展的空间表现形式,是政府对全国或者一定地区经济社会发展实行宏观调控和引导的重要手段。

城镇体系规划分为全国城镇体系规划和省域城镇体系规划。

1. 全国城镇体系规划

全国城镇体系规划用于指导省域城镇规划体系、城市总体规划的编制。

2. 省域城镇体系规划

省域城镇体系规划内容包括:

(1)做好城镇空间布局和规模控制;

(2)确定重大基础设施的布局;

(3)划分保护生态环境、资源等需要严格控制的区域。

(二)城市规划、镇规划编制内容

城市、镇总体规划是综合研究和确定城市、镇的发展规模和空间发展形态,统筹安排城市、镇各项建设用地;合理配置城市、镇各项基础设施和公共服务设施;保护好环境和自然与历史文化遗产,指导城市、镇合理发展。

1. 城市、镇的总体规划

(1)城市、镇总体规划的内容应当包括:

①确定城市、镇的发展布局、功能分区、用地布局、综合交通体系;

②确定禁止、限制和适宜建设的地域范围;

③制订各类专项规划等。

(2)城市、镇总体规划的强制性内容包括:

①规划区范围;

②规划区内建设用地规模;

③基础设施和公共服务设施用地;

④水源地和水系;

⑤基本农田和绿化用地；

⑥环境保护；

⑦自然与历史文化遗产保护以及防灾减灾等内容。

(3)城市、镇总体规划的规划期限一般为二十年。城市总体规划还应当对城市更长远的发展作出预测性安排。

2. 城市、镇的详细规划

城市、镇的详细规划分为控制性详细规划和修建性详细规划。

(1)控制性详细规划

城市的控制性详细规划是指以城市总体规划或分区规划为依据，确定建设地区的土地使用性质和使用强度的控制指标、道路和工程管线控制性位置以及空间环境控制的规划。

镇的控制性详细规划是指在镇的总体规划的基础上，依据镇总体规划所确定的原则，对需要进行开发建设地区的土地使用性质、开发强度、绿化建设、基础设施建设、历史文化保护等作出具体规划。

(2)修建性详细规划

修建性详细规划是指以城市总体规划或分区规划、控制性详细规划为依据，制订用以指导各项建筑、工程设施的设计和施工的规划设计。它的编制内容具体包括：

①在建设条件分析和综合技术经济论证的基础上，对用地功能加以空间组织和分区；

②建筑空间布局、景观环境设计；

③绿地和公共活动场地的规划设计；

④交通、道路和停车场系统的规划设计；

⑤市民活动的组织；

⑥环境指标的规定；

⑦其他工作。

除了上述各项工作以外，修建性详细规划工作还包括工程管线规划设计、数据规划设计，以及估算工程量、拆迁量和造价，分析投资效益。

(三) 乡规划、村庄规划编制内容

乡规划、村庄规划是乡、村庄在一定时期内的发展计划，是政府为实现乡、村庄的经济和社会发展目标，确定乡、村庄的性质、规模和发展方向，协调乡、村庄的布局和各项建设而制定的综合部署和具体安排，是乡村建设与管理的依据。

乡规划、村庄规划的内容应当包括：

(1)规划区范围；

(2)住宅、道路、供水、排水、供电、垃圾收集、畜禽养殖场所等农村生产、生活服务设施、公益事业等各项建设的用地布局、建设要求；

(3)对耕地等自然资源和历史文化遗产保护、防灾减灾等的具体安排。

乡规划还应当包括本行政区域内的村庄发展布局。

三、城乡规划的编制与审批权限

(一) 城乡规划编制权限

城乡规划的编制,需要收集勘察、测绘、气象、地震、水文、环境等多方面的基础资料,需要进行多方面的发展预测,协调多方面的关系。因此,城乡规划是一个职能部门不能胜任的,需交由多个部门编制。

1. 城镇体系规划的编制权限

全国城镇体系规划由国务院城乡规划主管部门会同国务院有关部门组织编制,省域城镇体系规划由省、自治区人民政府组织编制。

2. 城市、镇总体规划及控制性详细规划的编制权限

城市总体规划由城市人民政府组织编制。县人民政府所在地镇的总体规划由县人民政府组织编制,其他镇的总体规划由镇人民政府组织编制。

城市人民政府城乡规划主管部门根据城市总体规划的要求,组织编制城市的控制性详细规划。镇人民政府根据镇总体规划的要求,组织编制镇的控制性详细规划。县人民政府所在地镇的控制性详细规划,由县人民政府城乡规划主管部门根据镇总体规划的要求组织编制。城市、县人民政府城乡规划主管部门和镇人民政府可以组织编制重要地块的修建性详细规划。

3. 乡、村庄规划的编制权限

乡规划、村庄规划由乡、镇人民政府组织编制。

(二) 城乡规划审批权限

城乡规划审批权限分为以下几部分:

(1)报国务院审批的城乡规划。城镇体系规划,包括:全国城镇体系规划和省域城镇体系规划;直辖市的城市总体规划;省、自治区人民政府所在地的城市及国务院确定的城市的总体规划,由省、自治区人民政府审查同意后,报国务院审批。

(2)报省、自治区人民政府审批的城乡规划。除省、自治区人民政府所在地的城市以及国务院确定的城市之外,其他城市的总体规划报省、自治区人民政府审批。

(3)报市、县级人民政府审批的城乡规划。县人民政府所在地镇的总体规划报市人民政府审批,其他镇的总体规划报县人民政府审批;乡、镇人民政府编制的乡规划、村庄规划,报县人民政府审批;城市人民政府城乡规划主管部门组织编制的城市控制性详细规划,经本级人民政府批准后,报本级人民代表大会常务委员会和上一级人民政府备案;县人民政府所在地镇的控制性详细规划,经县人民政府批准后,报本级人民代表大会常务委员会和上一级人民政府备案;镇的控制性详细规划,报县人民政府审批。

第三节　城乡规划的实施

一、城乡规划实施的原则

城乡规划的实施,是经过法律程序批准的城乡规划设计方案的实施过程,在实施过程中应遵循以下原则。

(一) 根据当地经济社会发展水平量力而行的原则

城乡规划实施的速度必须和经济、社会发展的速度相适应,与城乡政府能够提供的人力、财力、物力相适应。因此,城乡规划的实施必须尊重并符合社会经济发展的客观规律。城乡规划确定的城乡建设项目以及规划方案,应当按照国家规定的程序纳入国民经济和社会发展计划,否则无法达到城乡规划的立项状态,甚至造成诸如资源的浪费和环境的破坏等难以挽回的后果。

(二) 尊重群众意愿的原则

城乡规划实施是一个综合性的概念,既是政府的职能,也涉及公民、法人和社会团体的行为。从根本上说,城乡规划的实施最终是为了给广大城乡群众的居住、劳动、学习、交通、休息以及各种社会活动营造良好的条件和环境。因此,群众有权参与到城乡规划的实施过程中来,群众的意愿必须在规划的实施过程中得以体现。

(三) 有计划分步骤地组织实施的原则

城乡的布局和形态是长期的历史发展形成的,通过城乡规划来建设并改造城乡的布局形态并非一朝一夕能够完成的事情,而是需要相当长的时间,换句话说,城乡规划的实施具有一定的阶段性和长期性,必须有计划分步骤地进行,才能达到城乡规划实施的最理想状态。

二、城乡规划公布制度

城乡规划公布制度是指在规划报批前和批准后,采用适当的方式向全社会公布。

《城乡规划法》第二十六条规定,城乡规划报送审批前,组织编制机关应当依法将城乡规划草案予以公告,并采取论证会、听证会或者其他方式征求专家和公众的意见。公告的时间不得少于三十日。组织编制机关应当充分考虑专家和公众的意见,并在报送审批的材料中附具意见采纳情况及理由。

城乡规划批准后,组织编制机关应及时公布城乡规划,法律、行政法规规定不得公开的内容除外。

公布城乡规划有以下几个方面的作用:

1. 有利于公众了解并参与城乡规划

公众可以通过向组织编制机关提交对草案的意见的方式参与到城乡规划的制订工作中。对公众的意见,组织编制机关应充分考虑,并将意见采纳情况及理由附在报审材料中。

在城乡规划批准后,组织编制机关应及时公布城乡规划,使公众了解城乡的性质、发展规模和发展方向、各项用地的布局、各项建设的具体安排等,调动公众参与城乡规划实施的积极性和主动性,并促使他们自觉遵守城乡规划,服从规划的管理。

2. 有利于公众监督城乡规划的实施

《城乡规划法》规定,任何单位和个人都应当遵守经依法批准并公布的城乡规划,服从规划管理,并有权就涉及其利害关系的建设活动是否符合规划的要求向城乡规划主管部门查询。任何单位和个人有权向城乡规划主管部门或者其他有关部门举报或者控告违反城乡规划的行为。城乡规划主管部门或者其他有关部门对举报或者控告,应当及时受理并组织核查、处理。

城乡规划的公布,增大了城乡规划实施过程的透明度,公众就可以对城乡规划区内的建设活动进行监督,发现问题及时举报,以便城乡规划行政主管部门能够及时制止和处理各种违法占地和违法建设行为。

三、建设工程选址意见书

(一)选址意见书概述

建设项目的用地选址是城乡规划得以实施的非常重要的一环,关系到城乡建设的性质、规模、布局,也关系到建设项目是否能够进行和建设用地是否合理。

所谓选址意见书是指建设工程在立项过程中,上报的设计任务书必须附有由城乡规划主管部门提出的关于建设项目选在哪个方位的意见。

《城乡规划法》第三十六条规定,按照国家规定需要有关部门批准或者核准的建设项目,以划拨方式提供国有土地使用权的,建设单位在报送有关部门批准或者核准前,应当向城乡规划主管部门申请核发选址意见书。前款规定以外的建设项目不需要申请选址意见书。

(二)建设项目选址意见书的内容

1. 建设项目的基本情况,主要是指建设项目的名称、性质、用地与建设规模,供水与能源的需求量,采取的运输方式与运输量,以及废水、废气、废渣的排放方式和排放量。

2. 建设项目规划选址的主要依据:经批准的项目建议书;建设项目与城市规划布局是否协调;建设项目与城市交通、通信、能源、市政、防灾规划是否衔接与协调;建设项目配套的生活设施与城市生活居住及公共设施规划是否衔接与协调;建设项目对于城市环境可能造成的污染影响,以及与城市环境保护规划和风景名胜、文物古迹保护规划是否协调。

3. 建设项目选址、用地范围和具体规划要求。

(三)建设项目选址意见书的核发程序

选址意见书按建设项目审批部门的不同,分别由各级规划行政主管部门核发。建设项目选址意见书的核发程序分为以下几个步骤:

1. 选址申请

建设单位在编制建设项目设计任务时,应向建设项目所在地的县、市、直辖市人民政府规划行政主管部门提出建设项目选址申请。

2. 参加选址

城乡规划行政主管部门与发展和改革部门、建设单位等有关部门一同进行建设项目的选址工作,包括现场勘查,共同商讨,对不同的拟建地址进行比较分析,听取有关部门、单位的意见。

3. 选址审查

城乡规划行政主管部门经过调查研究,分析和采用多方案比较论证,根据城乡规划要求对该建设项目选址进行审查。必要时应组织专家论证会或听证会进行慎重研究或者听取公众意见。

4. 核发选址意见书

城乡规划主管部门经过选址审查后,核发选址意见书;核发选址意见书实行分级管理规划。

四、建设用地规划许可证制度

建设用地规划许可证是建设单位和个人提出建设用地申请,城乡规划主管部门根据规划和建设项目的用地需要,确定建设用地位置、面积、界线的法定凭证。它是申请工程开工的必备证件。

(一)划拨地的建设用地规划许可证

《城乡规划法》第三十七条规定,在城市、镇规划区内以划拨方式提供国有土地使用权的建设项目,经有关部门批准、核准、备案后,建设单位应当向城市、县人民政府城乡规划主管部门提出建设用地规划许可申请,由城市、县人民政府城乡规划主管部门依据控制性详细规划核定建设用地的位置、面积、允许建设的范围,核发建设用地规划许可证。建设单位在取得建设用地规划许可证后,方可向县级以上地方人民政府土地主管部门申请用地,经县级以上人民政府审批后,由土地主管部门划拨土地。

划拨地的建设用地审批程序分为以下几个步骤:

1. 建设用地规划许可申请

建设单位在建设项目经有关部门批准、核准和备案后,向城市、县人民政府城乡规划主管部门提出建设用地规划申请。

2. 现场踏勘

城乡规划行政主管部门受理了建设单位的建设用地申请后,应当与建设单位会同有关部门到选址地点进行现场调查和探勘,同时向其他相关部门(如环境保护、消防安全、文物保护、土地管理等方面的主管部门)征求意见。

3. 审查总平面,核定用地面积

根据建设单位上报的总平面和相关设计,城市、县规划行政主管部门根据控制性详细规划和用地实际情况,依据合理用地、节约用地的原则,核定建设用地的位置、面积、允许建设的范围。

4. 核发建设用地规划许可证

经上述审查合格后,城市、县规划行政主管部门向建设单位颁发建设用地规划许可证。

(二)出让地的建设用地规划许可证

《城乡规划法》第三十八条规定,在城市、镇规划区内以出让方式提供国有土地使用权的,在国有土地使用权出让前,城市、县人民政府城乡规划主管部门应当依据控制性详细规划,提出出让地块的位置、使用性质、开发强度等规划条件,作为国有土地使用权出让合同的组成部分。未确定规划条件的地块,不得出让国有土地使用权。以出让方式取得国有土地使用权的建设项目,建设单位在取得建设项目的批准、核准、备案文件和签订国有土地使用权出让合同后,向城市、县人民政府城乡规划主管部门领取建设用地规划许可证。

出让地的建设用地审批程序分为以下几个步骤:

1. 建设用地规划许可申请

2. 审查出让的国有土地

城市、县人民政府城乡规划主管部门依据控制性详细规划,审核出让的国有土地,提出出让地块的位置、使用性质、开发强度等规划条件。未确定规划条件的地块,不得出让国有土地使用权。

3. 签订国有土地使用权出让合同

建设单位应签订国有土地使用权出让合同,合同内容应包括出让地块的位置、使用性质、开发强度等规划条件。

4. 领取建设用地规划许可证

建设单位持建设项目的批准、核准、备案文件和国有土地使用权出让合同,向城市、县人民政府城乡规划主管部门领取建设用地规划许可证。

五、建设工程规划许可证制度

(一)建设工程规划许可证概述

建设工程规划许可证是对城市、镇规划区域内的建设项目,城乡规划主管部门向建设单位或个人核发的确认其建设工程符合城乡规划要求的证件。它也是申请工程开工的必备证件。

《城乡规划法》第四十条规定,在城市、镇规划区内进行建筑物、构筑物、道路、管线和其他工程建设的,建设单位或者个人应当向城市、县人民政府城乡规划主管部门或者省、自治区、直辖市人民政府确定的镇人民政府申请办理建设工程规划许可证。

（二）建设工程规划许可证的核发程序

1. 申请单位或个人需提交必要材料

申请办理建设工程规划许可证，应当提交使用土地的有关证明文件、建设工程设计方案等材料。需要建设单位编制修建性详细规划的建设项目，还应当提交修建性详细规划。

2. 审批机关的审查

对符合控制性详细规划和规划条件的，由城市、县人民政府城乡规划主管部门或者省、自治区、直辖市人民政府确定的镇人民政府核发建设工程规划许可证。

3. 修建性详细规划和建设工程设计方案的总平面图的公布

城市、县人民政府城乡规划主管部门或者省、自治区、直辖市人民政府确定的镇人民政府应当依法将经审定的修建性详细规划、建设工程设计方案的总平面图予以公布。

六、乡村建设规划许可证制度

（一）乡村建设规划许可证概述

乡村建设规划许可证是对乡、村庄规划区域内的建设项目，城乡规划主管部门向建设单位或个人核发的确认其建设工程符合城乡规划要求的证件。

《城乡规划法》第四十一条规定，在乡、村庄规划区内进行乡镇企业、乡村公共设施和公益事业建设的，建设单位或者个人应当向乡、镇人民政府提出申请，由乡、镇人民政府报城市、县人民政府城乡规划主管部门核发乡村建设规划许可证。在乡、村庄规划区内使用原有宅基地进行农村村民住宅建设的规划管理办法，由省、自治区、直辖市制定。在乡、村庄规划区内进行乡镇企业、乡村公共设施

中华人民共和国
土地管理法

和公益事业建设以及农村村民住宅建设，不得占用农用地；确需占用农用地的，应当依照《土地管理法》有关规定办理农用地转用审批手续后，由城市、县人民政府城乡规划主管部门核发乡村建设规划许可证。建设单位或者个人在取得乡村建设规划许可证后，方可办理用地审批手续。

（二）农用地转用

农用地转用指的是按照土地利用总体规划和国家规定的批准权限获得批准后，将农用地转为建设用地。建设占用土地涉及农用地的，应当办理农用地转用审批手续。用于非农建设有以下情形之一者，应当办理农用地转用审批手续：

（1）征用农村集体经济组织农用地的；

（2）农村集体经济组织使用本集体农用地的；

（3）需要办理农用地转用的其他土地。

因此，在乡、村庄规划区内进行乡镇企业、乡村公共设施和公益事业建设以及农村村民住宅建设的，不得占用农用地；如果确实需要占用农用地的，应当依照《土地管理法》的有关规定办理农用地转用审批手续后，由城市、县人民政府城乡规划主管部门核

发乡村建设规划许可证。

（三）乡村建设规划许可证的核发程序

1. 提出申请

建设单位或个人向乡、镇人民政府提出申请。

2. 市、县规划部门审核

乡、镇人民政府在受理申请后,报市、县人民政府城乡规划主管部门审核。

3. 核发乡村建设规划许可证

审核通过后,由市、县规划主管部门核发乡村建设规划许可证。

七、城乡规划编制单位资格管理制度

2015 年经过修订的《城乡规划法》对编制单位资格管理作出了如下修改:

将第二十四条第二款第二项修改为"(二)有规定数量的经相关行业协会注册的规划师",并删去第三款。

修改后的《城乡规划法》第二十四条规定,城乡规划组织编制机关应当委托具有相应资质等级的单位承担城乡规划的具体编制工作。

从事城乡规划编制工作应当具备下列条件,并经国务院城乡规划主管部门或者省、自治区、直辖市人民政府城乡规划主管部门依法审查合格,取得相应等级的资质证书后,方可在资质等级许可的范围内从事城乡规划编制工作:

(1)有法人资格;

(2)有规定数量的经相关行业协会注册的规划师;

(3)有相应的技术装备;

(4)有健全的技术、质量、财务管理制度。

规划师执业资格管理办法,由国务院城乡规划主管部门会同国务院人事行政部门制定。

编制城乡规划必须遵守国家有关标准。

第四节　城乡规划的修改

一、城乡规划实施的定期评估制度

城乡规划一经批准,即具有法律效力,必须严格遵守和执行。一方面,在城乡规划实施期间,需要结合当地经济社会发展的情况,定期对规划目标实现的情况进行跟踪评估,及时监督规划的执行情况,及时调整规划实施的保障措施,提高规划实施的严肃性。另一方面,对城乡规划进行全面、科学的评估,有利于及时研究规划实施中出现的新问题,及时总结和发现城乡规划的优点和不足。

（一）评估的主体

《城乡规划法》第四十六条规定,省域城镇体系规划、城市总体规划、镇总体规划的组织编制机关,应当组织有关部门和专家定期对规划实施情况进行评估。其中,省域城镇体系规划的编制机关为省、自治区人民政府,所有省域城镇体系规划实施情况的评估,由省、自治区人民政府组织实施。城市总体规划的编制和评估由城市人民政府组织。镇总体规划分为两种,一种是县人民政府所在地城镇的总体规划,由县人民政府组织编制和评估;另一种是其他镇的总体规划,由镇人民政府组织编制和评估。

（二）评估的时间

《城乡规划法》规定评估的时间为"定期",因此,对于具体的评估时间,国务院可以在制定本法配套法规时予以进一步明确规定。

（三）评估的参与

根据《城乡规划法》的规定,评估的参与者是规划的组织编制机关组织的"有关部门和专家",参与的方式为论证会、听证会或者其他方式。其中,有关部门和专家应当具有相当的广泛性、专业性和代表性,具体范围和人数可以由国务院授权有关部门作出具体规定或在制定配套法规时作出具体规定。评估时必须征求公众意见,参与的方式除了论证会、听证会之外,还可以采取问卷调查、抽样调查、个别访谈等其他方式。

（四）评估报告的提交

城乡规划的编制机关对规划实施情况进行评估后,应当向本级人民代表大会常务委员会、镇人民代表大会和原审批机关提出评估报告并附具体征求意见情况。评估中要全面总结现行城市、镇总体规划各项内容的执行情况,包括城市和镇的发展方向和空间布局、人口与建设用地规模、综合交通、绿地、生态环境保护、自然与历史文化遗产保护、重要基础设施和公共服务设施等规划目标的落实情况以及强制性内容的执行情况,结合城市、镇经济社会发展的实际,通过对照、检查和分析,总结成功经验,查找规划实施过程中存在的主要问题,深入分析问题的成因,研究提出改进规划制订和实施管理的具体对策、措施、建议,以指导和改进城市、镇总体规划的实施工作。

二、城乡规划的修改制度

（一）城镇体系规划、城市总体规划、镇总体规划的修改

依照《城乡规划法》的规定,对于依法批准的省域城镇体系规划、城市总体规划、镇总体规划,不得随意进行调整与修改。同时,在维护规划实施严肃性的前提下,《城乡规划法》考虑到规划实施的动态过程以及实施的复杂性,对规划修改的条件作出了规定,有下列情形之一的,组织编制机关方可按照规定的权限和程序修改省域城镇体系规划、城市总体规划、镇总体规划:

1. 上级人民政府制订的城乡规划发生变更,提出修改规划要求的

这是因为城乡规划的制订必须以上级人民政府依法制订的城乡规划为依据,必须在规划中落实上级人民政府在上位规划中提出的控制要求。而当上级人民政府指定的规划发生变更时,就应当根据情况及时调整或修改相应的下位规划。

2. 行政区划调整确需修改规划的

行政区划是国家的结构体制安排，是国家根据政权建设、经济建设、行政管理的需要，遵循有关的法律规定，充分考虑政治、经济、历史、地理、人口、民族、文化、风俗等客观因素，按照一定的原则，将全国领土划分成若干层次和大小不同的行政区域，并在各级行政区域设置相关的地方机关，实施行政管理。城乡规划的编制和实施，与行政区划及城乡建制有着密切的关系。依据《城乡规划法》的规定，地方城乡规划主管部门只能在政府行政管辖区域内依法行使城乡规划的实施管理职能。因此，行政区划的调整会影响城乡规划的实施。从保障城乡规划依法实施的角度出发，应该在行政区划调整后，及时根据情况作出规划修改。

3. 因国务院批准重大建设工程确需修改规划的

国务院批准的重大建设工程项目对国家的发展具有举足轻重的作用，同时会对项目所在地的区域发展产生重要影响。从城乡规划的角度而言，要认真研究重大建设工程对城镇发展、用地布局以及基础设施的影响问题，做好协调工作。例如，大型工业企业选址就涉及城镇的交通运输、能源供应、污染物排放与处理、生活居住等设施的衔接，其布点对城镇的发展产生深远的影响。因此，对国务院批准的重大建设工程，应根据情况作出相应的规划修改。

4. 经评估确需修改规划的

地方人民政府在实施省域城镇体系规划、城市总体规划、镇总体规划的过程中，如果发现规划规定的某些基本目标和要求已经不能适应城市经济建设和社会发展的需要，如由于产业结构的重大调整或者经济社会发展方面的重大变化，造成城市发展目标和空间布局等的重大变更，就要通过认真的规划评估来确定是否有必要对规划进行修改；如果规划评估认为确有必要对原规划作出相应修改的，要依法进行修改。

5. 城乡规划的审批机关认为应当修改规划的其他情形

在规划的实施过程中，根据时间和社会发展的需要，及时对规划的实施情况作出评估，并根据评估结果进行相应修改。

修改省域城镇体系规划、城市总体规划、镇总体规划前，组织编制机关应当对原规划的实施情况进行总结，并向原审批机关报告；修改涉及城市总体规划、镇总体规划强制性内容的，应当先向原审批机关提出专题报告，经同意后，方可编制修改方案。

修改后的省域城镇体系规划、城市总体规划、镇总体规划，应当依照《城乡规划法》第十三条、第十四条、第十五条和第十六条规定的审批程序报批。

（二）控制性详细规划的修改

《城乡规划法》第四十八条规定，修改控制性详细规划的，组织编制机关应当对修改的必要性进行论证，征求规划地段内利害关系人的意见，并向原审批机关提出专题报告，经原审批机关同意后，方可编制修改方案。修改后的控制性详细规划，应当依照本法第十九条、第二十条规定的审批程序报批。控制性详细规划修改涉及城市总体规划、镇总体规划的强制性内容的，应当先修改总体规划。

（三）乡村规划的修改

《城乡规划法》第四十八条规定,修改乡规划、村庄规划的,应当依照本法第二十二条规定的审批程序报批。

（四）近期建设规划的修改

《城乡规划法》第四十九条规定,城市、县、镇人民政府修改近期建设规划的,应当将修改后的近期建设规划报总体规划审批机关备案。

（五）修建性详细规划和建设工程设计方案总平面图的修改

《城乡规划法》第五十条规定,经依法审定的修建性详细规划、建设工程设计方案的总平面图不得随意修改;确需修改的,城乡规划主管部门应当采取听证会等形式,听取利害关系人的意见;因修改给利害关系人合法权益造成损失的,应当依法给予补偿。

（六）规划利益保护

《城乡规划法》第五十条规定,在选址意见书、建设用地规划许可证、建设工程规划许可证或者乡村建设规划许可证发放后,因依法修改城乡规划给被许可人合法权益造成损失的,应当依法给予补偿。

第五节 城乡规划的监督检查

一、城乡规划的行政监督

（一）政府层级的监督检查

政府层级的监督检查是指县级以上人民政府及其城乡规划主管部门对下级政府及其城乡规划主管部门执行城乡规划编制、审批、实施、修改情况的监督检查。

（二）对管理相对人的监督检查

对管理相对人的监督检查是指县级以上地方人民政府城乡规划主管部门对城乡规划实施情况进行的监督检查。具体包括:严格验证有关土地使用和建设申请的申报条件是否符合法定要求,有无弄虚作假;复验有关用地的坐标、面积等与建设用地规划许可证规定是否相符;对已领取建设工程规划许可证并放线的建设工程,履行验线手续,检查其坐标、标高、平面布局等是否与建设工程规划许可证相符;建设工程竣工验收前,检查核实有关建设工程是否符合规划设计条件等;各地普遍开展的查处违法建设的行动等。

县级以上人民政府城乡规划主管部门对城乡规划的实施情况进行监督检查,有权采取以下措施:

(1)要求有关单位和人员提供与监督事项有关的文件、资料,并进行复制;

(2)要求有关单位和人员就监督事项涉及的问题作出解释和说明,并根据需要进入现场进行勘测;

(3)责令有关单位和人员停止违反有关城乡规划的法律、法规的行为。

城乡规划主管部门的工作人员履行前款规定的监督检查职责,应当出示执法证件。被监督检查的单位和人员应当予以配合,不得妨碍和阻挠依法进行的监督检查活动。

二、城乡规划的立法监督

立法监督是指国家的立法机关对行政实行的监督。在我国,立法监督是指各级人民代表大会及其常务委员会对国家行政机关及其工作人员的行政管理活动实施的监督。

对政府实施城乡规划的情况进行监督也是人民代表大会监督职能的一项重要内容。《城乡规划法》第五十二条规定,地方各级人民政府应当向本级人民代表大会常务委员会或者乡、镇人民代表大会报告城乡规划的实施情况,并接受监督。可以根据实际需要进行主动报告,也可以根据人大及其常务委员会的要求进行报告,以充分运用听取和审议政府专项工作报告这一基本形式,接受人民代表大会及其常务委员会的检查和监督。

三、城乡规划的公众监督

城乡规划的严肃性体现在对已经批准的城乡规划必须遵守和执行,公众监督是保证城乡规划严肃性的重要途径之一。《城乡规划法》规定,县级以上人民政府及其城乡规划主管部门的监督检查,县级以上地方各级人民代表大会常务委员会或者乡、镇人民代表大会对城乡规划工作的监督检查,其基本情况和处理结果都应当依法公开,供公众查阅和监督。

一般情况下,有关城乡规划编制、审批、实施、修改的监督检查情况和处理结果,都应当依法公开。但同时《城乡规划法》也规定,遇有按照相关法律规定不得公开的情形,则不能公开,这种情况包括以下两个方面:

1. 涉及国家秘密的

由于国家秘密涉及国家的安全和国家利益,因此《城乡规划法》规定的监督检查情况和处理结果涉及国家秘密的,根据《保守国家秘密法》的规定不能公开。

中华人民共和国
保守国家秘密法

2. 涉及商业秘密的

商业秘密是指不为公众所知悉,能为权利人带来经济利益、具有实用性并经权利人采取保密措施的技术信息和经营信息。我国《行政许可法》明确规定,行政许可的实施和结果,涉及商业秘密的,不能公开。因此,《城乡规划法》规定的监督检查情况和处理结果如果涉及商业秘密的,依法不能公开。

中华人民共和
国行政许可法

第六节 城乡规划的法律责任

一、依法应当编制城乡规划而未组织编制的法律责任

《城乡规划法》第五十八条规定,对依法应当编制城乡规划而未组织编制,或者未按法定程序编制、审批、修改城乡规划的,由上级人民政府责令改正,通报批评;对有关人民政府负责人和其他直接责任人员依法给予处分。

二、委托不具有相应资质等级的单位编制城乡规划的法律责任

《城乡规划法》第五十九条规定,城乡规划组织编制机关委托不具有相应资质等级的单位编制城乡规划的,由上级人民政府责令改正,通报批评;对有关人民政府负责人和其他直接责任人员依法给予处分。

三、镇人民政府或者县级以上人民政府城乡规划主管部门的法律责任

《城乡规划法》第六十条规定,镇人民政府或者县级以上人民政府城乡规划主管部门有下列行为之一的,由本级人民政府、上级人民政府城乡规划主管部门或者监察机关依据职权责令改正,通报批评;对直接负责的主管人员和其他直接责任人员依法给予处分:

(1)未依法组织编制城市的控制性详细规划、县人民政府所在地镇的控制性详细规划的;

(2)超越职权或者对不符合法定条件的申请人核发选址意见书、建设用地规划许可证、建设工程规划许可证、乡村建设规划许可证的;

(3)对符合法定条件的申请人未在法定期限内核发选址意见书、建设用地规划许可证、建设工程规划许可证、乡村建设规划许可证的;

(4)未依法对经审定的修建性详细规划、建设工程设计方案的总平面图予以公布的;

(5)同意修改修建性详细规划、建设工程设计方案的总平面图前未采取听证会等形式听取利害关系人的意见的;

(6)发现未依法取得规划许可或者违反规划许可的规定在规划区内进行建设的行为,而不予查处或者接到举报后不依法处理的。

四、县级以上人民政府有关部门的法律责任

《城乡规划法》第六十一条规定,县级以上人民政府有关部门有下列行为之一的,由本级人民政府或者上级人民政府有关部门责令改正,通报批评;对直接负责的主管人员和其他直接责任人员依法给予处分:

(1)对未依法取得选址意见书的建设项目核发建设项目批准文件的；

(2)未依法在国有土地使用权出让合同中确定规划条件或者改变国有土地使用权出让合同中依法确定的规划条件的；

(3)对未依法取得建设用地规划许可证的建设单位划拨国有土地使用权的。

五、城乡规划编制单位的法律责任

《城乡规划法》第六十二条规定，城乡规划编制单位有下列行为之一的，由所在地城市、县人民政府城乡规划主管部门责令限期改正，处合同约定的规划编制费一倍以上二倍以下的罚款；情节严重的，责令停业整顿，由原发证机关降低资质等级或者吊销资质证书；造成损失的，依法承担赔偿责任：

(1)超越资质等级许可的范围承揽城乡规划编制工作的；

(2)违反国家有关标准编制城乡规划的。

未依法取得资质证书承揽城乡规划编制工作的，由县级以上地方人民政府城乡规划主管部门责令停止违法行为，依照前款规定处以罚款；造成损失的，依法承担赔偿责任。

以欺骗手段取得资质证书承揽城乡规划编制工作的，由原发证机关吊销资质证书，依照本条第一款规定处以罚款；造成损失的，依法承担赔偿责任。

《城乡规划法》第六十三条规定，城乡规划编制单位取得资质证书后，不再符合相应的资质条件的，由原发证机关责令限期改正；逾期不改正的，降低资质等级或者吊销资质证书。

六、未取得建设工程规划许可证的法律责任

《城乡规划法》第六十四条规定，未取得建设工程规划许可证或者未按照建设工程规划许可证的规定进行建设的，由县级以上地方人民政府城乡规划主管部门责令停止建设；尚可采取改正措施消除对规划实施的影响的，限期改正，处建设工程造价百分之五以上百分之十以下的罚款；无法采取改正措施消除影响的，限期拆除，不能拆除的，没收实物或者违法收入，可以并处建设工程造价百分之十以下的罚款。

《城乡规划法》第六十五条规定，在乡、村庄规划区内未依法取得乡村建设规划许可证或者未按照乡村建设规划许可证的规定进行建设的，由乡、镇人民政府责令停止建设、限期改正；逾期不改正的，可以拆除。

《城乡规划法》第六十八条规定，城乡规划主管部门作出责令停止建设或者限期拆除的决定后，当事人不停止建设或者逾期不拆除的，建设工程所在地县级以上地方人民政府可以责成有关部门采取查封施工现场、强制拆除等措施。

七、有关临时建设的法律责任

《城乡规划法》第六十六条规定，建设单位或者个人有下列行为之一的，由所在地城市、县人民政府城乡规划主管部门责令限期拆除，可以并处临时建设工程造价一倍以下

的罚款：

(1)未经批准进行临时建设的；

(2)未按照批准内容进行临时建设的；

(3)临时建筑物、构筑物超过批准期限不拆除的。

八、未按规定向城乡规划主管部门报送有关竣工验收资料的法律责任

《城乡规划法》第六十七条规定,建设单位未在建设工程竣工验收后六个月内向城乡规划主管部门报送有关竣工验收资料的,由所在地城市、县人民政府城乡规划主管部门责令限期补报;逾期不补报的,处一万元以上五万元以下的罚款。

九、刑事责任

《城乡规划法》第六十九条规定,违反本法规定,构成犯罪的,依法追究刑事责任。

案例分析

案例 5-1

一、背景

某市一房地产开发公司经市规划局批准,在该市建设一栋公寓大厦。该大厦规划批准的层数为 18 层,建设规模为 2 万平方米。在建设过程中,该房地产公司自主加层,将 18 层增加至 22 层,建筑面积增加约为 4500 平方米。公寓大厦层数增加以后,影响了周边建筑的采光和通风,给周边居民的生活造成较大影响。周边的居民认为该公寓大厦违章加层,影响了他们的正常生活,侵犯了他们的合法权益,并多次与房地产开发商交涉,但双方未能达成一致。于是,周边的居民向法院提出诉讼。

二、问题

本案中,房地产开发商有哪些违法行为?

三、分析

《城乡规划法》第四十三条第一款规定,建设单位应当按照规划条件进行建设;确需变更的,必须向城市、县人民政府城乡规划主管部门提出申请。变更内容不符合控制性详细规划的,城乡规划主管部门不得批准。城市、县人民政府城乡规划主管部门应当及时将依法变更后的规划条件通报同级土地主管部门并公示。本案中,房地产开发商违法行为表现在以下两个方面:

1. 房地产开发商未按照规划条件进行建设

在城市、镇规划区内进行建筑物、构筑物等工程建设时,建设单位或个人必须依照程序向城乡规划主管部门申请办理建设工程规划许可证。在申请办理建设工程规划许可证时,建设单位或个人应提交建设工程设计方案、建筑用

地规划许可证等文件。经过审批机关审查,对符合规划要求的建设项目核发建设工程规划许可证。建设单位应按批准的规划条件进行建设。该项目报规划局批准时,房屋的层数为18层,建设规模为2万平方米。在建设过程中,房地产开发商未按照规划局审批的工程图纸进行建设,擅自将房屋的层数由18层增加至22层,存在违法增层的现象。

2. 建设项目发生变更,房地产开发商未按照合法程序进行报审

按照规划审批程序规定,已取得审定设计方案通知书的建设单位或者个人,由于自身的原因,再次申报设计方案要求改变建筑高度、建筑密度、建筑布局等事项时,应持函件(详细说明改变的具体理由)和有关图纸报城乡规划主管部门。城市、县人民政府城乡规划主管部门应根据控制性详细规划对变更内容进行审核,对不符合规划条件的,城乡规划主管部门不得批准。城市、县人民政府城乡规划主管部门应当及时将依法变更后的规划条件通报同级土地主管部门并公示。建设单位需将依法变更后的规划条件报有关人民政府土地主管部门备案。本案件中房屋加层、增加建筑面积是房地产开发商自主行为,未按法定程序报城乡规划主管部门审核,属于违章行为。

对房地产开发商的违法行为,依据《城乡规划法》第六十四条规定:"未取得建设工程规划许可证或者未按照建设工程规划许可证的规定进行建设的,由县级以上地方人民政府城乡规划主管部门责令停止建设;尚可采取改正措施消除对规划实施的影响的,限期改正,处建设工程造价5%以上10%以下的罚款;无法采取改正措施消除影响的,限期拆除,不能拆除的,没收实物或者违法收入,可以并处建设工程造价10%以下的罚款。"

案例 5-2

一、背景

原告:江苏省某公司;被告:江苏省某市规划局。

2008年2月,原告未经有关部门的批准在其公司院内利用空心砖搭建高度为2.6m左右的遮雨棚两座,当月21日被被告强制拆除。原告遂诉至法院,请求法院判决被告强制拆除其雨棚的行为违法并赔偿经济损失50000元。

庭审中,原告认为:是在本公司院内搭建遮雨棚,用于储藏机械设备,被告未确认我公司的遮雨棚是违章建筑,也未通知我公司自行拆除,即采取强制措施将遮雨棚拆除,并造成建筑材料损坏,被告的行为侵害了自己的财产权,理应赔偿;被告认为,原告所建遮雨棚是违章建筑,不受法律保护,请求驳回原告的诉讼请求。

法院经审理,判决被告强制拆除原告遮雨棚的具体行政行为违法,并赔偿原告直接的建筑材料损失8090元。

宣判后,双方当事人均未提起上诉。

二、问题

法院的判决依据是什么？

三、分析

本案中被告实施行政强制措施的原因和依据在于认定原告的遮雨棚为违章建筑，而根据《城乡规划法》第六十四条规定，未取得建设工程规划许可证或者未按照建设工程规划许可证的规定进行建设的，由县级以上地方人民政府城乡规划主管部门责令停止建设；尚可采取改正措施消除对规划实施的影响的，限期改正，处建设工程造价百分之五以上百分之十以下的罚款；无法采取改正措施消除影响的，限期拆除，不能拆除的，没收实物或者违法收入，可以并处建设工程造价百分之十以下的罚款。

本案中被告的过错主要在于未对原告作出责令限期改正或限期拆除的决定，而是立即实行强制拆除，因而这一行政行为是不当的。

案例 5-3

一、背景

厦门市将鼓浪屿一万石山国家级风景名胜区云顶岩南麓地块约 4.56 万平方米出让给恒兴滨海置业有限责任公司，并将相邻的茂后水库及周边绿地 10.24 万平方米租赁给改公司。恒兴滨海公司未取得规划许可手续，擅自开工建设云顶豪华精选酒店。目前，施工方已进场施工、开挖山体，现场自然山体地貌、水系和植被已被破坏。

二、问题

恒兴滨海置业有限责任公司的行为是否违法？

三、分析

违法。《城乡规划法》第三十五条规定，城乡规划确定的铁路、公路、港口、机场、道路、绿地、输配电设施及输电线路走廊、通信设施、广播电视设施、管道设施、河道、水库、水源地、自然保护区、防汛通道、消防通道、核电站、垃圾填埋场及焚烧厂、污水处理厂和公共服务设施的用地以及其他需要依法保护的用地，禁止擅自改变用途。同时，《城乡规划法》第四十条第一款还规定，城市、镇规划区内进行建筑物、构筑物、道路、管线和其他工程建设的，建设单位或者个人应当向城市、县人民政府城乡规划主管部门或者省、自治区、直辖市人民政府确定的镇人民政府申请办理建设工程规划许可证。

恒兴滨海置业有限责任公司未取得规划许可手续擅自施工的行为严重违反了相关法律。

案例 5-4

一、背景

2015 年，南昌市违反城市总体规划强制性内容修改控制性详细规划，擅自将 1.6 万余平方米现状公园绿地变更为商业、金融和旅馆用地,核发钻石广场项目《建设工程规划许可证》,总建筑面积约 11 万平方米,被中国建设报通报批评。

二、问题

南昌市的行为违反了哪些法律?

三、分析

南昌市的行为违反了《城乡规划法》第三十五条与第四十八条的规定。

《城乡规划法》第三十五条规定,城乡规划确定的铁路、公路、港口、机场、道路、绿地、输配电设施及输电线路走廊、通信设施、广播电视设施、管道设施、河道、水库、水源地、自然保护区、防汛通道、消防通道、核电站、垃圾填埋场及焚烧厂、污水处理厂和公共服务设施的用地以及其他需要依法保护的用地,禁止擅自改变用途。

《城乡规划法》第四十八条规定,修改控制性详细规划的,组织编制机关应当对修改的必要性进行论证,征求规划地段内利害关系人的意见,并向原审批机关提出专题报告,经原审批机关同意后,方可编制修改方案。修改后的控制性详细规划,应当依照本法第十九条、第二十条规定的审批程序报批。控制性详细规划修改涉及城市总体规划、镇总体规划的强制性内容的,应当先修改总体规划。

思考题

1. 简述城乡规划的基本原则。
2. 简述《城乡规划法》的适用范围。
3. 简述城乡规划实施的原则。
4. 简述城乡规划的分类及城市、镇总体规划的强制性内容。
5. 需要报国务院审批的城乡规划主要有哪些?
6. 简述建设项目选址意见书的概念及主要内容。
7. 简述建设用地规划许可证、建设工程规划许可证的概念及核发程序。
8. 简述省域城镇体系规划、城市和镇总体规划可以修改的几种情形。
9. 城乡规划主管部门在对城乡规划的实施情况进行监督检查时可以采取哪些措施?

本章测试

第六章　土地管理法律制度

第一节　土地管理法规概述

一、基本概念

(一)土地的概念

土地是地球陆地表面由地貌、土壤、岩石、水文、气候和植被等要素组成的自然历史综合体,它包括人类过去和现在的种种活动结果。这一定义包括以下几层含义:

(1)土地是综合体;

(2)土地是自然的产物;

(3)土地是地球表面具有固定位置的空间客体;

(4)土地是地球表面的陆地部分;

(5)土地包括人类过去和现在的活动结果。

关于土地,我国的基本国策是:十分珍惜、合理利用土地和切实保护耕地。各级人民政府应当采取措施,全面规划,严格管理,保护、开发土地资源,制止非法占用土地的行为。

《中华人民共和国土地管理法》第四条规定:"国家实行土地用途管制制度。"国家编制土地利用总体规划,规定土地用途,将土地分为农用地、建设用地及未利用地。使用土地的单位和个人必须严格按照土地利用总体规划确定的用途使用土地。

(二)土地管理的含义

管理是指采取一定的方式,利用一定的手段,实现一定的目标。而土地管理是国家在一定的环境条件下,综合运用行政、经济、法律、技术等方法,为提高土地利用的生态、经济、社会效益,维护在社会中占统治地位的土地所有制,调整土地关系,监督土地利用,而进行的计划、组织、控制等综合性活动。

土地管理包括以下 6 个方面的内容:

(1)土地管理的主体是国家,国家委派国务院自然资源主管部门管理全国土地;

(2)土地管理的客体是土地,以及土地利用中产生的人与人、人与地、地与地之间的关系;

(3)土地管理的基本任务是维护在社会中占统治地位的土地所有制、调整土地关系

和监督土地利用,目标是不断提高土地利用的生态效益、经济效益和社会效益,以满足社会日益增长的需求;

(4)综合运用行政、经济、法律、技术等方法管理土地;

(5)土地管理的职能是计划、组织与控制土地的需求与供给;

(6)土地管理的目的和特点受社会环境的制约,主要受社会制度、土地制度的制约。

土地登记规则

二、立法现状

为了加强土地管理,保护有限的土地资源,切实保护耕地,合理利用和开发土地,促进社会经济的持续稳定发展,我国已先后颁行了《中华人民共和国土地管理法》(1999 年 1 月 1 日起施行,2004 年 4 月修正,2019 年 8 月第二次修正)等一系列土地管理的法律、法规。与《土地管理法》配套的法律法规主要有:

1989 年 11 月 18 日国家土地管理局发布,1995 年 12 月 18 日根据《国家土地管理局印发〈国家土地管理局土地登记规则〉的通知(〔1995〕国土[法]字第 184 号)》第一次修改的《土地登记规则》;

中华人民共和国城镇国有土地使用权出让和转让暂行条例

1990 年 5 月 19 日中华人民共和国国务院令第 55 号发布,2020 年 11 月 29 日根据《国务院关于修改和废止部分行政法规的决定》修订的《中华人民共和国城镇国有土地使用权出让和转让暂行条例》;

1995 年 3 月 11 日国家土地管理局发布的《确定土地所有权和使用权的若干规定》;

确定土地所有权和使用权的若干规定

1994 年 7 月 5 日第八届全国人民代表大会常务委员会第八次会议通过,2007 年 8 月 30 日根据《关于修改〈中华人民共和国城市房地产管理法〉的决定》第一次修正,2009 年 8 月 27 日根据《关于修改部分法律的决定》第二次修正,2019 年 8 月 26 日根据《关于修改〈中华人民共和国土地管理法〉、〈中华人民共和国城市房地产管理法〉的决定》第三次修正的《中华人民共和国城市房地产管理法》;

中华人民共和国土地管理法实施条例

1998 年 12 月 27 日中华人民共和国国务院令第 256 号发布,2011 年 1 月 8 日根据《国务院关于废止和修改部分行政法规的决定》第一次修订,2014 年 7 月 29 日根据《国务院关于修改部分行政法规的决定》第二次修订,2021 年 7 月 2 日根据中华人民共和国国务院令第 743 号第三次修订的《中华人民共和国土地管理法实施条例》;

建设项目用地预审管理办法

1998 年 12 月 27 日中华人民共和国国务院令第 257 号发布,2011 年 1 月 8 日根据国务院令第 588 号《国务院关于废止和修改部分行政法规的决定》第一次修订的《基本农田保护条例》;

2001 年 7 月 25 日中华人民共和国国土资源部令第 7 号发布,2004 年 10 月 29 日

国土资源部第 9 次部务会议修订,2008 年 11 月 12 日国土资源部第
13 次部务会议第一次修正,2016 年 11 月 25 日根据国土资源部令第
68 号《国土资源部关于修改〈建设项目用地预审管理办法〉的决定》
第二次修正的《建设项目用地预审管理办法》;

基本农田保护条例

2002 年 4 月 3 日国土资源部第四次部务会议通过发布,2007 年
9 月 21 日国土资源部第三次部务会议修订的《招标拍卖挂牌出让国
有建设用地使用权规定》;

2003 年 1 月 3 日中华人民共和国国土资源部令第 17 号公布,
2010 年 11 月 30 日根据《国土资源部关于修改部分规章的决定》修
正的《土地权属争议调查处理办法》;

招标拍卖挂牌出让
国有建设用地使用
权规定

2003 年 6 月 11 日国土资源部令(第 21 号)发布的《协议出让国
有土地使用权规定》,2003 年 8 月 1 日施行;

2008 年 2 月 7 日中华人民共和国国务院令第 518 号公布,2016 年 2 月 6 日根据
《国务院关于修改部分行政法规的决定》第一次修订,2018 年 3 月 19 日根据《国务院关
于修改和废止部分行政法规的决定》第二次修订的《土地调查条例》;

2008 年 5 月 9 中华人民共和国监察部、中华人民共和国人力资源和社会保障部、
中华人民共和国国土资源部令(第 15 号)公布的《违反土地管理规定行为处分办法》,
2008 年 6 月 1 日起施行。

土地权属争议调查 协议出让国有土地 土地调查条例 违反土地管理规定
处理办法   使用权规定   行为处分办法

第二节 土地的所有权和使用权

一、基本概念

(一)土地所有权的概念

土地所有权是土地所有制的法律表现形式,属于财产所有权的一种,具有所有权的
一般属性,是土地法的基本问题。土地所有权的内容表现为土地所有者对土地占有、使
用、收益和处分的权利。

我国实行土地的社会主义土地公有制,不允许私人取得土地所有权,法定只有两种
土地所有权:国家土地所有权(全民所有)和农民集体土地所有权。城市市区的土地属
于国家所有;农村和城市郊区的土地,除由法律规定属于国家所有的以外,属于农民集

体所有;宅基地和自留地、自留山,属于农民集体所有。

农民集体所有的土地依法属于村农民集体所有的,由村集体经济组织或者村民委员会经营、管理;已经分别属于村内两个以上农村集体经济组织的农民集体所有的,由村内各该农村集体经济组织或者村民小组经营、管理;已经属于乡(镇)农民集体所有的,由乡(镇)农村集体经济组织经营、管理。

对于土地所有权的行使,我国有严格的限制,包括:

(1)禁止买卖或以其他形式非法转让土地;

(2)禁止滥用土地。

(二)土地使用权的概念

使用权是权利主体对财产按其性能和用途加以利用的权利。土地使用权是依照法律规定或合同约定对一定面积的土地进行利用的权利,我国法律将土地使用权作为一项独立的物权确定下来,因此,可将土地使用权定义为,土地所有权人或其以外的土地使用者依法对国家或者集体所有的土地享有的占有、使用、收益和在限定范围内依法处分的权利,可以同土地所有权分离而独立存在。《土地管理法》规定,国有土地和农民集体所有的土地,可以依法确定给单位或者个人使用。使用土地的单位和个人,有保护、管理和合理利用土地的义务。

在这里介绍一下与土地相关的占有权、使用权、收益权与处分权这四种权利:

(1)占有权,指的是土地所有权人对于土地的实际控制;

(2)使用权,指的是土地所有权人按照土地的性质和用途加以利用,从而实现其利益的权利;

(3)收益权,指的是土地所有权人在土地之上获得经济利益的权利;

(4)处分权,指的是土地所有权人对土地的权利状态做出改变,如土地的出让、抵押等。

在我国,土地使用权的主体广泛,有国家机关、企事业单位、农民集体和公民个人,也有中外合营企业和外国独资企业,具有法定条件者,依照法定程序均可取得土地使用权,土地使用权的取得可以是有偿的,也可以是无偿的(如行政划拨用地),一般有明确的期限,使用权的行使必须符合国家有关法律的规定。土地使用权的客体是国家所有或集体所有的土地。

二、土地所有权的特征

一般来说,土地所有权属于财产所有权的范畴。但是土地所有权相对于一般财产所有权而言有其特殊性,主要表现为以下几个方面:

(1)土地所有权主体的特定性。土地所有权主体只限于国家和农民群众集体经济组织(或村民委员会)。

(2)土地所有权客体的特殊性。土地所有权的客体为土地,属于不动产的范畴,土地所有权和土地使用权一般是分离的。

(3)交易的禁止性。严禁土地所有权的买卖和商品性流转,虽然国有城镇土地实行有偿、有限期使用制度,但有偿转让的是土地使用权,而非所有权。

(4)权属的稳定性。土地所有权主体的限定性和土地所有权交易的禁止性决定了我国土地所有权权属的高度稳定性。在所有权的行使过程中,所有权与使用权的分离要受国家的计划管理和行政监督。

三、国家土地所有权

(一)国家土地所有权的概念

国家土地所有权是指国家作为土地所有权的权利主体依法对国家所有的土地享有的占有、使用、收益和处分的权利。

(二)国家土地所有权的客体范围

我国国家土地所有权的客体包括以下土地:

(1)城市市区的土地;

(2)农村和城市郊区中已经依法没收、征收、征购为国有的土地;

(3)国家依法征用的土地;

(4)依法不属于集体所有的林地、草地、荒地、滩涂及其他土地;

(5)农村集体经济组织全部成员转为城镇居民的,原属于其成员集体所有的土地;

(6)因国家组织移民、自然灾害等原因,农民成建制地集体迁移后不再使用的原属于迁移农民集体所有的土地。

(三)国家土地所有权的特征

我国国家土地所有权具有以下特征:

(1)国家土地所有权的主体具有唯一性和统一性。

(2)国家土地所有权的客体广泛。

(3)国家土地所有权的取得方式上带有国家的强制性。

(4)在土地所有权的确认方面,国家土地所有权直接以法律的形式确认,不进行国有土地所有权登记。中国境内的一切未被确认为集体所有的土地均属于国家所有。

(5)国家土地所有权流转的单向性。国家所有的土地,其土地所有权只能流进,即由非国有土地(在我国只限于集体土地)转为国有土地,而不能流出。

四、集体土地所有权

(一)集体土地所有权的概念

集体土地所有权是以符合法律规定的农村集体经济组织的农民集体为所有权人,对归其所有的土地依法享有的占有、使用、收益和处分的权利,是土地集体所有制在法律上的表现。

(二)集体土地所有权的客体范围

集体所有权的客体是集体所有的财产,除国家专有财产外,一般的生产资料和生活资料都可以成为集体所有权的客体。

我国集体土地所有权的客体包括:

(1)根据法律规定,农村和城市郊区属于国家所有以外的土地;

(2)宅基地和自留地、自留山,属于农民集体所有。

农民集体所有的土地,由县级人民政府登记造册,核发证书,确认所有权。而国家土地所有权是不需要发放国家土地所有权证书的。同时,《土地管理法》规定,农民集体所有的土地依法属于村农民集体所有的,由村集体经济组织或者村民委员会经营、管理;已经分别属于村内两个以上农村集体经济组织的农民集体所有的,由村内各该农村集体经济组织或者村民小组经营、管理;已经属于乡(镇)农民集体所有的,由乡(镇)农村集体经济组织经营、管理。

(三)集体土地所有权的特征

我国集体土地所有权具有以下特征:

(1)集体土地所有权没有全国性的统一的主体及其代表,其所有权归农民集体。农村集体包括三种形式,即农民集体、村以下农村集体经济组织和乡镇农民集体;

(2)集体土地所有权是一种所有权,享有所有权的各项权能,即占有、使用、收益、处分权;

(3)农村集体所有的土地,可以分为两类:一类是农业用地,另一类是非农业用地;

(4)集体所有的土地只能通过法定程序转让给国家,即集体所有权转为国家所有权,除此之外,不存在其他形式。

五、土地所有权的取得

(一)国家土地所有权的取得

1. 国家土地所有权的取得方式

我国国家土地所有权取得主要有承继、没收、国有化与征用这几种方式,其中,征用已经成为现在和将来国家取得土地所有权的主要方式。

2. 国家土地所有权的行使

国家土地所有权的权利主体只能是国家,国家以外的任何国家机关、企事业单位或公民个人都不能成为国家土地所有权的主体。

我国对国有土地采取统一领导、分级管理的原则。国家通过法律授权国务院和地方各级人民政府以及各级土地主管部门行使国家土地的所有权。各级人民政府和政府的土地主管部门对国有土地所有权通过以下方法行使:

(1)对已经被国家机关、企事业单位、社会团体和公民个人合法占用的国有土地,依照有关法律的规定确认使用者的土地使用权,并由县级以上人民政府登记造册,核发土地使用权证,并依法收取土地使用金。

(2)出让、划拨国有土地的使用权。划拨是指县级以上人民政府代表国家将国有土地无偿划给国家机关、社会团体、企事业单位或公民个人使用的行为。出让是指县、市级人民政府代表国家将国有土地使用权在一定年限内让与土地使用者,并收取出让金的行为。划拨和出让土地使用权是国有土地使用权行使的两种主要形式。

(3)收回土地使用权。

(二)集体土地所有权的取得

1. 集体土地所有权的取得方式

我国集体土地所有权主要有合作化、公社化与调整这三种方式,其中公社化时候集体土地所有权取得的重要方式。

2. 集体土地所有权的行使

根据《中华人民共和国宪法》,我国的集体土地所有权分为三种形式,分别为乡(镇)农民群众集体所有权、村农民群众集体所有权与村内经济组织农民群众集体所有权。

中华人民共和国
宪法

(1)乡(镇)农民群众集体所有的土地,其所有权由乡(镇)人民政府代表全乡(镇)农民行使;

(2)村农民群众集体所有的土地,由村民委员会代表全村农民行使;

(3)村内经济组织农民集体所有的土地,由该集体经济组织内的全体农民通过农民大会来行使;

行使集体土地所有权的内容主要有:

(1)要求县级人民政府颁发土地所有权证,行使法律上对土地的占有权;

(2)利用集体土地修建农用设施和进行农业生产,如修建水库、水渠、农用公路,种植农作物等;

(3)可以将土地交集体经济组织内的农民作宅基地、自留地、自留山使用,或者通过承包经营合同发包给农民使用;

(4)可以依法使用土地兴建乡村企业,或者以土地使用权作为出资与国有企业、集体企业或外商投资企业联营;

(5)有权依法收回土地使用权。

3. 集体土地所有权的消灭

集体土地所有权消灭有以下两个可能原因:

(1)集体土地所有权因所有权人意志以外的原因而消灭,包括国有化、征用、没收、调整四种情况;

(2)集体土地所有权因所有权人的分立与合并而消灭。

集体土地所有权人的合并包括吸收合并与新设合并这两种形式。吸收合并指的是一个农民集体接受另一个集体的加入;新设合并指的是两个农民集体合并为一个新的农民集体。

确定土地所有权和
使用权的若干规定

集体土地所有权人的分立也分为两种情况,一种是原农民集体存在,其中一部分农民带一部分土地重新组成一个农民集体;另一种是原农民集体分立为两个新的农民集体,其本身归于消灭。

六、土地所有权和使用权的确认

土地所有权和使用权的确认依据《中华人民共和国土地管理法》和《确定土地所有

权和使用权的若干规定》的相关规定执行,由县级以上人民政府依据法律确认。

(一)土地所有权的确认

国家依法实行土地登记发证制度,依法登记的土地所有权受法律保护,任何单位和个人都不得侵犯,并对各种情况下土地所有权的划分和确定都作出了具体规定。

(二)土地使用权的确认

1. 土地使用权的取得

国有土地和农民集体所有的土地可以依法确定给单位或个人使用。土地使用者可以通过国家依法出让、划拨,或通过其他土地使用权人依法转让、出租、获取地上建筑物所有权等方式取得国有土地的使用权。国有土地也可由单位或个人承包,用以进行种植业、林业、畜牧业、渔业生产。

农民集体所有的土地使用权可依法通过承包、转让、继承等方式取得。集体经济组织的成员可承包本单位所有的土地,进行种植业、林业、畜牧业、渔业生产,承包经营期限为 30 年,其土地承包经营权受法律保护。农民集体所有的土地要承包给本集体经济组织之外的单位或个人经营,须经村民会议 2/3 以上成员或 2/3 以上村民代表的同意,并报乡(镇)人民政府批准。农民还可依法取得宅基地、自留地、自留山的使用权。

2. 土地使用权的确认

《土地管理法》规定,建设单位使用国有土地的,应当按照土地使用权出让等有偿使用合同的约定或者土地使用权划拨批准文件的规定使用土地;确需改变该幅土地建设用途的,应当经有关人民政府自然资源主管部门同意,报原批准用地的人民政府批准。其中,在城市规划区内改变土地用途的,在报批前,应当先经有关城市规划行政主管部门同意。

第三节　土地的利用与保护

一、土地利用和保护的相关制度

涉及土地利用和土地保护的法律法规有《土地管理法》《土地管理法实施条例》《基本农田保护条例》等,它们对土地利用和保护作出了详细规定,其中关于土地利用和保护的制度有:土地用途管制制度、土地调查制度、土地统计制度与土地利用状况动态监测制度。

1. 土地用途管制制度

《土地管理法》第四条第一款规定:"国家实行土地用途管制制度。"该条第二款规定:"国家编制土地利用总体规划,规定土地用途,将土地分为农用地、建设用地和未利用地。严格限制农用地转为建设用地,控制建设用地总量,对耕地实行特殊保护。"

使用土地的单位和个人必须严格按照土地利用总体规划确定的用途使用土地。

2．土地调查制度

《土地管理法》第二十六条第一款规定："国家建立土地调查制度。"该条第二款规定："县级以上人民政府自然资源主管部门会同同级有关部门进行土地调查。土地所有者或者使用者应当配合调查,并提供有关资料。"

县级以上人民政府自然资源主管部门会同同级有关部门根据土地调查成果、规划土地用途和国家制定的统一标准,评定土地等级。

3．土地统计制度

《土地管理法》第二十八条第一款规定："国家建立土地统计制度。"该条第二款规定："县级以上人民政府统计机构和自然资源主管部门依法进行土地统计调查,定期发布土地统计资料。土地所有者或者使用者应当提供有关资料,不得拒报、迟报,不得提供不真实、不完整的资料。"

统计机构和自然资源主管部门共同发布的土地面积统计资料是各级人民政府编制土地利用总体规划的依据。

4．土地利用状况动态监测制度

《土地管理法》第二十九条规定："国家建立全国土地管理信息系统,对土地利用状况进行动态监测。"

二、土地利用总体规划

(一)土地利用总体规划概念

土地利用总体规划是指在一定区域内,根据国家社会经济可持续发展要求以及当地的自然、社会经济条件对土地的开发、利用、整治、保护等在空间和时间上所做的总体安排和布局。

根据《土地管理法》规定,我国各级人民政府应当依据国民经济和社会发展规划、国土整治和资源环境保护的要求、土地供给能力以及各项建设对土地的需求,组织编制土地利用总体规划。

(二)土地利用总体规划的层次体系

我国土地利用总体规划按照行政区可划分为全国、省(自治区、直辖市)、市(地)、县(市)、乡(镇)五级。其中,全国、省(自治区、直辖市)、市三级规划属于指导性规划;县级总体规划注重规划实施的可操作性;乡级规划是最基本的规划,主要是以落实县级规划为主。

《土地管理法》规定,下级土地利用总体规划应当依据上一级土地利用总体规划编制,地方各级人民政府编制的土地利用总体规划中的建设用地总量不得超过上一级土地利用总体规划确定的控制指标,耕地保有量不得低于上一级土地利用总体规划确定的控制指标。省、自治区、直辖市人民政府编制的土地利用总体规划,应当确保本行政区域内耕地总量不减少。

(三)土地利用规划与城市、集镇、村庄建设规划的关系

城市、集镇、村庄建设规划是土地利用规划的一个专项规划。土地利用规划的范围

比城市、集镇、村庄建设规划大,它要对规划区内全部土地的利用结构及其空间布局(包括城镇体系的布局)做出长期的合理安排。城镇规划中的用地布局、用地规模、用地选择、用地指标和用地方向应与土地利用规划相衔接。

(四)土地利用总体规划的编制与审批

依照《土地管理法》和《实施条例》等规定,土地利用总体规划应当将土地划分为农用地、建设用地和未利用地。县级土地利用总体规划和乡(镇)土地利用总体规划应当划分土地利用区,明确土地用途,其中乡(镇)土地利用总体规划,应根据土地使用条件,确定每一块土地的用途,并予以公告。

1. 编制原则

土地利用总体规划编制时应遵循以下原则:

(1)落实国土空间开发保护要求,严格土地用途管制;

(2)严格保护永久基本农田,严格控制非农业建设占用农用地;

(3)提高土地节约集约利用水平;

(4)统筹安排城乡生产、生活、生态用地,满足乡村产业和基础设施用地合理需求,促进城乡融合发展;

(5)保护和改善生态环境,保障土地的可持续利用;

(6)占用耕地与开发复垦耕地数量平衡、质量相当。

2. 国家、省、地级土地利用总体规划编制的内容

国家、省(自治区、直辖市)、市级土地利用总体规划属于指导性规划,规划编制内容应包括:

(1)土地利用现状分析;

(2)确定规划目标;

(3)土地供需分析;

(4)土地利用结构和布局调整;

(5)编制规划供选方案;

(6)拟定实施规划的政策措施。

3. 县级土地利用总体规划编制的内容

县级土地利用总体规划注重规划实施的可操作性,规划编制内容应包括:

(1)确定全县土地利用规划目标和任务;

(2)合理调整土地利用结构和布局,制定全县各类用地指标,确定土地整理、复垦、开发、保护分阶段任务;

(3)划定土地利用区,确定各区土地利用管制规则;

(4)安排能源、交通、水利等重点建设项目用地;

(5)将全县土地利用指标落实到乡、镇;

(6)拟定实施规划的措施。

4. 乡级土地利用总体规划编制的内容

乡级土地利用总体规划是最基本的规划,主要是以落实县级土地利用总体规划为

主。编制内容应当在分析乡、镇区域内土地利用现状和问题的基础上,重点阐明落实上级规划指标和各类土地利用的途径和措施。

5．土地利用总体规划编制的依据

土地利用总体规划主要依据以下三方面进行编制:

(1)有关法律、法规和行政规章;

(2)国民经济和社会发展规划、国土规划及上级土地利用总体规划等;

(3)当地土地利用状况、土地供给能力、土地需求状况等。

6．土地利用总体规划的审批

法律规定,土地利用总体规划实行分级审批。省、自治区、直辖市的土地利用总体规划,报国务院批准;省、自治区人民政府所在地的市、人口在一百万以上的城市以及国务院指定的城市的土地利用总体规划,经省、自治区人民政府审查同意后,报国务院批准;除此以外的土地利用总体规划,逐级上报省、自治区、直辖市人民政府批准;其中,乡(镇)土地利用总体规划可以由省级人民政府授权的设区的市、自治州人民政府批准。

土地利用总体规划的规划期限由国务院规定。根据《土地管理法》,土地利用总体规划的规划期限由国务院规定。土地利用总体规划一经批准,必须严格执行。

经批准的土地利用总体规划的修改,须经原批准机关批准;未经批准,不得改变土地利用总体规划确定的土地用途。

经国务院批准的大型能源、交通、水利等基础设施建设用地,需要改变土地利用总体规划的,根据国务院的批准文件修改土地利用总体规划。

经省、自治区、直辖市人民政府批准的能源、交通、水利等基础设施建设用地,需要改变土地利用总体规划的,属于省级人民政府土地利用总体规划批准权限内的,根据省级人民政府的批准文件修改土地利用总体规划。

(五)国土空间规划

《土地管理法》规定,国家应建立国土空间规划体系,编制国土空间规划应当遵循以下原则:

(1)坚持生态优先,绿色、可持续发展;

(2)科学有序统筹安排生态、农业、城镇等功能空间;

(3)优化国土空间结构和布局,提升国土空间开发、保护的质量和效率。

经依法批准的国土空间规划是各类开发、保护、建设活动的基本依据,已经编制国土空间规划的,不再编制土地利用总体规划和城乡规划。

(六)土地利用年度计划

1．土地利用年度计划的概念

土地利用年度计划是根据土地利用总体规划和国民经济发展计划对计划年度农用地转用计划指标、耕地保有量计划指标和土地开发整理计划指标等的具体安排,是实施土地利用总体规划的重要措施,是农用地转用审批、建设项目立项审查和用地审批、土地开发和土地整理审批的重要依据。

2．土地利用年度计划的编制依据、审批和效力

《土地管理法》规定，土地利用年度计划的编制依据是"国民经济和社会发展计划、国家产业政策、土地利用总体规划以及建设用地和土地利用的实际状况"。

土地利用年度计划是实施土地利用总体规划的手段，因此它的编制审批程序与土地利用总体规划的编制审批程序相同。

3．土地利用年度计划的管理原则

土地利用年度计划管理应当遵循如下原则：

(1)依据土地利用总体规划，严格控制建设用地，保护耕地；

(2)以土地供应引导需求，合理、有效地利用土地；

(3)优先保证国家重点建设项目和基础设施项目用地。

三、耕地保护

(一)耕地保护概念

耕地是指种植各种农作物的土地，它是人类所需食物的主要源泉，是农业生产发展的重要物质基础。耕地保护是指人们为保证耕地的永续利用和为可持续发展提供基本保障所采取的措施。

耕地保护包括数量即面积的保护和质量的保护，既要保护耕地资源本身，又要保护使土地成为耕地的环境条件；也包括对耕地不合理利用和浪费，以及对一切导致耕地生态环境遭受到破坏的活动或行为的禁止与制裁。

(二)耕地保护制度

根据《中华人民共和国土地管理法》《中华人民共和国土地管理法实施条例》和《基本农田保护条例》等法律法规，当前法律规定的耕地保护制度主要有土地用途管制制度、耕地总量动态平衡制度、耕地占补平衡制度、耕地保护目标责任制度、农用地转用审批制度、土地开发整理复垦制度、土地税费制度与耕地保护法律责任制度。

1．土地用途管制制度

《土地管理法》第四条第一款规定："国家实行土地用途管制制度。"该条第二款规定："国家编制土地利用总体规划，规定土地用途，将土地分为农用地、建设用地和未利用地。严格限制农用地转为建设用地，控制建设用地总量，对耕地实行特殊保护。"

使用土地的单位和个人必须严格按照土地利用总体规划确定的用途使用土地。

2．耕地总量动态平衡制度

《土地管理法》第三十二条规定："省、自治区、直辖市人民政府应当严格执行土地利用总体规划和年度土地利用计划，采取措施，确保本行政区域内耕地总量不减少、质量不降低。"

耕地总量减少的，由国务院责令在规定期限内组织开垦与所减少耕地的数量与质量相当的耕地；耕地质量降低的，由国务院责令在规定期限内组织整治。新开垦和整治的耕地由国务院自然资源主管部门会同农业农村主管部门验收。

个别省、直辖市确因土地后备资源匮乏，新增建设用地后，新开垦耕地数量不足以补偿所占用耕地的数量的，必须报经国务院批准减免本行政区域内开垦耕地的数量，易地开垦数量和质量相当的耕地。

3．耕地占补平衡制度

《土地管理法》第三十条第二款规定："国家实行占用耕地补偿制度。非农业建设经批准占用耕地，按照'占多少，垦多少'的原则，由占用耕地的单位负责开垦与所占用耕地的数量和质量相当的耕地；没有条件开垦的或者开垦的耕地不符合要求的，应当按照省、自治区、直辖市的规定缴纳耕地开垦费，专款用于开垦新的耕地。"

4．耕地保护目标责任制度

根据《基本农田保护条例》关于"县级以上地方各级人民政府应当将基本农田保护工作纳入国民经济和社会发展计划，作为政府领导任期目标责任制的一项内容，并由上级人民政府监督实施"的规定，各级政府应当建立以基本农田保护和耕地总量动态平衡为主要内容的耕地保护目标责任制，每年进行考核。

5．农用地转用审批制度

《土地管理法》第四十四条规定："建设占用土地，涉及农用地转为建设用地的，应当办理农用地转用审批手续。"

永久基本农田转为建设用地的，由国务院批准。

在土地利用总体规划确定的城市和村庄、集镇建设用地规模范围内，为实施该规划而将永久基本农田以外的农用地转为建设用地的，按土地利用年度计划分批次按照国务院规定由原批准土地利用总体规划的机关或者其授权的机关批准。在已批准的农用地转用范围内，具体建设项目用地可以由市、县人民政府批准。

在土地利用总体规划确定的城市和村庄、集镇建设用地规模范围外，将永久基本农田以外的农用地转为建设用地的，由国务院或者国务院授权的省、自治区、直辖市人民政府批准。

6．土地开发整理复垦制度

《土地管理法》第三十九条规定："国家鼓励单位和个人按照土地利用总体规划，在保护和改善生态环境、防止水土流失和土地荒漠化的前提下，开发未利用的土地；适宜开发为农用地的，应当优先开发成农用地。"

第四十二条规定："国家鼓励土地整理。县、乡（镇）人民政府应当组织农村集体经济组织，按照土地利用总体规划，对田、水、路、林、村综合整治，提高耕地质量，增加有效耕地面积，改善农业生产条件和生态环境。"

第四十三条规定："因挖损、塌陷、压占等造成土地破坏，用地单位和个人应当按照国家有关规定负责复垦；没有条件复垦或者复垦不符合要求的，应当缴纳土地复垦费，专项用于土地复垦。复垦的土地应当优先用于农业。"

7．土地税费制度

《土地管理法》第三十条规定，建设占用耕地，如没有条件开垦或者开垦的耕地不符合要求，应缴纳耕地开垦费，用于开垦新耕地。

第三十八条规定，对于闲置、荒芜耕地要缴纳闲置费。

第五十五条规定，以出让等有偿使用方式取得国有土地使用权的建设单位，按照国务院规定的标准和办法，缴纳土地使用权出让金等土地有偿使用费和其他费用后，方可使用土地。

《中华人民共和国耕地占用税法》规定，在中华人民共和国境内占用耕地建设建筑物、构筑物或者从事非农业建设的单位和个人，为耕地占用税的纳税人，应当依照本法规定缴纳耕地占用税。

中华人民共和国耕地占用税法

法律规定的税费制度，是以经济手段保护耕地的重要措施。

8. 耕地保护法律责任制度

《中华人民共和国刑法》第三百四十二条规定："非法占用耕地、林地等农用地，改变被占用土地用途，数量较大，造成耕地、林地等农用地大量毁坏的，处五年以下有期徒刑或者拘役，并处或者单处罚金。"

中华人民共和国刑法

第四百一十条规定："国家机关工作人员徇私舞弊，违反土地管理法规，滥用职权，非法批准征收、征用、占用土地，或者非法低价出让国有土地使用权，情节严重的，处 3 年以下有期徒刑或者拘役；致使国家或者集体利益遭受特别重大损失的，处 3 年以上 7 年以下有期徒刑。"

《土地管理法》《土地管理法实施条例》及《基本农田保护条例》等法律法规，对耕地保护违法行为规定了相应的行政法律责任。

（三）永久基本农田保护制度

1. 永久基本农田保护区的概念

依据土地利用总体规划和依据法定程序确定的特定保护区域，被称为永久基本农田。

根据现行法律，我国实行永久基本农田保护制度，根据土地利用总体规划，下列耕地应当划为永久基本农田实行严格保护：

（1）经国务院农业农村主管部门或者县级以上地方人民政府批准确定的粮、棉、油、糖等重要农产品生产基地内的耕地；

（2）有良好的水利与水土保持设施的耕地，正在实施改造计划以及可以改造的中、低产田和已建成的高标准农田；

（3）蔬菜生产基地；

（4）农业科研、教学试验田；

（5）国务院规定应当划为永久基本农田的其他耕地。

各省、自治区、直辖市划定的永久基本农田一般应当占本行政区域内耕地的 80% 以上。基本农田划定以乡（镇）为单位进行，由县级人民政府自然资源主管部门会同同级农业主管部门组织实施。

永久基本农田应当落实到地块，纳入国家永久基本农田数据库严格管理。

2.永久基本农田保护制度的主要内容

永久基本农田保护制度的主要内容包括以下内容：

(1)永久基本农田数量保护；

(2)永久基本农田的质量保护；

(3)违反《基本农田保护条例》的处罚。

第四节　建设用地

一、基本概念

建设用地是指建造建筑物、构筑物的土地,按其使用土地性质的不同,可分为农业建设用地和非农业建设用地；按其土地权属、建设内容不同,又分为国家建设用地、乡(镇)建设用地和其他建设用地。

《土地管理法》规定,我国对建设用地实行建设用地总量控制制度,建设占用土地,涉及农用地转为建设用地的,应当办理农用地转用审批手续。永久基本农田转为建设用地的,由国务院批准。

在土地利用总体规划确定的城市和村庄、集镇建设用地规模范围内,为实施该规划而将永久基本农田以外的农用地转为建设用地的,按土地利用年度计划分批次按照国务院规定由原批准土地利用总体规划的机关或者其授权的机关批准。在已批准的农用地转用范围内,具体建设项目用地可以由市、县人民政府批准。

建设用地的供应分为存量和增量两部分。增量部分,主要通过农用地转为建设用地的供应,即所谓"一级市场"；存量部分,主要通过现有土地使用者之间的交易的供应,即所谓"二级市场"。

二、国家征用土地

根据《土地管理法》的规定,国家为了公共利益的需要,可以依法对土地实行征收或者征用并给予补偿。按照原意,征收是消灭土地原所有权的行为,征用是取得使用权,但不更改土地的所有权的行为,但是目前习惯上仍将征用等同于征收使用。

(一)国家征用土地的特征

国家建设征用土地具有以下特征：

1.主体必须是国家

建设征用土地的主体必须是国家,只有国家才能在国家建设征用土地法律关系中充当征用主体,因为只有国家才能享有国家建设之需要依法征用集体所有土地的权利,尽管直接需要土地的并非国家,而是具体的国家机关、企事业单位、社会团体以及个人。但是它们作为土地需要的单位只能根据自己的用地的实际需要,依照法律规定程序向省、自治区、直辖市人民政府或国务院提出用地申请,并在申请批准后,由县级以上地方人民政府予以公告并组织实施。

2. 强制性国家行政行为

家建设征用土地是国家行政行为，具有强制性。国家建设征用土地非民事行为，而是国家授权的并依照法律规定的依据和程序所实施的行政行为。征用土地法律关系的产生并非基于双方的自愿和一致，而是基于国家的单方面的意思表示，无需被征用土地的所有人同意。国家征用土地的指令，是行政命令。对此，土地被征用的集体经济组织必须服从，而且在这种法律关系中也不遵循等价有偿原则。

3. 出于公共利益需要

国家建设征用土地的原因是根据国家建设的需要，也即《宪法》所指的公共利益的需要。比如发展和兴办国防建设、公用事业、市政建设、交通运输、水利事业、国家机关建设用地等等，除此之外，凡是有利于社会主义现代化建设，有利于人民生活水平的提高，有利于综合国力的加强，诸如设立国家主管机关批准的集体企业、三资企业，兴办国家主管机关批准的民办大学以及其他社会公益事业等等，均是广义上的国家建设和公共利益之需要，这些情况都可作为国家建设征用土地的原因。

4. 必须有偿进行

国家建设征用土地必须以土地补偿为必备条件。国家建设征用土地与没收土地不同，它不是无偿地强制进行，而是有偿地强制进行。土地被征用的集体经济组织应当依法取得经济上的补偿。国家建设征用土地与土地征购不同，它并不是等价的特种买卖，而是有补偿条件的征用。但是，对被征用土地的适当补偿，则是国家建设征用土地所必不可少的条件，补偿标准依据《土地管理法》及其实施条例的规定进行。尽管土地为国家征用，但是土地补偿费以及其他费用并不是由国家直接支付，而是由用地单位支付。

5. 标的只能为集体所有土地

国家建设征用土地的标的只能是集体所有的土地，国家建设用地需要用集体所有的土地来满足，也需要用国家所有的土地来满足，用集体所有的土地满足国家建设用地的法定办法是征用，用国有土地来满足国家建设用地之需要的法定办法是出让、划拨等方式而非征用方式，因为国有土地本来就是国家的，不需要再通过其他方式取得所有权，国家可直接行使处分权利。

(二)国家征用土地的程序

国家征用土地，必须在征地之前开展土地状况调查、信息公示、跟农民签订协议后才能依照法定程序经有审批权的人民政府审批，再由县级以上地方人民政府组织有关部门确定征地补偿安置方案，方可申请征地，并在批准后由同级人民政府予以公告，根据《土地管理法》，具体包括以下程序：

1. 拟定征用土地方案

征用土地方案由拟征用土地所在地市、县人民政府或其自然资源主管部门拟订。其中征用城镇土地利用总体规划确定的城市建设用地区内统一规划、统一开发的土地，由市、县人民政府根据土地利用计划和对建设用地的需求情况拟订。城市建设用地区外能源、交通、水利、军事设施等按建设项目实施征地的,由市、县人民政府自然资源主管部门根据建设单位或建设主管部门的建设用地申请拟订。征地方案包括征地的目的及用途,征用土地的范围、地类、面积、地上附着物的种类及数量,征用土地及地上附着物和青苗的补偿,劳动力安置途径,原土地的所有权人及使用权人情况等。

2. 征用土地方案公告

县级以上地方人民政府拟申请征收土地的,应当开展拟征收土地现状调查和社会稳定风险评估,并将征收范围、土地现状、征收目的、补偿标准、安置方式和社会保障等在拟征收土地所在的乡(镇)和村、村民小组范围内公告至少 30 日,听取被征地的农村集体经济组织及其成员、村民委员会和其他利害关系人的意见。

多数被征地的农村集体经济组织成员认为征地补偿安置方案不符合法律、法规规定的,县级以上地方人民政府应当组织召开听证会,并根据法律、法规的规定和听证会情况修改方案。

3. 签订补偿、安置协议

拟征收土地的所有权人、使用权人应当在公告规定期限内,持不动产权属证明材料办理补偿登记。县级以上地方人民政府应当组织有关部门测算并落实有关费用,保证足额到位,与拟征收土地的所有权人、使用权人就补偿、安置等签订协议;个别确实难以达成协议的,应当在申请征收土地时如实说明。

4. 审查报批

相关前期工作完成后,县级以上地方人民政府方可申请征收土地。依照法定程序批准后,由县级以上地方人民政府予以公告并组织实施。建设占用土地,涉及农用地转为建设用地的,应当办理农用地转用审批手续。其中,永久基本农田转为建设用地的,由国务院批准。

在土地利用总体规划确定的城市和村庄、集镇建设用地规模范围内,为实施该规划而将永久基本农田以外的农用地转为建设用地的,按土地利用年度计划分批次按照国务院规定由原批准土地利用总体规划的机关或者其授权的机关批准。在已批准的农用地转用范围内,具体建设项目用地可以由市、县人民政府批准。

在土地利用总体规划确定的城市和村庄、集镇建设用地规模范围外,将永久基本农田以外的农用地转为建设用地的,由国务院或者国务院授权的省、自治区、直辖市人民政府批准。

5. 清理土地和实施征用土地

(三)国家征用土地的审批权限

1. 国家建设征地的批准权限

国家建设征用农民集体土地,应依法报国务院或省、自治区、直辖市人民政府批准。对于不同土地,其批准权限不同。

征用下列土地由国务院批准:

(1)永久基本农田;

（2）永久基本农田以外的耕地超过 35 公顷的；

（3）其他土地超过 70 公顷的。

征用上述规定以外的土地,则由省、自治区、直辖市人民政府批准。

2. 农用地转用审批权限

根据《土地管理法》和《实施条例》的规定,建设项目确需占用国土空间规划确定的城市和村庄、集镇建设用地范围外的农用地,涉及占用永久基本农田的,由国务院批准。

在国土空间规划确定的城市和村庄、集镇建设用地范围内,为实施该规划而将农用地转为建设用地的,由市、县人民政府组织自然资源等部门拟订农用地转用方案,分批次报有批准权的人民政府批准。

在已批准的农用地转用范围内,具体建设项目用地可以由市、县人民政府批准。在规模之外,将永久基本农田以外的农用地转为建设用地的,由国务院或者国务院授权的省、自治区、直辖市人民政府批准。

农用地转用涉及征收土地的,还应当依法办理征收土地手续。

（四）征地补偿安置标准

根据《土地管理法》规定,征收土地的,按照被征收土地的原用途给予补偿。征收耕地的补偿费用包括土地补偿费、安置补助费、农村村民住宅、其他地上附着物和青苗等的补偿费用,并安排被征地农民的社会保障费用。其中,相关的补偿标准如下：

（1）土地补偿费、安置补助费,标准由省、自治区、直辖市通过制定公布区片综合地价确定。制定区片综合地价应当综合考虑土地原用途、土地资源条件、土地产值、土地区位、土地供求关系、人口以及经济社会发展水平等因素,并至少每三年调整或者重新公布一次。

（2）征收农用地以外的其他土地、地上附着物和青苗等的补偿标准,由省、自治区、直辖市规定。对其中的农村村民住宅,应当按照先补偿后搬迁、居住条件有改善的原则,尊重农村村民意愿,采取重新安排宅基地建房、提供安置房或者货币补偿等方式给予公平、合理的补偿,并对因征收造成的搬迁、临时安置等费用予以补偿,保障农村村民居住的权利和合法的住房财产权益。

（3）被征地农民的社会保障,县级以上地方人民政府应当将被征地农民纳入相应的养老等社会保障体系。被征地农民的社会保障费用主要用于符合条件的被征地农民的养老保险等社会保险缴费补贴。被征地农民社会保障费用的筹集、管理和使用办法,由省、自治区、直辖市制定。

被征地的农村集体经济组织应当将征收土地的补偿费用的收支状况向本集体经济组织的成员公布,接受监督。

禁止侵占、挪用被征收土地单位的征地补偿费用和其他有关费用。

三、国家征用土地

（一）国有建设用地的范围

属于国家所有的建设用地,包括城市市区内土地,城市规划区外现有的铁路、公路、机场、水利设施、军事设施、工矿企业使用的国有土地,国有农场内的建设用地等,以及依法征用的原属于农民集体所有的建设用地和办理了农用地转用和征用的农民集体所有的农用地,和依法办理农用地转用的国有农用地。

国家对国有建设用地管理实行的是所有权和使用权分离的办法,即所有权永久属于国家,不可流动,而土地使用权可以依法流动,即可以依法出让(或划拨)、转让、抵押等。

(二)国有建设用地使用权取得方式

我国基本确定了以有偿使用方式为主,有偿使用和划拨并存的国有建设用地的使用方式。

1.国有建设用地的有偿使用方式

《土地管理法实施条例》规定,国有土地有偿使用的方式包括国有土地使用权出让、国有土地租赁与国有土地使用权作价出资或者入股。

(1)国有土地使用权出让

指国家在一定年限内将土地使用权出让给土地使用者,由土地使用者一次性向国家支付土地使用权出让金和其他费用的行为。出让年限由合同约定,最高年限由国家具体规定:居住地 70 年;工业用地 50 年;文化、教育、科技、体育用地 50 年;商业、旅游、娱乐用地 40 年;综合或其他用地 50 年。

在土地使用期届满时,按照《城市房地产管理法》规定,土地使用权出让合同约定的使用年限期满,土地使用者需要继续使用土地的,应当至迟于届满前 1 年申请续期,除根据社会公共利益需要收回该幅土地的,应当予以批准,经批准予以续期的,应当重新签订土地使用权出让合同,依照规定支付土地使用权出让金。土地使用权出让合同约定的使用年限届满,土地使用者未申请续期或者虽申请续期但未获得批准的,土地使用权由国家无偿收回。

根据《城镇国有土地使用权出让和转让暂行条例》的规定,土地使用权期满,土地使用权及其地上建筑物、其他附着物所有权由国家无偿取得。

(2)国有土地所有权租赁

指国家将国有土地出租给使用者使用,由使用者与县级以上人民政府自然资源主管部门签订一定年限的土地租赁合同,并支付租金的行为。

(3)国有土地使用权作价出资或者入股

指国家根据需要,以一定年限的国有土地使用权作价,作为出资人投入改组后的新设企业,该土地使用权由新设企业拥有,可以依法转让、出租、抵押。

在土地的二级市场上,国有土地的有偿使用还可以通过使用权转让、出租或者抵押等方式进行。

2.国有建设用地的划拨使用

建设单位使用国有土地,应当以出让等有偿使用方式取得,但是根据《土地管理法》规定,下列建设用地经县级以上人民政府依法批准,可以以划拨方式取得:

(1)国家机关用地和军事要地;

（2）城市基础设施用地和公益事业用地；

（3）国家重点扶持的能源、交通、水利等基础设施用地；

（4）法律、行政法规规定的其他用地。

划拨方式取得国有土地使用权是指经县级以上人民政府依法批准后，在土地使用权者依法缴纳了土地补偿费、安置补偿费及其他费用后，国家将土地交付给土地使用者使用，或者国家将土地使用权无偿交付给土地使用者使用的行为。划拨土地使用权不得转让、出租、抵押，即不得流转。如需流转应办理土地出让手续或经政府批准。使用者不需使用时，由政府无偿收回土地使用权。

建设单位使用国有土地的，应当按照土地使用权出让等有偿使用合同的约定或者土地使用权划拨批准文件的规定使用土地；确需改变该幅土地建设用途的，应当经有关人民政府自然资源主管部门同意，报原批准用地的人民政府批准。其中，在城市规划区内改变土地用途的，在报批前，应当先经有关城市规划行政主管部门同意。

四、乡村建设用地

（一）乡村建设用地的范围

乡村建设用地按照法律规定，包括原有的农村集体土地中的建设用地、经依法办理了农用地转用手续的农用地，使用范围包括以下几个方面：

1. 兴办乡镇企业使用本集体经济组织所有的土地

乡镇办企业使用本乡（镇）集体所有的土地，村民组办企业使用本村民组所有的土地，个人办企业使用所在集体组织所有的土地，不允许乡（镇）办企业使用村或村民组所有的土地。

2. 农村村民建住宅使用本集体所有土地

不允许城镇居民使用集体土地，或农村村民建住宅使用其他集体经济组织所有的土地。

3. 乡（镇）村公共设施和公益事业建设使用农民集体所有的土地

公共设施和公益事业建设包括农村道路、水利设施、学校、通讯、医疗卫生、敬老院、幼儿园、村民委员会办公室，不管是使用本集体所有的土地，还是其他集体所有的土地都是允许的。

（二）乡村集体建设用地使用的原则

乡（镇）公共设施、公益事业和农村村民建住宅，使用农民集体所有的建设用地，必须遵循以下原则：

（1）必须符合乡（镇）土地利用总体规划；

（2）必须依法取得县级以上人民政府批准；

（3）建设占地与农村土地整理挂钩，严格控制占用耕地。

五、临时建设用地

按照《土地管理法》及其实施条例规定，临时建设用地指的是建设项目施工和地质勘察需要临时使用国有或农民集体所有的土地,施工或勘查完后不再需要使用的土地,不包括临时使用建筑或设施而引起的使用土地的行为。

对临时建设用地的使用,要遵循以下要求:

(1)使用临时建设用地,须申请报批,并由县级以上人民政府自然资源主管部门批准。土地使用者应当根据土地权属,与有关自然资源主管部门或者农村集体经济组织、村民委员会签订临时使用土地合同,并按照合同的约定支付临时使用土地补偿费。

(2)临时使用土地的使用者应当按照临时使用土地合同约定的用途使用土地,并不得修建永久性建筑物。

(3)在城市规划区内的临时用地,在报批前,应当先经有关城市规划行政主管部门同意。

(4)临时使用土地期限一般不超过 2 年。

(5)土地使用者应当自临时用地期满之日起 1 年内完成土地复垦,使其达到可供利用状态,其中占用耕地的应当恢复种植条件。

第五节　违反土地管理法的责任与处理

土地法律责任是指因违反土地管理法律、法规而必须承担的责任。承担土地法律责任的前提是行为人具有土地违法行为,也即指有社会危害性的、有过错的不法行为。不履行法定义务,违反法律的禁止,滥用权利都可以构成违法。

一、违反土地管理法的责任

(一)土地违法的种类

土地违法种类可以分为行政违法、民事违法与刑事违法这三类。

1. 行政违法

行政违法是指违反由行政法规范所调整的社会关系秩序和国家机关、社会组织、企业的纪律,依其社会危害性的程度,法律不认为是犯罪,但仍应承担法律责任的行为。

2. 民事违法

民事违法一般没有在法律中明文列举。民事违法可分为两大类,即债的不履行和侵权行为。

3. 刑事违法

刑事违法是指违反《刑法》应受刑事处罚的行为,也就是犯罪。刑事违法属于严重违法,其社会危害性大。

(二)土地违法的行为

《土地管理法》中对土地违法行为的种类作出了规定,主要包括以下方面:

(1)非法占用土地的行为;

（2）非法转让土地的行为；

（3）破坏耕地的行为；

（4）非法侵占征地费的行为；

（5）拒不履行土地复垦义务的行为；

（6）非法批准用地的行为；

（7）拒不交还土地的行为；

（8）擅自将农民集体土地使用权出让、转让、出租用于非农业建设的行为。

（三）违反土地管理法的责任

违反土地管理法的责任主要包括以下内容：

（1）买卖或者以其他形式非法转让土地的，由县级以上人民政府自然资源主管部门没收违法所得，对违反土地利用总体规划擅自将农用地改为建设用地的，限期拆除在非法转让的土地上新建的建筑物和其他设施，可以并处非法所得50%以下的罚款；对直接负责的主管人员和其他直接负责人员，依法给予行政处分；构成犯罪的，依法追究刑事责任。

（2）占用耕地建窑、建坟或者擅自在耕地上建房、挖砂、采石、采矿、取土等，破坏种植条件的，或者因开发土地造成土地荒漠化、盐渍化的，由县级以上人民政府自然资源主管部门责令限期改正或者治理，可以并处耕地开垦费2倍以下的罚款；构成犯罪的，依法追究刑事责任。

（3）拒绝履行土地复垦义务的，由县级以上人民政府自然资源主管部门责令限期改正；逾期未改正的，责令缴纳复垦费，专项用于土地复垦，可以处以土地复垦费2倍以下的罚款。

（4）未经批准或者采取欺骗手段骗取批准非法占用土地的，在国土空间规划确定的禁止开垦的范围内从事土地开发活动的，由县级以上人民政府自然资源主管部门责令限期改正及退还非法占用的土地；对违反土地利用总体规划擅自将农用地改为建设用地的，限期拆除在非法占用的土地上新建的建筑物和其他设施，恢复土地原状；对符合土地利用总体规划的，没收在非法占用的土地上新建的建筑物和其他设施，可以并处非法占用土地100～1000元/平方米以下的罚款；对非法占用土地单位的直接负责的主管人员和其他直接责任人员，依法给予行政处分；构成犯罪的，依法追究刑事责任。超过批准的数量占用土地，多占的土地以非法占用土地论处。

（5）农村村民未经批准或者采取欺骗手段骗取批准非法占用土地建住宅的，由县级以上人民政府自然资源主管部门责令退还非法占用的土地，限期拆除在非法占用的土地上新建的房屋。超过省、自治区、直辖市规定的标准，多占的土地以非法占用土地论处。

（6）无权批准征用、使用土地的单位或者个人非法批准占用土地的，超越批准权限非法批准占用土地的，未按照土地利用总体规划确定的用途批准用地的，或者违反法律规定的程序批准占用、征用土地的，其批准文件无效，对非法批准征用、使用土地的直接负责的主管人员和其他直接责任人员，依法给予行政处分；构成犯罪的，依法追究刑事责任。

(7)侵占、挪用被征用土地单位的征地补偿费和其他有关费用,构成犯罪的依法追究刑事责任;尚不构成犯罪的,依法给予处分。

(8)依法收回国有土地使用权,而当事人拒不交出土地的,临时使用土地期限已满拒不归还的,或者不按批准的用途使用国有土地的,由县级以上人民政府自然资源主管部门责令交还土地,并处以非法占用土地 100～500 元/平方米的罚款。

(9)擅自将农民集体所有土地的使用权通过出让、转让或者出租等方式用于非农业建设的,或者违反《土地管理法》规定,将集体经营性建设用地通过出让、出租等方式交由单位或者个人使用的,由县级以上人民政府自然资源主管部门责令限期改正,没收违法所得,并处以违法所得 10% 以上、30% 以下的罚款。

(10)因建设项目施工和地质勘察需要临时使用让徒弟的使用人,在临时用地期满之日起 1 年内未能完成复垦与恢复其中占用耕地的种植条件,由县级以上人民政府自然资源主管部门责令限期改正,并可处耕地复垦费 2 倍以上、5 倍以下的罚款。

(11)违反土地管理法律、法规规定,阻挠国家建设征收土地的,由县级以上人民政府责令交出土地;拒不交出土地的,依法申请人民法院强制执行。

(12)责令限期拆除在非法占用的土地上新建的建筑物和其他设施的,建设单位或者个人必须立即停止施工,自行拆除;对继续施工的,作出处罚决定的机关有权制止。建设单位或者个人对责令期限拆除的行政处罚决定不服的,可以在接到责令限期拆除决定之日起 15 日内,向人民法院起诉;期满不起诉又不自行拆除的,由作出处罚决定的机关依法申请人民法院强制执行,费用由违法者承担。

(13)在临时使用的土地上修建永久性建筑物、构筑物的,由县级以上人民政府自然资源主管部门责令限期拆除,按占用面积处土地复垦费 5 倍以上 10 倍以下的罚款;逾期不拆除的,由作出处罚决定的机关依法申请人民法院强制执行。

(14)对在土地利用总体规划制定前已建的不符合土地利用总体规划确定的用途的建筑物、构筑物,不得重建、扩建。

(15)自然资源主管部门、农业农村主管部门的工作人员玩忽职守、滥用职权、徇私舞弊,构成犯罪的,依法追究其刑事责任;尚不构成犯罪的,依法给予处分。

二、违法案件的处理

根据《国土资源行政处罚办法》的规定,国土资源违法案件是指违反国土资源管理法律、法规,必须追究法律责任的案件。

国土资源行政处罚办法

(一)国土资源违法案件的处理机关和处理权范围

国土资源违法案件的处理机关为县级以上国土资源管理部门。

1. 省级、市级国土资源主管部门

省级、市级国土资源主管部门管辖本行政区域内重大、复杂和法律法规规定应当由其管辖的国土资源违法案件,包括:

(1)全民所有制单位、城市集体所有制单位和乡(镇)村集体非法占用土地的案件;

(2)城镇非农业户口居民非法占用土地案件；

(3)买卖或以其他形式非法转让土地案件；

(4)非法批准占用土地案件；

(5)非法占用征地补偿费和安置补助费案件；

(6)临时使用土地期满不归还，或土地使用权被收回拒不交出土地的案件；

(7)违反法律规定，在耕地上挖土、挖砂、采石、采矿等，严重毁坏种植条件，或因开发土地，造成土地严重沙化、盐渍化、水土流失的案件；

(8)侵犯土地所有权或使用权案件；

(9)违反土地复垦规定的案件；

(10)其他违反土地管理法律、法规的案件。

2. 国家级国土资源主管部门

国家级国土资源主管部门管辖全国范围内重大、复杂和法律法规规定应当由其管辖的国土资源违法案件。

3. 上级国土资源主管部门管辖下级国土资源主管部门管辖案件的情形

有下列情形之一的，上级国土资源主管部门有权管辖下级国土资源主管部门管辖的案件：

(1)下级国土资源主管部门应当立案调查而不予立案调查的；

(2)案情复杂，情节恶劣，有重大影响的。

上级国土资源主管部门可以将本级管辖的案件交由下级国土资源主管部门管辖，但是法律法规规定应当由其管辖的除外。

(二)国土资源违法案件的处理程序

1. 国土资源违法案件的立案

根据《国土资源行政处罚办法》的规定，国土资源主管部门发现自然人、法人或者其他组织行为涉嫌违法的，应当及时核查。对正在实施的违法行为，应当依法及时下达《责令停止违法行为通知书》予以制止。《责令停止违法行为通知书》应当记载违法行为人的姓名或者名称、违法事实、违法依据和其他应当记载的事项。

其中符合下列条件的，国土资源主管部门应当在 10 个工作日内予以立案：

(1)有明确的行为人；

(2)有违反国土资源管理法律法规的事实；

(3)依照国土资源管理法律法规应当追究法律责任的；

(4)属本部门管辖；

(5)违法行为没有超过追诉时效。

如果违法行为轻微并及时纠正，没有造成危害后果的，可以不予立案。

2. 国土资源违法案件的调查

立案后，国土资源主管部门应当指定案件承办人员，及时组织调查取证。调查取证时，案件调查人员应当不少于 2 人。在调查取证的过程中，案件调查人员有权采取下列措施：

（1）要求被调查的单位或者个人提供有关文件和资料，并就与案件有关的问题作出说明；

（2）询问当事人以及相关人员，进入违法现场进行检查、勘测、拍照、录音、摄像，查阅和复印相关材料；

（3）依法可以采取的其他措施。

案件调查终结，案件承办人员应当提交调查报告。调查报告应当包括当事人的基本情况、违法事实以及法律依据、相关证据、违法性质、违法情节、违法后果，并提出依法是否应当给予行政处罚以及给予何种行政处罚的处理意见。

涉及需要追究党纪、政纪或者刑事责任的，应当提出移送有权机关的建议。

3. 国土资源违法案件的审理

国土资源主管部门在审理案件调查报告时，应当就下列事项进行审理：

(1)事实是否清楚、证据是否确凿；

(2)定性是否准确；

(3)适用法律是否正确；

(4)程序是否合法；

(5)拟定的处理意见是否适当。

经审理发现调查报告存在问题的，可以要求调查人员重新调查或者补充调查。

4. 国土资源违法案件的决定

审理结束后，国土资源主管部门根据不同情况，分别作出下列决定：

(1)违法事实清楚、证据确凿、依据正确、调查审理符合法定程序的，作出行政处罚决定；

(2)违法情节轻微、依法可以不给予行政处罚的，不予行政处罚；

(3)违法事实不成立的，不得给予行政处罚；

(4)违法行为涉及需要追究党纪、政纪或者刑事责任的，移送有权机关。

违法行为依法需要给予行政处罚的，国土资源主管部门应当制作《行政处罚告知书》，按照法律规定的方式，送达当事人。当事人有权进行陈述和申辩。陈述和申辩应当在收到《行政处罚告知书》后3个工作日内提出。口头形式提出的，案件承办人员应当制作笔录。

对拟给予较大数额罚款或者吊销勘查许可证、采矿许可证等行政处罚的，国土资源主管部门应当制作《行政处罚听证告知书》，按照法律规定的方式，送达当事人。当事人要求听证的，应当在收到《行政处罚听证告知书》后3个工作日内提出。

当事人未在规定时间内陈述、申辩或者要求听证的，以及陈述、申辩或者听证中提出的事实、理由或者证据不成立的，国土资源主管部门应当依法制作《行政处罚决定书》，并按照法律规定的方式，送达当事人。

《行政处罚决定书》中应当包括行政处罚告知、当事人陈述、申辩或者听证的情况。一经送达，即发生法律效力。当事人对行政处罚决定不服申请行政复议或者提起行政诉讼的,在行政复议或者行政诉讼期间,行政处罚决定不停止执行;法律另有规定的除外。

国土资源主管部门应当自立案之日起 60 日内作出行政处罚决定。案情复杂,不能在规定期限内作出行政处罚决定的,经本级国土资源主管部门负责人批准,可以适当延长,但延长期限不得超过 30 日,案情特别复杂的除外。

(三)国土资源违法案件处理的回避制度

根据《国土资源行政处罚办法》的规定,调查人员与案件有直接利害关系的,应当回避。

案例分析

案例 6-1

一、基本案情

某社区现位于江苏省某市城市规划区内,该社区居委会前身村民委员会于 1998 年 6 月依法征用本村第四组集体耕地 10.21 亩(6806.66 平方米)建设村胶合板厂,该胶合板厂厂长系本村村民王某。2000 年经土地初始登记办理了以权利人为胶合板厂的国有土地工业使用权证书,登记国有土地使用权面积 10.2664 亩(6844.3 平方米)及该厂法定代表人为王某。2004 年 5 月王某在办理了城市规划许可证及企业工商营业执照后,又以招商引资为名获取优惠,将某市××商贸有限公司作为法人公司另与该社区居委会签订了在位于上述地块北侧的耕地 6.58 亩(4386.66 平方米)租赁协议书,将此地和胶合板厂土地共同建设瓜果批发市场。根据城市发展规划要求,该地不适宜作为瓜果批发市场之用,2005 年 1 月市政府将该案交国土资源局查办。经查:

1. 王某将原胶合板厂工业用地改为瓜果批发市场商业用地之土地用途变更,未经县以上有权机关批准;

2. 某市××商贸有限公司租赁该社区居委会耕地建设瓜果批发市场未依法办理建设用地批准手续。

二、案件分析

1. 本案例中首先存在错误的土地登记和侵占国有土地资产的行为。虽然原村胶合板厂在用地和建设过程中,征地及土地登记手续看似完备,但认真推究可以发现,市政府在 2000 年就已经错误地办理了原厂土地初始登记,并因给其颁发国有土地使用权证书,侵占了本来属于村集体的国有土地资产。因为:

①该村民委员会是原胶合板厂建设用地征地单位。按照《民法典》及《土地登记规则》的规定,该村胶合板厂国有土地使用权这一特殊集体资产权利人应是该村民委员会,也只有村民委员会能代表村全体劳动群众利益。原村胶

合板厂和厂长王某仅是村民委员会依当时土地管理法律法规通过划拨征用本村第四组耕地的建设项目和项目负责人,对该幅土地不具有所有权。

②胶合板厂登记国有土地使用权面积 6844.3 平方米超出其征地面积 37.64 平方米。综上所述,可以判定因土地管理部门未能严格依照《土地登记规则》对胶合板厂申请土地登记的土地权属、面积、用途等地籍调查规定进行全面审核,以致造成错误登记,依照规定,应办理更正登记。

2. 本案例中还存在胶合板厂未经批准擅自改变土地用途,将原国有工业用地变更为商业用地的行为。此行为违反了土地管理法规对于土地利用类型的规定,应该给予处罚。但对于处罚的判定,有不同的意见。一种意见是:虽然《土地管理法》规定了"依法改变土地权属和用途的,应当办理变更登记手续",但规定中,法律责任也只是规定了"不依照本法规定办理土地变更登记的,由县级以上人民政府土地行政主管部门责令限期办理",而没有相应的罚则。另外,根据 2004 年《国务院关于深化改革严格土地管理的决定》(国发〔2004〕28 号)明确要求:"除按现行规定必须实行招标、拍卖、挂牌出让的用地外,工业用地也要创造条件逐步实行招标、拍卖、挂牌出让。"2006 年《国务院关于加强土地调控有关问题的通知》(国发〔2006〕31 号)进一步明确要求:"工业用地必须采用招标、拍卖、挂牌方式出让。"

2007 年 3 月新颁布的《中华人民共和国物权法》对土地招标、拍卖、挂牌范围进行了明确规定:"工业、商业、旅游、娱乐和商品住宅等经营性用地以及同一土地有两个以上意向用地者的,应当采取招标、拍卖等公开竞价的方式出让。"工业用地招标、拍卖、挂牌出让由国家政策上升到法律规定。因此,有另一种意见认为:虽然上述法律和法规对土地出让的方式有所规定,但同样也没有相应的罚则。因此认为,只能根据原国家土地管理局文件〔1995〕国土[籍]字第 26 号《确定土地所有权和使用权的若干规定》第 37 条关于"未按规定用途使用的国有土地,由县级以上人民政府收回重新安排使用,或者按有关规定处理后确定使用权"的规定,对此类土地违法行为予以行政处罚。

3. 某市××商贸有限公司与社区居委会签订土地租赁协议,建设批发市场等,违反了《土地管理法》规定的"任何单位和个人不得侵占、买卖或者以其他形式非法转让土地"。

三、对该案的查处

根据以上的案情分析,作出以下处理决定:

1. 依法注销该胶合板厂原土地登记及国有土地使用权证书,同时对属居委会征地用于建设胶合板厂并擅自改变用途行为予以依法收回国有土地使用权。

2. 对某市××商贸有限公司未经批准违反土地利用总体规划非法占用农用地建设行为,限期拆除在非法占用的土地上新建的建筑物和其他设施,恢复土地原状,可以并处每平方米 30 元以下罚款。

案例 6-2

一、基本案情

张某等 163 人原系东山村东新村民组村民。1982—1988 年,市委组织部、市体委、省公安厅、市中级人民法院、市交通局汽车运输七场、省消防总队等 8 个单位与东山村东新村民组、东山村村民委员会、乡政府签订征地合同(严格说是征地补偿合同),征用土地 54.67 亩。征地单位依据征地合同的约定,共支付乡政府征地补偿费、安置补助费人民币 1626466 元,乡政府累计拨付东山村村民委员会 885185 元。该村委会得此款后向被征土地村民发放安置补助费 699738 元。后村民委员会修建水果批发市场又占用东山村东新村民组部分土地,支付该村村民土地补偿费人民币 100000 元,村民先后共得款799738 元。此后,该村村民对乡政府及村民委员会发放的征地补偿费、安置补助费数额产生异议,认为其应得的征地补偿费、安置补助费被乡政府和村委会截留,未用于兴办公益事业和解决农民就业,侵犯了该村村民的合法权益。为此,张某等 163 人在向有关部门反映无结果的情况下,于 1997 年 4 月 7 日向省高级人民法院提起诉讼,请求判令乡政府及村民委员会返还被侵占的安置补助费。

二、案情审理

省高级人民法院经审理认为:当事人诉讼的安置补助费涉及的土地,尚未核发所有权证书。村民为土地承包合同的承包人,但未发放承包书,土地的所有权仍为农民集体所有,被征地产生的安置补助费权利享受人也应属于农民集体组织。张某等 163 人并非被征土地权利享受人,其个人无权代表农民集体组织主张权利,不享有法律规定的原告主体资格地位,据此裁定,驳回张某等 163 人的起诉。案件受理费 50 元,由张某等 163 人负担。

张某等 163 人不服一审法院裁定,向最高人民法院提起上诉称:其 163 人系被征土地产生的土地补偿费及安置补助费的权利人,一审法院裁定认定该笔安置补助费的所有权属于农民集体组织所有,其个人无权代表农民集体组织主张该项权利,不具备原告主体资格,认定事实及适用法律错误,请求二审法院撤销一审法院裁定,由人民法院受理并作出实体判决。乡政府及村民委员会答辩认为,一审法院裁定认定事实清楚,适用法律正确,应当予以维持。

最高人民法院经审理认为:国家建设征用土地上的附着物和青苗补偿费应当支付给个人,征地补偿费、安置补助费属于农民集体所有。本案乡政府、村民委员会对征地补偿费及安置补助费的安排和使用属于行使行政管理权的行为。张某等 163 人与乡政府、村民委员会管理使用因征地产生的征地补偿费及安置补助费引起的争议,不属于平等主体之间的民事纠纷,不应当由人民法院作为民事案件受理。张某等 163 人以其具备本案原告诉讼主体资格,人民法院应当受理为由,请求判令乡政府及村民委员会返还被侵占的安置补助费,理由不充分,最高人民法院不予支持。一审法院裁定认定事实清楚,适用法律正确,应予维持。依照《中华人民共和国民事诉讼法》第一百五十四条、第一百五十八条的规定,裁定如下:驳回上诉,维持原裁定。

三、案例评析

《土地管理法实施条例》第二十六条规定:"土地补偿费归农村集体经济组织所有;地上附着物及青苗补偿费归地上附着物及青苗的所有者所有。征用土地的安置补助费必须专款专用,不得挪作他用。需要安置的人员由农村集体经济组织安置的,安置补助费支付给农村集体经济组织,由农村集体经济组织管理和使用;由其他单位安置的,安置补助费支付给安置单位;不需要统一安置的,安置补助费发放给安置人员个人或者征得被安置人员同意后用于支付被安置人员的保险费用。市、县和乡(镇)人民政府应当加强对安置补助费使用情况的监督。"由此可见,国家征地所产生的土地补偿费、安置补助费属于农民集体经济组织所有。被征土地所产生的附着物和青苗补偿费,属于附着物及青苗的所有者所有。

1994年12月30日—1995年1月16日,最高人民法院曾就征地补偿费、安置补助费的权属如何认定,批复江西省高级人民法院,进一步明确:征地补偿费、安置补助费,属于农民集体组织所有,由该组织管理、经营,用于发展生产,安排就业,不得分给个人,挪作他用或平调。本案原东新村民组建制被撤销,仍保留村民委员会机构,安置补助费应归该农民集体经济组织所有。因此,一审法院裁定张某等163人非被征土地产生的安置补助费的权利人,适用法律正确。本法第四十九条赋予了农民集体经济组织对安置补偿费安排、使用、管理的权利,同时农民集体经济组织如何安排、使用、管理该笔费用,本法也作了相应的规定,这就是:农村集体经济组织应当就征地补偿费、安置补助费的收支状况向集体经济组织的成员公布,接受监督,禁止侵占、挪用。本案乡政府、村民委员会未就征地单位支付的1626466元征地补偿费、安置补助费的收支状况向东新村民组的村民公布,其行为违反上述法律规定。张某等163人与乡政府、村民委员会管理、使用因征地产生的征地补偿费及安置补助费引起的争议,不属于平等主体之间的民事纠纷,不应当由人民法院作为民事案件受理。一审法院以张某等163人不具备本案原告诉讼主体资格为由,裁定驳回其起诉,认定事实清楚,适用法律正确。

案例 6-3

一、基本案情

某市第二中学位于市中心商业繁华地段。1999年3月,该校未经土地管理部门批准,拆掉临街的一栋简易食堂,利用原食堂的地基,修建了一栋占地400平方米的两层楼商业铺面,全部用于出租经商,所获收益全部用于教师福利。

1999 年 5 月,市土地管理部门发现这一情况后,立即立案查处。经查,市第二中学拆旧房建新房只经市建委同意,未向土地管理部门办理划拨土地使用用途变更手续,商业铺面修好后用于出租,也未将出租商业铺面的租金中所含的土地收益上交给国家。为此,市土地管理局决定依照《城市国有土地使用权出让转让暂行条例》第四十六条的规定没收市第二中学的非法所得并处以罚款。但因没有收集到证据,没有下达行政处罚决定书。

不料,在收集证据时遇到了阻碍。校方拒绝向市土地管理局提供房屋出租合同,又对承租方施压,不准他们向土地管理局提供证据,市土地管理局不能依法取得市第二中学违法出租土地的非法所得的准确数额,罚款金额计算不出。依据《行政处罚法》的规定,不能对市第二中学下达行政处罚决定书,因为一旦下达行政处罚书,对方向法院提起行政诉讼,市土地管理局因行政处罚所依据的证据不充分,可能会败诉。因此市土地管理局依法申请市房地产价格评估,每平方米的月租金为 55 元。据此,市土地管理局对市第二中学下达了行政处罚决定书:责令市第二中学补办划拨土地使用权出租审批、登记手续;没收违法所得 4 万元,并处罚款 2 万。

市第二中学收到行政处罚书后,拒不执行,也没有依法向人民法院提起诉讼。市土地管理局依法申请人民法院强制执行。

二、案例评析

本案中,某市第二中学拆食堂而盖商业铺面,实际上构成了两种不同的违法行为,即非法改变土地用处和违法出租划拨土地使用权。《土地管理法》第五十六条规定:"建设单位使用国有土地的,应当按照土地使用权出让等有偿使用合同的约定或者土地使用权划拨批准文件的规定使用土地;确需改变该幅土地建设用途的,应当经有关人民政府土地行政主管部门同意,报原批准用地的人民政府批准。其中,在城市规划区内改变土地用途的,在报批前,应当先经有关城市规划行政主管部门同意。"本案中,市第二中学未经批准,拆食堂而盖商业铺面,擅自改变土地用途,是非法占有国有划拨土地的行为。市土地管理局应依据《土地管理法》第七十六条的规定对市第二中学非法占用国有土地的行为给予处罚。但实际上,市土地管理局未对市第二中学非法占用土地的行为作出处理,这是市土地管理局行政执法的疏漏和错误,应依法更正。

划拨土地使用权的转让、出租和抵押须经市、县人民政府土地管理部门批准同意,补交土地出让金或上缴出租土地的土地收益,并提交相关的证明文件,如土地使用权证书、房地产所有权证书、出让、出租、抵押合同,向土地管理部门办理土地使用权出让、出租、抵押登记手续。土地使用权出让、出租、抵押,当事人不办理登记手续的,其行为无效,不受法律保护。土地管理部门将依法没收违法出让、出租、抵押划拨土地使用权的出让人、出租人、抵押人的非法所得,并依据情节处以罚款。

本案中,市第二中学非法占用划拨土地修建商业铺面并用于出租,其出租行为未经市人民政府批准,未补交土地出让金,也没有办理划拨土地出租登记手续,属违法出租划拨土地使用权的行为,情节严重,市土地管理局对其的处罚是正确的。

思考题

1. 请简述土地的概念。
2. 什么是土地所有权?
3. 什么是土地使用权?
4. 土地所有权有哪些取得方式?
5. 我国有哪些耕地保护制度?
6. 请简述我国征用土地程序。

本章测试

第七章 城市房地产管理法律制度

第一节 概 述

本章课件

一、房地产管理法的概念

广义的房地产管理法,是指调整在房地产开发、经营和各种服务活动中形成的一定社会关系的法律规范的总称。狭义的房地产管理法,是指 1994 年 7 月 5 日第八届全国人民代表大会常务委员会第八次会议通过,2007 年 8 月 30 日根据《关于修改〈中华人民共和国城市房地产管理法〉的决定》第一次修正,2009 年 8 月 27 日根据《关于修改部分法律的决定》第二次修正,2019 年 8 月 26 日根据《关于修改〈中华人民共和国土地管理法〉、〈中华人民共和国城市房地产管理法〉的决定》第三次修正的《中华人民共和国城市房地产管理法》(以下简称《城市房地产管理法》)。《城市房地产管理法》共有七章,七十三条。其中,第一章为总则,第二章为房地产开发用地,第三章为房地产开发,第四章为房地产交易,第五章为房地产权属登记管理,第六章为法律责任,第七章为附则。

二、房地产管理法的立法目的

制定《城市房地产管理法》有以下目的:

中华人民共和国
城市房地产管理法

(1)加强对房地产的管理。房地产业,是指从事房地产开发、经营、管理和服务活动的产业,它不仅是经济发展的基础性、先导性产业,而且是国家财富的重要组成部分。制定《城市房地产管理法》的首要目的就是要加强对房地产的管理;

(2)维护房地产市场秩序;

(3)保障房地产权利人的合法利益;

(4)促进房地产业的健康发展。

三、房地产管理法的调整对象和适用范围

(一)调整对象

房地产管理法的调整对象,是指人们在房地产开发、经营、管理和服务活动中所形成的一定的社会关系。作为一个综合法律部门,按其所调整的社会关系来划分,房地产管理法的调整对象可分为房地产民事关系、房地产行政管理关系、房地产经济关系。

(二)适用范围

房地产管理法适用范围,是指房地产管理法所调整的空间范围,适用范围限定在我国城市规划区。房地产管理法是调整城市规划区国有土地范围内取得房地产开发用地的土地使用权,从事房地产开发、房地产交易等。

1.房地产开发

房地产开发,是指在依法取得国有土地使用权的土地上进行基础设施、房屋建设的行为。房地产开发具体包括新城区的房地产开发和旧城区的房地产开发两种形式。

(1)新城区的房地产开发

新城区的房地产开发一般需要经过征用土地和基础设施建设来实现。征用土地,就是将城市近郊区的农村集体所有的土地通过依法征用转变为国家所有的城市土地;基础设施建设,是城市各项建设的前期工程,主要内容包括:道路、上下水、煤气、电力和通信等设施的建设。

(2)旧城区的房地产开发

旧城区房地产开发的重要环节是拆迁和改造。对旧城区房地产开发时的拆迁对象,应按照国家有关规定,在待开发地区房屋竣工交付使用后,予以原地或异地安置或货币补偿。

2.房地产交易

房地产交易包括房地产转让、房地产抵押和房屋租赁。

四、房地产管理法的基本原则

房地产管理法的基本原则是房地产管理法的主要宗旨和基本准则,它是制定和实施该法的出发点。其基本原则包括:

(1)节约用地、保护耕地原则;

(2)国有土地有偿、有限期使用原则;

(3)扶持发展居民住宅建设,逐步改善居民居住条件原则;

(4)保护房地产权利人合法权益和房地产权利人必须守法原则;

(5)依法纳税的原则。

五、房地产管理体制

(一)国务院主管部门

《城市房地产管理法》第七条规定:"国务院建设行政主管部门、土地管理部门依照国务院规定的职权划分,各司其职,密切配合,管理全国房地产工作。"

按照国务院批准的住建部"三定"方案,房地产业的行业管理由住建部负责。

(二)地方人民政府主管部门

《城市房地产管理法》第七条还规定:"县级以上地方人民政府房产管理、土地管理部门的机构设置及其职权由省、自治区、直辖市人民政府确定。"

从我国目前情况来看,大多数地方人民政府实行房、地分管体制,设立建设委员会、建设厅(或房地产管理局、处)和土地管理局,但改革先行一步的广州、北京、上海、汕头等城市已经建立由一个部门统一管理的房地合一的管理体制。《城市房地产管理法》六十三条规定:"经省、自治区、直辖市人民政府确定,县级以上地方人民政府由一个部门统一负责房产管理和土地管理工作的,可以制作、颁发统一的房地产权证书。"

第二节 房地产开发用地

房地产开发用地,是指以进行房地产开发为目的而取得使用权的土地。依据《中华人民共和国土地管理法》和《城市房地产管理法》,城市国有土地的使用权可通过出让及划拨方式取得。

一、土地使用权出让

(一)土地使用权出让的概念

土地使用权出让,是指国家将国有土地使用权(以下简称土地使用权)在一定年限内出让给土地使用者,由土地使用者向国家支付土地使用权出让金的行为。

中华人民共和国
土地管理法

土地使用权出让具有以下几个特征:

(1)土地使用权出让是国家将国有土地使用权出让的行为;

(2)土地使用权出让是有期限的;

(3)土地使用权出让是有偿的;

(4)土地使用者享有权利的范围不含地下之物。

(二)土地使用权出让的法律限制

我国对土地使用权出让采取国家垄断经营的方式,即由国家垄断土地的一级市场,其目的在于加强政府对土地使用权出让的管理,保证土地使用权出让有计划、有步骤地进行。

1. 土地使用权出让的批准权限

《土地管理法》规定,土地使用权出让的批准权限为:凡征用永久基本农田的或永久基本农田以外的耕地35公顷以上的,或其他土地70公顷以上再行出让的,由国务院批准。其他的由省、自治区、直辖市人民政府批准。

需要指出的是,政府对出让土地使用权的批准,不仅仅是对土地使用权出让面积的批准,而实际上是对整个出让方案的批准。出让方案应当由市、县人民政府土地管理部门会同城市规划、建设、房产管理部门共同拟订。

2. 土地使用权出让的宏观调控

《城市房地产管理法》规定,县级以上地方人民政府出让土地使用权用于房地产开发的,须根据省级以上人民政府下达的控制指标拟订年度出让土地使用权总面积方案,按照国务院规定,报国务院或者省级人民政府批准。这是国家对土地使用权出让实行

总量控制和宏观调控的重要的法律规定。根据这一规定,各级政府必须将出让土地使用权的总面积严格控制在下达的指标之内。

(三)土地使用权出让的方式

《城市房地产管理法》规定,我国的国有土地使用权出让,有拍卖、招标、协议三种基本方式。

1. 拍卖出让

拍卖出让,是指土地管理部门在指定的时间、地点,利用公开场合,就所出让土地使用权的地块公开叫价竞投,按"价高者得"的原则,确定土地使用权受让者的一种方式。

这种方式主要适用于投资环境好、赢利大、竞争性很强的房地产业、金融业、旅游业、商业和娱乐用地。

2. 招标出让

招标出让,是指在规定的期限以内,由符合规定条件的单位和个人,以书面投标形式,竞投某一块土地的使用权,由招标方择优确定土地使用者的出让方式。

招标出让分为公开招标和定向招标两种形式。招标出让时,中标者不一定是投标标价的最高者,而是经过全面、客观的综合评估而择优确定的。

实践证明,招标出让方式的效果比较好。它不仅有利于土地规划利用的优化,确保国家获得土地收益,而且有利于公平竞争,给出让方留有一定的选择余地。招标出让方式,适用于开发性用地或有较高技术性要求的建设用地。

3. 协议出让

协议出让,是指土地所有者即出让方与土地使用者即有意受让方在没有第三者参与竞争的情况下,通过谈判、协商,达成出让土地使用权一致意见的一种方式。目前特别是在我国社会主义市场经济发展的初期,协议出让方式还是一种重要的出让方式,它主要用于工业仓储、市政公益事业项目、非营利项目及政府为调整经济结构,实施产业政策而需要给予优惠、扶持的建设项目等。

为防止国有土地流失,确保土地使用权出让的正常秩序,《城市房地产管理法》规定,商业、旅游、娱乐和豪华住宅用地,有条件的,必须采取拍卖、招标方式;没有条件,不能采取拍卖、招标方式的,可以采取双方协议的方式,但"采取双方协议方式出让土地使用权的出让金不得低于按国家规定所确定的最低价"。

(四)土地使用权出让的最高年限

所谓土地使用权出让的最高年限,是指法律规定的土地使用者可以使用国有土地的最高年限。国务院颁布的《中华人民共和国城镇国有土地使用权出让和转让暂行条例》规定,土地使用权出让最高年限按用途分别为:居住用地70年;工业用地50年;教育科技、文化、卫生、体育50年;商业、旅游娱乐用地40年;综合或其他用地50年。

规定土地使用权出让最高年限,具有非常重要的意义:

中华人民共和国城镇国有土地使用权出让和转让暂行条例

229

(1)说明了土地使用权出让不是土地买卖；

(2)明示了我国实行的是土地有偿、有限期的使用制度；

(3)说明了国家作为土地所有者对土地使用权有最终处置权。

(五)土地使用权出让合同

1. 土地使用权出让合同的概念

《城市房地产管理法》第十五条规定："土地使用权出让,应当签订书面出让合同。"

土地使用权出让合同,是指市、县人民政府土地管理部门与土地使用者之间就出让城市国有土地使用权所达成的、明确相互之间权利义务关系的协议。

土地使用权出让合同可分为三种类型：

(1)宗地出让合同；

(2)成片开发土地出让合同；

(3)划拨土地使用权补办出让合同。

2. 土地使用权出让合同的主要内容

土地使用权出让合同的内容,是指合同当事人用以确定关于土地使用权出让中双方权利和义务的各项条款。一般包括标的、使用年限、开发期限、出让金数额及支付方式、开发进度与分期投资额度、土地使用规则、违约责任与双方认为应约定的其他条款。

3. 土地使用权出让合同的变更和解除

一般地说,土地使用权出让合同一经订立,就具有法律约束力,任何部门、单位和个人不得擅自变更和解除。

在土地使用权出让合同变更中,比较多见的是土地使用者提出改变土地用途。为此,《城市房地产管理法》规定了变更土地用途的批准程序和处理方法。

在土地使用权出让合同解除中,比较多见的是当事人双方违约,或土地使用者不按法律规定开发、利用、经营土地而导致土地管理部门将土地使用权收回。

(六)土地使用权终止和续期

1. 土地使用权的终止

所谓土地使用权的终止,根据《城市房地产管理法》和《城镇国有土地使用权出让和转让暂行条例》规定,是指因土地的灭失而导致使用者不再享有土地使用权；土地使用权出让年限届满即土地使用权出让合同期满而由国家收回土地使用权；或者土地使用权出让期满前国家因社会公共利益的需要而提前收回土地使用权。

提前终止土地使用权,地上建筑物和其他附着物也一并收归国有,除土地使用权出让合同规定必须拆除的技术设备等外,土地使用者不得损坏一切地上建筑物及其他附着物。但是,国家必须根据土地使用者使用土地的实际年限和开发土地的实际情况及地上建筑物和其他附着物的现存价值等情况,给土地使用者以相应补偿,从而保护土地使用者的合法权益。

2. 土地使用权的续期

土地使用权出让合同约定的使用年限届满时,如果土地使用者需要继续使用该土地,就必须申请续期,经批准后,重新签订土地使用权出让合同,支付土地使用权出让金,并办理登记,方能继续享有土地使用权。

土地使用权出让合同约定的使用年限届满后,如土地使用者未申请续期或虽申请续期但未获批准的,土地使用权由国家无偿收回。

《城市房地产管理法》还规定,土地使用者申请续期并重新办理出让手续,补交出让金的,地上建筑物、其他附着物的产权仍归土地使用者所有;土地使用权出让合同约定的使用年限届满,土地使用者未申请续期或者虽申请续期但按国家有关规定未获批准的,土地使用权由国家无偿收回。

二、土地使用权划拨

(一)土地使用权划拨的概念

《城市房地产管理法》规定,土地使用权划拨,是指县级以上人民政府依法批准,在土地使用者交纳补偿、安置等费用后将该幅土地交付其使用,或者将国有土地使用权无偿交付给土地使用者使用的行为。以划拨方式取得土地使用权的,除法律、行政法规另有规定外,没有使用期限的限制。

土地使用权的划拨有两种形式:

(1)在土地使用者缴纳补偿、安置等费用后,将该幅土地交付其使用,这主要是国家划拨的土地,是征用城市规划区内集体所有的土地或收回其他单位的使用权的土地,将发生补偿、安置问题,其费用应由经划拨而取得土地使用权的单位支付;

(2)将国有土地使用权无偿交付给土地使用者使用。也就是说,土地使用者完全无偿地取得国有土地使用权,征地、拆迁中所需要的补偿和安置等费用全部由国家承担。

(二)土地使用权划拨的范围

《城市房地产管理法》规定,下列建设用地的土地使用权,确属必要的,可以由县级以上人民政府依法批准划拨:

1. 国家机关用地和军事用地

国家机关用地,是指行使国家职能的各种机关用地的总称,它包括国家权力机关、国家行政机关、国家审判机关、国家检察机关、国家军事机关的用地。其中,军事用地是指军事设施用地。

2. 城市基础设施用地和公益事业用地

城市基础设施用地,是指城市给水、排水、污水处理、供电、通信、煤气、热力、道路、桥梁、市内公共交通、园林绿化、环境卫生及消防、路标、路灯等设施用地。

城市公益事业用地,是指城市内的学校、医院、体育场馆、图书馆、文化馆、博物馆、纪念馆、福利院、敬老院、防疫站等不以经营为目的的文体、卫生、教育、福利事业用地。

3. 国家重点扶持的能源、交通、水利等项目用地

4. 法律、行政法规规定的其他用地

第三节 房地产开发

一、房地产开发的概念

房地产开发是指在依法取得国有土地使用权的土地上进行基础设施、房屋建设的行为,其实质是以土地开发和房屋建设为投资对象所进行的生产经营活动。

房地产开发包括土地开发和房屋开发。

1. 土地开发

土地开发主要是指房屋建设的前期准备,即实现"三通一平",把自然状态的土地变为可供建造房屋和各类设施的建设用地。土地开发有新区土地开发与旧城区改造两种情形。

2. 房屋开发

房屋开发主要包括住宅开发,生产与经营性建筑物开发,生产、生活服务型建筑物及构筑物的开发与城市其他基础设施的开发四个方面。

房地产开发是一种经营性的行为,由专业化的房地产开发企业进行。它从事的是房地产的投资和经营,即从有偿取得土地使用权,到勘察设计和建筑施工,直到最终将开发产品(房屋、基础设施及其相应的土地使用权)作为商品在房地产市场转让,寻求利润回报。

二、房地产开发的原则

《城市房地产管理法》规定,房地产开发应当遵循以下原则:

(1)必须严格执行城市规划;

(2)必须坚持经济、社会和环境效益的统一;

(3)必须实行全面规划、合理布局、综合开发、配套建设。

三、房地产开发的要求

(一)按合同约定开发

《城市房地产管理法》规定,以出让方式取得土地使用权进行房地产开发的,必须按照土地使用权出让合同约定的土地用途、动工开发期限开发土地。

土地是不可替代的稀缺资源,这一特点决定了必须节约和合理开发利用土地。但是,由于管理制度不完善等原因,土地供给总量失控,批租土地缺乏必要的调控手段,因此出现了圈而不用、早圈晚用、多圈少用等现象,给极为宝贵的土地资源造成了极大的浪费。为此,《城市房地产管理法》规定了两种行政处罚措施:

(1)闲置土地满一年未开发的,征收土地闲置费;

(2)满两年未开发的,无偿收回土地使用权。

但是,房地产开发逾期是因不可抗力或者政府、政府有关部门的行为或者动工开发必需的前期工作造成的除外。

(二)项目的设计与施工必须符合法定标准

《城市房地产管理法》规定,房地产开发项目的设计、施工,必须符合国家的有关标准和规范。

(三)严格竣工验收

竣工验收是全面考核开发成果、检验设计和工程质量的重要环节,也是开发成果转入流通和使用阶段的标志。《城市房地产管理法》规定,房地产开发项目竣工,经国家验收合格后,方可交付使用。

房地产开发项目的竣工验收工作,一般由开发公司组织设计单位、施工单位、质量监督部门、建设银行以及城市规划、环境保护、抗震、消防等部门,共同成立专门机构即验收委员会或验收小组来进行。城市新建住宅小区的竣工综合验收,由城市人民政府建设主管部门负责组织实施。

城市新建住宅小区的竣工综合验收的条件是:

(1)所有建设项目按批准的小区规划和设计要求全部建成,并能满足使用;

(2)住宅及公共配套设施、市政公用基础设施等单项工程全部验收合格,验收资料齐全;

(3)各类建筑物的平面位置、立面造型、装修色调等符合批准的规划设计要求;

(4)施工机具、暂设工程、建筑残土、剩余构件全部拆除、清运完毕,达到场清地平;

(5)拆迁居民已合理安置。

所有工程全部验收后,验收小组应向城市建设行政主管部门提交住宅小区竣工综合验收报告,报告经审查批准后,开发建设单位方可将房屋和有关设施办理交付使用手续。

四、外商投资开发经营成片土地制度

(一)成片开发的概念

成片开发,是指开发者在取得国有土地使用权后,依照规划对土地进行综合性的开发建设,包括平整土地、建设供排水、供电、供热、道路交通、通信等公用设施建设,形成工业用地和其他建设用地条件,然后转让土地使用权、经营公用事业,或者进行建设通用工业厂房以及相配套的生产和生活服务设施等地面建筑物,并对这些地面建筑物进行转让或出租的经营活动。

成片开发是对大面积土地进行整体商业性的综合开发,是土地开发的一种特殊重要形式。

(二)外商成片开发的审批

外商成片开发的项目,应由市、县人民政府组织编制成片开发项目建议书或初步可行性研究报告。

开发区域所在的市、县人民政府向外商投资开发企业出让国有土地使用权,应依照法律规定,合理确定地块范围、用途、年限、出让金和其他条件,签订土地使用权出让合同。并按出让土地使用权的审批权限报经审批。

(三)外商成片开发的企业形式

外商投资成片开发,应当依法成立相应的开发企业,其企业形式有以下三种:

(1)依照《中华人民共和国外商投资法》成立中外合资经营企业;

(2)依照《中华人民共和国外商投资法》成立中外合作经营企业;

中华人民共和国
外商投资法

(3)依照《中华人民共和国外商投资法》成立外资企业,即外商独资企业。

以上三种外商投资开发企业依法自主经营管理,但其在开发区没有行政管理权。

(四)外商投资开发企业土地使用权的转让

外商投资开发企业在取得土地使用权后,必须实施成片开发规划,并达到土地使用权出让合同规定的条件后,方可转让土地使用权,并必须依法办理,不得自行其是。外商投资开发企业必须服从开发区域的行政管理、司法管理、口岸管理和海关管理等,不得从事国家法律、法规禁止的经营活动和社会活动。

五、房地产开发企业

(一)房地产开发企业的设立条件

房地产开发企业是以营利为目的、从事房地产开发和经营的企业。房地产开发企业分为专营企业、兼营企业和项目公司。专营企业是指以房地产开发经营为主业的企业;兼营企业是指以其他经营项目为主,兼营房地产开发经营业务的企业;项目公司是指以开发项目为对象从事单项房地产开发经营的公司。

根据《城市房地产管理法》规定,设立房地产开发企业必须具备下列条件:

(1)有自己的名称和组织机构;

(2)有固定的经营场所;

(3)有符合国务院规定的注册资本;

(4)满足房地产开发资质等级要求的条件;

(5)法律、行政法规定的其他条件。

(二)房地产开发企业的设立程序

1. 房地产开发企业的设立登记

《城市房地产管理法》第三十条第二款规定:"设立房地产开发企业,应当向工商行政主管部门申请设立登记,工商行政主管部门对符合本法规定条件的,应当予以登记,发给营业执照。"

根据《房地产开发企业资质管理规定》,在设立登记前,还应经建设行政主管部门的审查,获取相应房地产开发企业的资质等级证书。

2. 房地产开发企业的备案

房地产开发企业在办理工商登记的一个月内应当到县级以上人民政府规定的部门备案。另外,设立房地产开发有限责任公司和房地产开发股份有限公司的还须满足《中华人民共和国公司法》的有关规定。

房地产开发企业
资质管理规定

中华人民共和国
公司法

第四节　房地产交易

一、房地产交易的一般规定

(一)房地产交易概述

1. 房地产交易的含义

房地产交易含义有广义和狭义之分。狭义的含义仅仅是指当事人之间进行的房地产转让、房地产抵押和房屋租赁的活动。

广义的房地产交易是指当事人之间在进行房地产转让、抵押、租赁等交易行为之外,还包括与房地产交易行为有着密切关系的房地产价格及体系、房地产交易的中介服务。

2. 房地产交易时权属不可分离的原则

房地产转让、抵押时,房屋的所有权和该房屋占用范围内的土地使用权同时转让、抵押。

房屋所有权与该房屋占用范围内的土地使用权的享有者应当为同一主体,只有这样才能发挥房地产的应有效用。

房地产转让、抵押时,当事人应当依法办理房地产权属登记。

(二)房地产交易的价格管理

关于房地产价格管理,《城市房地产管理法》规定了两种制度,即房地产价格评估制度和房地产成交价格申报制度。

1. 房地产价格评估制度

房地产价格的评估是指房地产专业估价人员根据估价目的,遵循估价原则,按照估价程序,采用科学的估价方法,并结合估价经验与影响房地产价格因素的分析,对房地产最可能实现的合理价格所作出的推测与判断。

（1）评估原则

房地产价格评估应当遵循公正、公平、公开的原则,这是社会主义市场经济条件下应当遵循的基本原则。

（2）评估方法

在进行房地产价格评估时,应当按照国家规定的技术标准,以基准地价、标定地价和各类房屋的重置价格为基础,参照当地的市场价格进行评估。

基准地价,是指按不同的土地级别、区域分别评估和测算的商业、工业、住宅等各类用地的平均价格。

标定地价,是指在基准地价基础上,按土地使用年期、地块大小、形状、容积率、微观区位、市场行情条件,修订评估出的具体地块在某一时期的价格。

房屋的重置价格,是指按照当前的建筑技术和工艺水平、建筑材料价格、人工和运输费用条件下,重新建造同类结构、式样、质量标准的房屋标准价。

法律规定基准地价、标定地价和房屋的重置价格只能由国务院定期确定并公布。

2. 房地产成交价格申报制度

房地产成交价格申报制度,是指房地产权利人转让房地产时,应当将转让房地产的实际成交价格向县级以上地方人民政府规定的部门申报,不得对成交价格隐瞒不报,或者作不实的、虚假的申报。

（三）房地产估价师注册制度

《城市房地产管理法》规定,国家实行房地产价格评估人员资格认证制度,房地产价格评估人员是指经房地产评估师资格考试合格,由注册管理部门审定注册,取得资格证书后专门从事房地产经济价值评估并将其结果用价格来表示的专业技术人员。

房地产估价师负责承担各种综合性房地产的估价业务,对所在单位的估价业务进行指导、检查并签署房地产估价报告书。

二、房地产的转让

房地产转让,是指房地产权利人通过买卖、赠与或其他合法方式将其房地产转移给他人的法律行为。

（一）房地产转让的条件

1. 房地产转让的一般条件

房地产转让一般需要具有以下条件:

（1）按照出让合同约定已经支付全部土地使用权出让金,并取得土地使用权证书;

（2）按照出让合同约定进行投资开发,属于房屋建设工程的,完成开发投资总额的25％以上,属于成片开发土地的,形成工业用地或者其他建设用地条件;

（3）转让房地产时房屋已经建成的,还应当持有房屋所有权证书。

2. 以划拨方式取得土地使用权的房地产转让的额外条件

以划拨方式取得土地使用权的,转让房地产时,还必须符合下列要求:

（1）应当按照国务院的有关规定，报经有批准权的人民政府审查批准；

（2）有批准权的人民政府批准后由受让方办理土地使用权出让手续，即办理使用权证书；

（3）由受让方缴纳土地使用权出让金；

（4）以划拨方式取得土地使用权的，转让房地产报批时，有批准权的人民政府按照国务院规定的决定可以不办理土地使用权出让手续的，转让方应当按照国务院规定将转让房地产所获收益中的土地收益上缴国家或者作其他处理。

3．不得转让的房地产

《城市房地产管理法》规定，下述房地产不得转让：

（1）司法机关和行政机关依法裁定、决定查封或者以其他形式限制房地产权利的，不能转让；

（2）依法收回土地使用权的，不得转让；

（3）共有的房地产，未经过其他共有人书面同意的，不得转让；

（4）权属有争议的，不得转让；

（5）未依法登记领取权属证书的，不得转让；

（6）法律、行政法规规定的其他禁止转让的情形。

（二）房地产转让的程序与合同

1．房地产转让的程序

房地产转让双方必须同时到登记部门办理产权转移手续。转让双方应向房地产登记部门提交办理产权转移所需的合法证件及双方签订的房地产转让书面合同，核验无误后，办理房地产转让过户登记，并向有关机关交纳税费。

2．房地产转让合同

房地产转让合同是指房地产转让当事人就转让房地产的有关问题所达成一致的书面协议。合同只有在向有关机关交纳相应的税费、办理产权过户登记手续后才生效。

房地产转让合同成立，土地使用权出让合同载明的权利、义务也随之转移。房地产转让就是房屋所有权与土地使用权同时转让。

如果受让人改变土地使用权出让合同约定土地用途的，必须履行法定手续，即改变土地用途必须经过原出让方同意并签订土地使用权出让合同变更协议或重新签订土地使用权出让合同，相应调整土地使用权出让金。改变土地用途还须经市、县人民政府规划行政主管部门同意。

三、商品房预售

（一）商品房预售的概念

商品房预售是指房地产开发经营企业将正在建设中的房屋预先出售给承购人，由承购人支付订金或房价款的行为。

（二）商品房预售条件

《城市房地产管理法》对预售商品房的条件作了明确规定：

（1）已交付全部土地使用权出让金，取得土地使用权证书；

（2）持有建设工程规划许可证和施工许可证；

（3）按提供预售的商品房计算，投入开发建设的资金达到工程建设总投资的25％以上，并已确定施工进度和竣工交付日期；

（4）向县级以上人民政府房地产管理部门办理预售登记，取得商品房预售许可证明。

（三）商品房预售合同的备案

商品房预售时除必须同时符合上述四个条件外，商品房预售人应当同认购人签订预售房屋的合同，合同订立后应当按照国家有关规定将预售合同报县级以上人民政府房产管理部门和土地管理部门备案，以便于对商品房预售活动的监督与管理。

（四）商品房预售款的使用

《城市房地产管理法》规定，商品房所得款项，必须用于有关的工程建设，即主要指其运用于正在开发建设的工程，不得挪作他用。

（五）商品房预售后再行转让

关于商品房预售后再行转让，《城市房地产管理法》只作了一个原则性规定，即"商品房预售的，商品房预购人将购买的未竣工的预售商品房再行转让的问题，由国务院规定"。

四、房地产抵押

（一）房地产抵押概述

1. 房地产抵押的含义

房地产抵押，是指抵押人以其合法的房地产以不转移占有的方式向抵押权人提供债务履行担保的行为。债务人不履行债务时，抵押权人有权依法以抵押的房地产拍卖所得的价款优先受偿。

2. 房地产抵押的法律特征

房地产抵押具有以下法律特征：

（1）房地产抵押具有从属性；

（2）房地产抵押是以不动产即房地产为标的作抵押的；

（3）房地产抵押权人享有从抵押的房地产的价款中优先受偿的权利；

（4）房地产抵押具有物上追及力。在抵押人将房地产抵押后，如果抵押人将抵押的房地产擅自转让他人，那么，抵押权人可以追及抵押的房地产行使权利。

对于因抵押权人追及抵押的房地产行使权利而使受让人遭受损失的，非法转让抵押的房地产的抵押人应当承担相应的责任。

抵押权的物上追及力还表现在抵押人将抵押的房屋租赁给他人时，抵押权不受影响；抵押人非经债权人同意，将已抵押房地产就同一担保价值作重复抵押的，重复抵押无效；抵押人在已抵押房地产上再设定其他抵押时，只能在先设抵押担保价值之外的余额的范围内设定抵押。

(二)房地产抵押的要求

房地产抵押需要注意以下要求：

(1)依法取得的房屋所有权连同该房屋占用范围内的土地使用权,可设定抵押权;以出让方式取得的土地使用权,可以设定抵押权。

(2)房地产抵押,应当凭土地使用权证书、房屋所有权证书办理。

(3)设定房地产抵押权的土地使用权是以划拨方式取得的,依法拍卖该房地产后,应当从拍卖所得的价款中缴纳相当于应缴纳的土地使用权出让金的款额后,应当从拍卖所得的价款中缴纳相当于应缴纳的土地使用权出让金的款额后,抵押权人方可优先受偿。

(4)房地产抵押签订书面合同后,土地上新增的房屋不属于抵押财产,需要拍卖该抵押的房地产时,可依法将土地上新增的房屋与抵押财产一同拍卖,但对拍卖新增房屋所得,抵押权人无权优先受偿。

(5)依法生效的商品房预售合同,经双方约定,其商品房可作抵押物,只是在房屋设定抵押时,应连同该房屋所占用的土地使用权同时作抵押,若以同一房屋的部分设定抵押时,须将其相应所占土地份额的土地使用权同时抵押。

(6)抵押人以共同共有的房屋设定抵押的,应事先征得其他共有人的书面同意,所有共有人均为抵押人;以按份共有的房屋设定抵押时,抵押人应当书面通知其他共有人,并以其本人所占有的份额为限。

(7)以已出租的房屋设定抵押,原租赁合同继续有效,抵押人应将抵押情况书面告知承租人。抵押人以已抵押的房屋再作抵押时,必须征得在先的抵押权人的书面同意;否则,后设立的抵押无效。以房屋中未设置抵押的部分设定抵押时,抵押人应事先将已作抵押的状况告知拟接受抵押的当事人。

(8)外商投资企业、股份制企业以其房屋设定抵押时,须经企业董事会或联合管理机构书面批准,所设定的抵押期不应超过企业的营业期限和土地使用期限。外商投资企业未经中国注册会计师验资证实各方投资份额已缴足的,不得以企业的房屋设定抵押权。

(9)国有企业以其房地产设定抵押时,必须经国有资产管理部门批准和对拟抵押房地产估价清单的书面确认。

(10)在设定房地产抵押时,下列房地产不得抵押：

①有产权争议的房地产;

②用于教育、医疗等公共福利性质的房地产;

③被依法查封、扣押或采取其他保全措施的房地产;

④其他法律规定不得设定抵押的房地产。

五、房地产租赁

(一)房屋租赁概述

1. 房屋租赁的含义

房屋租赁是指房屋所有权人作为出租人将其房屋出租给承租人使用,由承租人向出租人支付租金的行为。

2. 房屋租赁的特征

房屋租赁具有以下特征:

(1)出租房屋的人必须是房屋的所有权人;

(2)房屋租赁不转移出租房屋的所有权;

(3)承租人向出租人支付租金;

(4)房屋租赁有效期届满时,承租人必须把该房屋返还给出租人。

(二)房屋租赁合同

《城市房地产管理法》要求房屋租赁当事人之间应当签订书面租赁合同,并向房屋所在地房产管理部门登记备案。

房屋租赁合同应当载明租赁房屋的处所、名称、状况、建筑面积、租赁期限、租赁用途、租赁价格、修缮责任、出租人与承租人的其他权利和义务、违约责任等主要条款。

六、房地产中介服务机构

(一)房地产中介服务机构的概念

房地产中介服务,是指在房地产市场上从事咨询、经济和评估等业务的活动。

房地产中介服务机构,就是指在房地产市场上为从事房地产投资、开发和交易等活动的主体提供咨询、经济和评估等业务服务的机构。

(二)房地产中介服务机构的设立条件

《城市房地产管理法》规定,房地产中介服务机构成立须同时具备如下条件:

(1)有自己的名称和组织机构;

(2)有固定的服务场所;

(3)有必要的财产和经费;

(4)有足够数量的专业人员;

(5)法律、行政法规规定的其他条件。

(三)房地产中介服务机构的种类

房地产中介服务机构主要有以下几种:

(1)房地产咨询机构;

(2)房地产价格评估机构;

(3)房地产经济机构。

第五节　城市房屋拆迁

一、城市房屋拆迁概述

(一)城市房屋拆迁的概念

房屋拆迁是指根据城市规划和国家专项工程的迁建计划及当地政府的用地文件，拆除和迁移建设用地范围内的房屋及其附属物，并由拆迁人对原房屋及其附属物的所有人或使用人进行补偿和安置的行为。拆迁房屋包括公有房屋、私有房屋、住宅房屋和非住宅房屋；附属物主要是指房屋的附属建筑物和构筑物。

2011年1月21日国务院总理温家宝签署国务院令公布《国有土地上房屋征收与补偿条例》，条例规定自公布之日起施行，2001年6月13日国务院公布的《城市房屋拆迁管理条例》同时废止。

国有土地上房屋
征收与补偿条例

(二)房屋拆迁形式

房屋拆迁主要有两种：自行拆迁和委托拆迁。

自行拆迁是指拆迁人自己对被拆迁人进行拆迁安置和补偿；委托拆迁是指拆迁人在取得拆迁许可证后，与取得房屋拆迁资格证书的被委托人订立委托拆迁合同，由被委托人组织拆除房屋及其附属物，并负责对被拆迁人进行安置和补偿。

房屋拆迁管理部门不得作为拆迁人，也不得接受拆迁委托。

(三)房屋拆迁协议

1. 房屋拆迁协议的含义

房屋拆迁协议是拆迁人与被拆迁人因房屋拆迁而达成的明确双方相互权利、义务的书面协议。

当所拆迁的房屋为非租赁房屋时，由拆迁人与被拆迁人订立补偿安置协议，当所拆迁的房屋为租赁房屋时，拆迁人则应与被拆迁人及房屋承租人共同签订补偿安置协议。

2. 房屋拆迁协议的主要条款

房屋拆迁协议的主要条款有：被拆除房屋的坐落地点、面积和用途；补偿形式，是作价补偿还是产权调换，是一次安置还是先行临时过渡；补偿金额；安置用房面积；安置地点；搬迁过渡方式，是自行过渡还是提供周转房过渡；过渡期限即回迁期限；违约责任。

拆迁协议还必须写明：双方当事人的姓名、住址；协议生效的日期；协议的份数；补助费、搬家费的金额；协议是否需要公证等。

拆迁补偿安置协议签订后，是否进行公证，一般由当事人自由选择。但是，若拆除代管房屋，代管人是房屋拆迁主管部门的，即指拆除房地产管理局直管公房的，拆迁补偿安置协议必须到房屋所在地的公证机关进行公证，并办理拆迁补偿、安置的证据保全，拆迁协议才能正式生效。

二、房屋拆迁补偿

(一)拆迁补偿的概念

所谓拆迁补偿是指拆迁人因拆除、迁建被拆迁人的房屋及其附属物,使被拆迁人受到一定的经济损失,而根据国家法律、法规的有关规定给予被拆迁人的一定补偿。拆迁补偿的范围是被拆除的房屋及其附属物。但拆除违章建筑,超过期限的临时建筑不予补偿。

拆除未超过批准期限的临时建筑,按临时建筑在使用期限内的残存价值并参考剩余期限,给予适当补偿。

(二)拆迁补偿形式

拆迁补偿的形式有两种:货币补偿和产权补偿。采用何种补偿方式,一般情况下,可由被拆迁人自行选择。

1. 货币补偿

货币补偿,是指拆迁人对拆除的房屋,按其价值,以付给货币的方式对被拆迁人的经济损失进行补偿。

货币补偿的金额,按等价有偿的基本原则,根据被拆迁房屋的区位、用途、建筑面积等因素,以房地产市场评估价格确定。对被征收房屋价值的补偿,不得低于房屋征收决定公告之日被征收房屋类似房地产的市场价格。被征收房屋的价值,由具有相应资质的房地产价格评估机构按照房屋征收评估办法评估确定。

被拆迁房屋的区位,是指房屋的地理位置,主要包括在城市或区域中的地位,与市中心、机场、港口、车站、政府机关、同业等重要场所的距离、往来交通的便捷性及其房屋周围环境、景观等。

被拆迁房屋的用途,是指其所有权证书上所标明的用途,所有权证书上未标明用途的,以产权档案中记录的用途为准。产权档案中也未记录用途的,以实际用途为准,但其实际用途必须是已依法征得规划部门同意,并取得合法手续的方为有效。

在确定补偿金额时,除房屋的区位、用途和建筑面积外,还应考虑被拆迁房屋的成新程度、权益状况、建筑结构形式、使用率、楼层、朝向等因素。

2.产权调换

产权调换,就是拆迁人以其他的或再建的房屋与被拆迁人的被拆迁房屋相交换,使被拆迁人对拆迁人提供的房屋拥有所有权。

产权调换时,拆迁人与被拆迁人应按规定计算出被拆迁房屋的补偿金额和所调换房屋的价格,然后结清产权调换的差价。

所调换房屋的价格,如是通过购买方式取得的,原则上不得高于购买价格,但购买时间较早、现已升值的除外;如是原地回迁,其价格由拆迁人与被拆迁人根据市场情况协商议定,协商不成的,则另行选择调换房屋。

拆迁非公益事业房屋的室外厕所、门斗、烟囱、化粪池等附属物,不作产权调换,只给予货币补偿。

三、房屋拆迁安置与补助

(一)房屋拆迁安置

拆迁安置是拆迁人因拆除被拆迁人的房屋而对被拆除房屋使用人所做的用房安排处置,可分为长期安置和临时安置。

长期安置是拆迁人一次性解决房屋使用人的安置问题,它包括货币补偿和现房产权调换;临时安置是指一次性安置有困难时,由拆迁人为被拆迁房屋使用人提供临时周转用房或由被拆除房屋使用人自行寻找房屋过渡而由拆迁人付给临时安置补助费的一种安置方式。

拆迁人必须提供符合国家质量安全标准的房屋,用于拆迁安置;而周转房的使用人也应按时腾、退周转房,不得在取得安置用房之后拒不迁走,也不得强占周转房。

(二)房屋拆迁补助

房屋拆迁补助是指拆迁人对被拆迁人或房屋承租人因房屋拆迁而产生的一些费用的必要补助,它包括搬迁补助费、临时安置补助费和停产、停业补偿费。

1. 搬迁补助费

由于房屋被拆迁,该房屋的使用人必须搬迁至其他地方,而这必然会发生一定的费用,拆迁人对此理应承担一定的责任。拆迁人应支付给拆迁房屋使用人搬迁补助费:当房屋是由被拆迁人自己使用的,付给被拆迁人;当房屋是由承租人使用的,则支付给承租人。搬迁补助费标准由各省、自治区、直辖市人民政府规定。

2. 临时安置补助费

临时安置补助费,是指拆迁人对被拆迁人或者房屋承租人能在过渡期内自行安排住处可能发生费用的补助,通常又称为过渡费。临时安置补助费的付费期限为整个过渡期,即拆迁协议中约定的将被拆迁房屋交由拆迁人拆除之日起至被拆迁人搬迁至拆迁人提供的新安置用房之日止的时间。临时安置补助费标准由各省、自治区、直辖市人民政府规定。对于被拆迁人或房屋承租人使用由拆迁人提供的周转房的,拆迁人将不付给临时安置补助费。

如应拆迁人的责任延长过渡期限的,不管是自行安排住处的,还是使用拆迁人提供的周转房的,无论是被拆迁人或房屋承租人,拆迁人都应自逾期之日起向其付给临时安置补助费。

3. 停产、停业补偿费

这是指在拆迁生产、经营用房时,拆迁人给予被拆迁人因拆迁而造成的停产、停业损失的适当补偿。它只在采用产权调换这种方式时才会发生。如采用货币补偿方式,在评估作价时,对停产、停业的损失已作充分考虑,所以不再另行付给停产、停业补偿费。

补偿标准由各地具体规定,实际操作中可委托评估机构进行评估。

第六节　住宅建设与物业管理

一、住宅建设

（一）城镇个人建造住宅的法律规定

1. 使用范围和调整对象

使用范围是市、镇和未设镇建制的县城、工矿区；调整对象是在城镇有正式户口、住房确有困难的居民或职工，对于夫妻有一方在农村的，一般不得申请在城镇建造住宅。

2. 个人建造住宅的形式

个人建造住宅主要有自筹自建、民建公助、互助互建这几种形式：

（1）自筹自建

自筹自建即完全由居民或职工自己投资，在材料和施工方面不享受任何补贴的建设方式。采用这种方式建造的住宅，其所有权属于建造者个人所有。

（2）民建公助

民建公助即以居民或个人投资为主，人民政府或职工所在单位在土地的征用、资金、材料、运输、施工等方面给予适当帮助的建设方式，但补贴金额不得超过住宅总造价的20％。补贴应当从本单位自有资金中解决，不得列入生产成本或挤占行政、事业费。采用这种方式建造的住宅，其建造人只享有部分所有权，具体规定由房屋所在地城市人民政府或补贴单位与建造人协商议定。

（3）互助互建

互助互建即居民或职工互相帮助、共同投资，新建或扩建住宅。用这种方式建造的住宅，其所有权属于共有，建造者个人按照出资比例享有相应的所有权。

3. 建造住宅的程序

住宅建造人想要建造住宅，应遵循以下程序：

（1）住宅建造人应当持所在单位或所在地居民委员会开具的证明，向房屋所在地的房地产行政主管部门提出申请，经审核批准后，发给准予建造住宅的批准文件；

（2）住宅建造人向城市规划行政主管部门申请建设用地规划许可证；

（3）向土地管理部门申请办理建设用地手续；

（4）向城市规划行政主管部门申请办理建设工程规划许可证；

（5）向建设行政主管部门申请办理开工手续；

（6）工程施工；

（7）竣工验收；

（8）办理房屋所有权登记手续。建造人必须在工程竣工后一个月内，持建设工程规划许可证和建筑图纸向房屋所在地房地产行政主管部门申请验查，经审查合格后，发给房屋所有权证。

（二）城镇住房制度改革的有关规定

我国陆续出台了多项规定改革城镇住房制度,如国务院下发的《关于进一步深化城镇住房制度改革加快住房建设的通知》(1998 年第 23 号文件)、国务院住房制度改革领导小组下发的《关于加强住房公积金管理的意见》(1996 年 7 月 3 日)、国务院住房制度改革领导小组、建设部、国家税务总局联合发布的《城镇住宅合作社管理暂行办法》(1992 年 2 月 14 日)等。

关于进一步深化城镇住房制度改革加快住房建设的通知

关于加强住房公积金管理的意见

城镇住宅合作社管理暂行办法

城镇住房制度主要有住房公积金制度、住宅合作社制度与安居工程建设制度等。

1. 住房公积金制度

（1）住房公积金的概念

住房公积金是指国家机关、国有企业、城镇集体企业、外商投资企业、城镇私营企业及其他城镇企业、事业单位、民办非企业单位、社会团体等单位及其在职职工缴存的长期住房储金。

职工个人缴存的住房公积金和职工所在单位为职工缴存的住房公积金,属于职工个人所有。职工有下列情形之一的,可以提取职工住房公积金账户内的存储金额:

①购买、建造、翻建、大修自住房的;

②离休、退休的;

③完全丧失劳动能力,并与单位终止劳动关系的;

④出境定居的;

⑤偿还购房贷款本息的;

⑥房租超出家庭工资收入的规定比例的。

职工死亡或者被宣布死亡的,职工的继承人、受遗赠人可以提取职工住房公积金账户内的存储金额;无继承人也无受遗赠人的,职工住房公积金账户内的存储余额纳入住房公积金的增值收益。

缴存住房公积金的职工,在购买、建造、翻建、大修自住房时,可以向住房公积金管理中心申请住房公积金贷款。

（2）住房公积金的管理机构

住房公积金的管理机构为住房公积金管理委员会及住房公积金管理中心。其中,住房公积金管理委员会为决策机构,而住房公积金管理中心则负责住房公积金的管理运作。住房公积金管理委员会的成员中,人民政府负责人和建设、财政、人民银行等有关部门负责人及有关专家占 1/3,工会代表和职工代表占 1/3,单位代表占 1/3。

住房公积金管理委员会主任应当具有社会公信力的人士担任。住房公积金管理委员会的职责为:

①依据有关法律、法规和政策,制定和调整住房公积金的具体管理措施,并监督

实施；

②依据法律规定，拟订住房公积金的具体缴存比例；

③确定住房公积金的最高贷款额度；

④审批住房公积金归集、使用计划；

⑤审批住房公积金增值收益分配方案。

住房公积金管理中心是直属城市人民政府的不以营利为目的的独立的事业单位。它履行下列职责：

①编制、执行住房公积金的归集、使用计划；

②负责记载职工住房公积金的缴存、提取、使用等情况；

③负责住房公积金的核算；

④审批住房公积金的提取、使用；

⑤负责住房公积金的保值和归还；

⑥编制住房公积金的归集、使用计划执行情况的报告；

⑦承办住房公积金管理委员会决定的其他事项。

（3）住房公积金的管理办法

住房公积金的管理实行住房公积金管理委员会决策、住房公积金管理中心运作、银行专户存储、财政监督的原则。

住房公积金的存、贷利率由中国人民银行提出，经征求国务院建设行政主管部门的意见后，报国务院批准。

单位应当到住房公积金的管理中心办理住房公积金缴存登记，经住房公积金管理中心审核后，到受委托银行为本单位职工办理住房公积金账户设立手续。每个职工只能有一个住房公积金账户。

住房公积金管理中心应当建立职工住房公积金明细账，记载职工个人住房公积金的缴存、提取等情况。住房公积金管理中心编制的住房公积金年度预算、决算，应当经财政部门审核后，提交住房公积金管理委员会审议。

住房公积金管理中心应当每年定期向财政部门和住房公积金管理委员会报送财务报告，并将财务报告向社会公布。住房公积金管理中心应当依法接受审计部门的审计监督。

住房公积金财务管理和会计核算的办法，由国务院财政部门商国务院建设行政主管部门协商制定。

2．城镇住宅合作社制度

为了鼓励城镇职工、居民投资合作建造住宅，解决城镇居民住房困难，改善居住条件，加强对城镇住宅合作社的组织与管理，1992 年 2 月国务院住房制度改革领导小组、建设部、国家税务总局发布了《城镇住宅合作社管理暂行办法》（以下简称《暂行办法》）。其主要内容包括以下几个方面：

（1）住宅合作社的定义及其任务

《暂行办法》规定："本办法所称住宅合作社，是指经市（县）人民政府房地产行政主管部门批准由城市居民、职工为改善自身住房条件而自愿参加,不以盈利为目的的公益性合作经济组织,具有法人资格。"

住宅合作社的主要任务是:"发展社员,组织本社社员合作建造住宅;负责社内房屋的管理、维修和服务;培育社员互助合作意识;向当地人民政府有关部门反映社员的意见和要求;兴办为社员居住生活服务的其他事宜。"

(2)住宅合作社的主管部门和内部管理机构

《暂行办法》规定:"国务院建设行政主管部门主管全国城镇住宅合作社的管理工作;省、自治区人民政府建设行政主管部门负责本行政区域内城镇住宅合作社的管理工作;县级以上城市人民政府房地产行政主管部门负责本行政区域内住宅合作社的管理工作。"

住宅合作社内部通过社员大会或社员代表大会制定合作社章程,选举产生住宅合作社管理委员会。管理委员会为常设机构,主持本社合作住宅的建设、分配、维修、管理等日常工作。

(3)住宅合作社的形式

住宅合作社在当地房地产行政主管部门指导下,可以建立以下三种类型:

①由当地人民政府的有关机构,组织本行政区域内城镇居民参加的社会型住宅合作社,如由街道办事处、区政府牵头组织的由本街道居民或本区居民参加的住宅合作社。

②由本系统或本单位组织所属职工参加的系统或单位的职工住宅合作社,如银行组织的金融系统的住宅合作社等。

③当地人民政府房地产行政主管部门批准的其他类型的住宅合作社。

(4)住宅合作社的设立、变更和终止

组建住宅合作社需经组建单位的上级主管部门同意,成立筹建机构,由筹建机构向县级以上(含县级)人民政府房地产行政主管部门提出书面申请。经审查批准后,方可设立住宅合作社。

住宅合作社的合并、分立或终止,需经社员大会或社员代表大会讨论决定,并经住宅合作社原组建单位同意后,报县级以上人民政府房地产行政主管部门批准。

住宅合作社的合并、分立或终止时,必须保持社内财产,依法清理房屋产权产籍、债权债务,向社员大会或社员代表大会提交房屋产权清理和财务结算报告并获通过后,方可办理变更和注销手续。

(5)合作住宅的建设

合作住宅的建设计划由县级以上城市人民政府房地产行政主管部门根据合作社集资情况和当地人民政府、社员所在单位给予的优惠和资助情况制定。由于合作建房主要是以自筹资金为主,所以合作建房可不受固定资产投资规模的限制,但其所需的建设指标和建筑材料要列入年度计划。

合作住宅的建设资金主要靠住宅合作社筹集,其主要渠道有:社员交纳的资金、银行贷款、政府和社员所在单位资助的资金、其他合法收入的资金。住宅合作社筹集的住房资金必须全部用于社内合作住宅的建设、维修和管理。住房资金应当存入指定银行，并可根据存款情况，向银行申请低息贷款。

合作住宅的建设可以由住宅合作社自行组织建设，也可以委托其他单位建设。建设合作住宅，原则上应当纳入住宅小区的统一规划，实行综合开发，配套建设。合作住宅建成后，由住宅合作社自行验收或由当地人民政府房地产行政主管部门组织验收。

（6）合作住宅的管理与维修

住宅合作社管理委员会应当根据国家和地方有关房地产管理的政策法规，制定社内合作住宅的管理和维修办法，并负责组织实施。

合作住宅应当以社员自住为目的。社员家庭每户合作建房的面积控制标准，由省、自治区、直辖市人民政府建设行政主管部门或房地产行政主管部门依照国家有关规定制定。合作住宅由于享受了国家、单位补贴，并且在税收、市政设施配套等方面享受了补贴，所以规定合作住宅不得向社会出租、出售。社员全部解决了住房问题，该合作社要么接纳新社员，要么只负责合作住宅的维修养护和管理工作。分配到合作住宅的社员如不需要住宅时，需将所住住宅退给本合作社。住宅合作社以重置价结合成新计算房价，按原建房时个人出资和合作社出资比例，向社员个人退款。

合作住宅的维修养护可以由合作社与社员签订协议，也可以由合作社承担维修养护责任，由社员承担费用。住宅合作社可以自建修缮队伍，也可以委托代修。

（7）合作住宅的产权形式

合作住宅，由于其建设时出资方式不同，合作住宅所有权形式不同。一般可划分为产权合作社所有、社员个人所有、住宅合作社与社员个人共同所有三种形式。

①合作社所有的合作住宅是指全部由住宅合作社出资（这里包括政府和社员所在单位给予的优惠和资助）建设的合作住宅。这种合作住宅产权完全归合作社所有，可采取出租给社员或以优惠价出售给社员。

②社员个人所有的合作住宅是指完全由社员个人出资，合作社帮助社员办理征地、建设等手续。虽然这种住宅产权完全属个人所有，但由于是合作住宅，享受了国家在政策上、资金上的优惠，仍不能向社会出租、出售。

③住宅合作社与社员个人共同所有的合作住宅是指由住宅合作社和个人共同出资建设的合作住宅。这种共有住宅随着双方的出资比例不同而不同，应由住宅合作社与社员个人在合作建房协议书上注明社员个人出资占住宅全部建设资金的比例份额。由于合作住宅产权多元化，所以合作住宅建成后，一般应由管理委员会统一向当地房地产行政主管部门办理产权登记手续，领取房屋所有权证和土地使用权证。

3．住房供应体系

（1）住房供应体系的概念

为使城镇住房制度改革得以顺利进行，国家非常重视住房供应体系的建立，对不同收入家庭实行不同的住房供应政策。最低收入家庭租赁由政府或单位提供的廉租住房；中低收入家庭购买经济适用住房；其他收入高的家庭购买、租赁市场价的商品住房。针对我国现有国情，要重点发展经济适用住房。购买经济适用住房和承担廉租住房实行申请、审批制度,具体办法由市(县)人民政府制定。

(2)各类住房价格

廉租住房的租金实行政府定价,具体标准由市(县)人民政府制定。新建的经济适用住房出售价格实行政府指导价,按保本微利原则确定。其中经济适用住房的成本包括征地和拆迁补偿费、勘察设计和前期工程费、建安工程费、住宅小区基础设施建设费(含小区非营业性配套公建费)、管理费、贷款利息和税金7项因素,利润控制在3%以下。要控制经济适用住房设计和建设标准、大力降低征地拆迁费用,理顺城市建设配套资金来源,控制开发建设利润,取消各种不合理收费,切实降低经济适用住房建设成本,使经济适用住房价格与中低收入家庭的承受能力相适应,促进居民购买住房。

二、物业服务

(一)物业服务概述

1. 物业服务的概念

物业服务,习惯上称为物业管理。它是指物业服务企业接受业主(即房屋所有权人)的委托,依据合同约定,对房屋及与之相配套的设备、设施和相关场地进行专业化维修、养护,维护相关区域内环境卫生和公共秩序,并提供相关服务活动。

物业服务是集管理、经营、服务为一体的,走社会化、专业化、企业化经营之路,最终目的是实现社会效益、经济效益、环境效益的统一。

2. 物业服务的性质

物业服务是一种社会化、专业化经营型的管理服务。

(1)社会化

物业服务变多个产权单位、多个管理部门的多头、多家管理为一家统一管理,从而提高了对物业的社会化管理程度。

(2)专业化

物业服务是由专门的物业服务企业通过法律、法规的规定或合同的约定,按照产权人的意志和要求,利用专门的技术和管理手段,对合同中约定的物业,在其职权范围内提供的专业化管理服务。

(3)经营型管理服务

物业服务企业通过自己的管理服务活动,使物业的产权人权利和利益得到保障,作为受益人的物业产权人应按合同的约定,向物业服务企业支付报酬。

3. 物业服务的职能

物业服务主要有服务、管理与经营这三种职能:

(1)服务

服务是物业服务的主要职能。服务的内容主要有:公共服务,即为物业的产权人和使用人提供经常性基本服务,如治安、消防、绿化、环卫等;专项服务,如各种设备、设施的维修等;特约服务,即为满足特定的物业产权人的特别需求而提供的服务,如代管房屋、代托小孩、代请医生等。

（2）管理

管理是物业服务为完成服务职能而必须具有的另一职能,它是依据物业服务企业与物业所有权人签订的合同进行的综合管理,内容主要有:制定物业管理服务的各种规章制度,如管理标准、操作规范、服务标准、物业区管理办法等;协调物业所有人相互之间的关系;管理物业档案等。

（3）经营

根据物业产权人的需要,可以实行多种经营,以其收益补充小区管理服务经费。

(二)新建住宅小区管理

新建住宅小区管理,属于物业管理的重要内容。

1. 新建住宅小区管理的基本原则

新建住宅小区管理应遵循以下基本原则:

(1)服务第一,方便群众;

(2)按合同进行管理;

(3)统一管理与综合服务相结合。

2. 物业管理公司的职责

物业管理公司根据相关法规具有以下制作:

(1)根据有关法规,制定小区管理办法;

(2)依照物业管理合同和小区管理办法对住宅小区实施管理;

(3)依照物业管理合同和有关规定收取管理费用;

(4)组织综合性的生活服务项目,开展便民有偿服务;

(5)加强社会主义精神文明建设,开展创建文明住宅小区活动;

(6)维护居民的正当权益,向所在行政区人民政府及有关部门反映居民的意见和要求。

3. 新建住宅小区的管理内容

新建住宅小区的管理内容主要包括房屋及设备的维护与修缮管理、住宅小区环境的维护管理与开展多种形式的便民有偿服务等。

第七节　房地产权属登记管理

一、地产产权登记

地产产权登记主要包括土地使用权登记、土地所有权登记和土地他项权利登记。地产产权登记的法律凭证有《国有土地使用权证》《集体土地所有权证》和《土地他项权利证明书》。按照《土地登记规则》的规定,地产产权登记分为设定权利登记、变更权利登记和注销土地权利登记。

(一)设定土地权利登记

设定土地权利登记,是指申请人为设定土地使用权、所有权和他项权利,而依法向土地管理部门申请进行登记的活动。其分为以下几种情况:

土地登记规则

(1)以划拨方式取得土地使用权的,新开工的大中型建设项目使用划拨国有土地的,建设单位应当在接到县级以上人民政府发给的建设用地批准书之日起 30 日内,持建设单位用地批准书申请土地预登记,建设项目竣工验收以后,建设单位应当在竣工验收之日起 30 日内,持建设项目竣工验收报告和其中有关文件申请国有土地使用权登记。

其他项目使用划拨国有土地的,土地使用单位或者个人应当在接到县级以上人民政府批准用地文件之日内,持批准用地文件申请国有土地使用权设定登记。

(2)以出让方式取得土地使用权的,受让方应当在按出让合同约定支付全部土地使用权出让金后 30 日内,持土地使用权出让合同和土地使用权出让金支付凭证申请土地使用权设定登记。

(3)国家将国有土地使用权作价入股方式让与股份制企业的,该企业应当在签订入股合同之日起 30 日内,持土地使用权入股合同和其他有关证明文件申请土地使用权设定登记。

(4)依法向政府土地管理部门承租国有土地的,承租人应当在签订租赁合同之日起 30 日内,持土地租赁合同和其他有关证明文件申请土地使用权设定登记。

(5)依法抵押土地使用的,当事人应当在抵押合同签订后 15 日内,持抵押合同及有关文件申请土地使用权抵押登记。土地管理部门应当在被抵押土地的土地登记卡上登记,并向抵押权人颁发土地他项权利证书。

同一宗地多次抵押时,以收到抵押登记申请先后顺序办理抵押登记和实现抵押权。

(6)有出租权的土地使用者依法出让土地使用权的,出租人与承租人应当在租赁合同签订后 15 日内,持租赁合同及有关文件申请土地使用权出租登记。土地管理部门应当在出租土地的土地登记卡上进行登记,并向承租人颁发土地他项权利证书。

(二)变更土地使用权登记

变更土地使用权登记,是指申请人为变更土地使用权、所有权和他项权利,而依法向土地管理部门申请登记的活动。申请变更土地使用权登记,申请者应当按规定申报地价;未申报地价的,按宗地标定地价进行登记。变更土地使用权登记主要有以下几种情况:

(1)划拨土地使用权依法办理土地使用权出让手续,土地使用者应当在缴纳土地使用权出让金后 30 日内,持土地使用权出让合同、出让金缴纳凭证及原《国有土地使用证》申请变更登记。

(2)企业通过出让或者国家入股等形式取得的土地使用权,再以入股方式转让的,转让双方当事人应当在入股合同签订之日起 30 日内,持出让或者国家入股的方式取得土地使用权的合法凭证、入股合同和原企业的《国有土地使用证》申请变更登记。

（3）集体土地所有者将集体土地使用权作为联营条件兴办三资企业和内联企业的，双方当事人应当在联营合同签订后 30 日内，持县级以上人民政府批准文件和入股合同申请变更登记。

（4）依法转让土地使用权的，即因买卖、转让地上建筑物、附着物等一并转移土地使用权的，土地使用权转让双方当事人应当在转让合同或者协议签订后 30 日内，涉及房产变更的，在房产变更登记发证后 15 日内，持转让合同或者协议、土地税费缴纳证明文件和原土地证书等申请变更登记。

房屋所有权变更而使土地使用权变更的，在申请变更登记时，应当提交变更后的房屋所有权证书。

（5）因单位合并、分立、企业兼并等原因引起土地使用权变更的，有关方面应当在合同签订后 30 日内或者在接到上级主管部门的批准文件后 30 日内，持合同或者上级主管部门的批准文件和原土地证书申请变更登记。

（6）因交换、调整土地而发生土地使用权、所有权变更的，交换、调整土地的各方应当在接到交换、调整协议批准文件后 30 日内，持协议、批准文件和原土地证书共同申请变更登记。

（7）因处分抵押财产而取得土地使用权的权利人和原抵押人应当在抵押财产处分后 30 日内，持有关证明文件申请变更登记。

（8）商品房预售。预售人应当在预售合同签订后 30 日内，将预售合同报县级以上人民政府房产管理部门和土地管理部门登记备案簿，记录预售人和预购人名称、商品房所占土地位置、预售金额、交付使用日期、预售面积等内容。

（9）出售公有住房。售房单位与购房职工应当在县级以上地方人民政府房产管理部门登记房屋所有权之日起 30 日内，持公房出售批准文件、售房合同、房屋所有权证书和售房单位原土地证书申请变更登记。

（10）土地使用权抵押期间抵押合同发生变更的，土地使用权出租期间租赁合同发生变更的及变更其他土地他项权利的，当事人应当在变更之日起 15 日内申请变更登记。

（11）依法继承土地使用权和土地他项权利的，或涉及其他形式的土地使用权、所有权和土地他项权利变更的，继承人或其他当事人应当在发生变更之日起 30 日内，持有关证明文件申请变更登记。

（12）土地使用者、所有者和土地他项权利享有者更改名称、地址和依法变更土地用途的，必须依照规定向土地管理部门申请登记。

（三）土地注销登记

集体所有的土地依法被全部征用或者农业集体经济所属成员依法转为城镇居民的；县级以上人民政府依法收回国有土地使用权的；国有土地使用权出让或者租赁期满，未申请续期或者续期申请未获批准的；因自然灾害等造成土地权利灭失的；土地他项权利终止的，土地使用者、所有者和土地他项权利享有者，均应依法办理注销登记。

土地使用者、所有者和土地他项权利享有者未按照规定申请注销登记的,土地管理部门可以依照规定直接注销土地登记,注销土地证书。

二、房地产产权登记

凡在城市、县城、建制镇和工矿区范围内的房屋,都必须到房屋所在地的市、县级房地产行政主管部门登记,领取《房屋所有权证》或《房地产权证》,共有的房屋应当领取《房屋共有权证》。全民所有的房屋,《房屋所有权证》或其他权利证书发给国家授权的管理部门;集体所有的房屋和私有房屋,《房屋所有权证》或其他权利证书直接发给房屋所有权人。新建成的房屋,应当凭土地使用权证书,向县级以上地方人民政府房产管理部门申请登记,由其核实并颁发房屋所有权证书。房产转让或者变更时,应当向县级以上人民政府房地产行政主管部门申请房产变更登记,并凭变更后的房屋所有权证向同级人民政府土地管理部门申请土地使用权变更登记。

三、房地产抵押登记

土地使用权抵押权的设立、变更和消灭应依法办理土地登记手续。土地使用权抵押合同经登记后生效,未经登记的土地使用权无效。

第八节　房地产管理中的法律责任

一、房地产违法与法律责任

(一)房地产违法的概念

房地产违法,是指违反房地产法律规定,依法应承担法律责任的行为。这种行为,包括同房地产法律规范的要求相对立的行为和超越房地产法律规范允许范围的行为。即房地产法律关系的主体对房地产法禁止行为而为之,对房地产法规定应为之行为而不为,从而违反了房地产法律规范。

(二)房地产违法的种类

房地产违法按其性质来划分,可分为房地产行政违法、房地产民事违法和房地产刑事违法三大类。

1. 行政违法

房地产行政违法是指违反房地产行政法律规范,依法应当承担行政法律责任的行为。它可分为两种情况,一种是国家机关及其工作人员在履行自己职责时违反房地产法律规范的行为;另一种是公民、法人或其他社会组织违反房地产行政法律规范的行为。

2. 民事违法

房地产民事违法是指违反房地产民事法律规范,依法应当承担民事法律责任的行为。这些行为主要包括侵犯国有土地使用权;违反房屋所有权;侵犯房地产买卖、赠与、继承、抵押、典当和房屋租赁等合同的行为。

3. 刑事违法

房地产刑事违法是指违反房地产刑事法律规范,依法应当承担刑事法律责任的行为。如《城市房地产管理法》第七十一条所规定的房产管理部门、土地管理部门工作人员玩忽职守滥用职权,或利用职务上的便利,索取他人财物,或非法接受他人财物为他人谋取利益,构成犯罪的,依法追究其刑事犯律责任。

(三)房地产法律责任

房地产法律责任,是指由房地产违法行为引起的依法所应承担的带有强制性的责任。这种责任与道义责任、纪律责任不同,它是国家以其强制力做后盾,对房地产违法行为人造成的危害后果的追究。房地产法律责任与房地产违法相对应,从性质上来划分,可分为房地产行政法律责任、房地产民事法律责任和房地产刑事法律责任。

二、房地产行政法律责任

房地产行政法律责任,是指由房地产法律规范规定,以国家强制力作后盾,通过行政法程序,追究房地产违法行为人的责任。

根据我国《城市房地产管理法》的规定,房地产行政法律责任的承担方式分为行政处分和行政处罚两类。

(一)行政处分

下列情形给予违法者相应的行政处分:

(1)擅自批准出让或者擅自出让土地使用权用于房地产开发的,由上级机关或者所在单位给予有关责任人员行政处分;

(2)没有法律、法规的依据,向房地产开发企业收费,情节严重的,由上级机关或者所在单位给予直接责任人员行政处分;

(3)房产管理部门、土地管理部门工作人员玩忽职守,滥用职权,不构成犯罪的,给予行政处分;

(4)房产管理部门、土地管理部门工作人员利用职务上的便利,索取他人财物,或者非法收受他人财物为他人谋取利益,不构成犯罪的,给予行政处分。

行政处分的形式有警告、记过、记大过、降级、撤职、开除 6 种。

(二)行政处罚

下列情形给予违法者相应的行政处罚:

(1)未取得营业执照擅自从事房地产开发业务的,由县级以上人民政府工商行政管理部门责令停止房地产开发业务活动,没收违法所得,可以并处罚款;

(2)未按照出让合同约定支付全部土地使用权出让金,并取得土地使用权证书,转让土地使用权的,由县级以上人民政府土地管理部门没收违法所得,可以并处罚款;

(3)以划拨方式取得土地使用权,转让房地产时,没按国务院规定报批,或未依照国家有关规定缴纳土地使用权出让金的,由县级以上人民政府土地管理部门责令缴纳土

地使用权出让金,没收违法所得,可以并处罚款;

(4)没有交付全部土地使用权出让金,并取得土地使用权证书,预售商品房的,由县级以上人民政府房产管理部门责令停止预售活动,没收违法所得,可以并处罚款;

中华人民共和国
民法典

(5)未取得营业执照擅自从事房地产中介服务的,由县级以上人民政府工商行政管理部门责令停止房地产中介服务业务活动,没收违法所得,可以并处罚款。

三、房地产民事法律责任

房地产民事法律责任是指由房地产民事法律规范规定,以国家强制力作后盾,通过民事法律程序追究房地产违法人的责任。

房地产民事法律责任通过民事法律程序予以追究。原则上应由民事权利被侵害人主张,人民法院无主动追究民事责任的职能。

根据我国《中华人民共和国民法典》的有关规定,房地产民事法律责任的承担方式有以下几种:

1. 确认房地产产权

当房屋所有权、土地所有权、土地使用权归属不明,双方当事人为其发生争议时,当事人可以向人民法院或仲裁机构提起诉讼或仲裁申请,确认房地产权归属。

2. 停止侵害

在房地产权属明确的前提下,如果权利人所有或使用的房地产受到他人不法侵害,则权利人可诉请人民法院责令侵害人停止侵害。

3. 排除妨碍

房地产权利人在行使房地产权利时,如果受到他人妨碍,可诉请人民法院排除妨碍。

4. 消除危险

当他人的行为可能对房地产权利人的房地产造成危险时,房地产权利人可诉请人民法院责令行为人消除危险。

5. 返还房地产产权

当房地产权利人的房地产被他人非法占有时,房地产权利人可诉请人民法院责令违法房地产人返还该房地产产权。

6. 恢复原状

当房地产权利人的房地产被他人损坏、拆除或变更物质形态时,房地产权利人可诉请人民法院责令恢复原状。

7. 赔偿损失

当房地产因受他人不法侵害而造成损失,而又无法恢复原状时,房地产权利人可诉请人民法院责令其赔偿损失。

8. 返还不当得利

对他人因侵害房地产权利人的房地产权而得到不具有法律依据的收益时,可诉请人民法院返还不当得利。

上述房地产民事责任的承担方式,可单独适用,也可合并适用。

四、房地产刑事法律责任

房地产刑事法律责任,是指由房地产刑事法律规范规定,以国家强制力作后盾,通过刑事法律程序,追究房地产违法人的责任。

房地产刑事法律责任是违反房地产法最严重的一种法律责任。

根据《城市房地产管理法》第七十一条的规定,房产管理部门、土地管理部门工作人员玩忽职守,滥用职权,构成犯罪的,依法追究刑事责任。房产管理部门、土地管理部门工作人员利用职务上的便利,索取他人的财物,或者非法接受他人财物为他人谋取利益,构成犯罪的,依照惩治贪污罪贿赂罪的补充规定追究刑事责任。

案例分析

案例 7-1

一、背景

2013 年 11 月 3 日,秦永飞购买了横山县建新房地产开发有限公司开发的商品房一套,双方签订了《商品房买卖合同》。按照合同约定,地产公司应于2015 年 6 月 30 日前依照国家和地方政府的有关规定将该商品房经分期综合验收合格并符合本合同约定的商品房交付于秦永飞。合同签订后,秦永飞依合同约定向被告交付首付,并于 2013 年 12 月 24 日办理购房按揭手续。地产公司应于 2015 年 6 月 30 日向秦永飞交付符合交付条件的房屋。商品房达到交付使用条件后,出卖人应当书面或者电话通知买受人办理交付手续。由于买受人原因,未能按期交付的,双方同意按以下方式处理:买受人逾期不办理交接手续的,视为已办理交接,交接所产生的费用由买受人承担。补充协议约定,双方当事人同意合同中规定的"书面通知"方式外,电话、信函、传真、挂号信等也是通知的方式,均视为有效。同时对违约方式亦进行了约定。

2015 年 6 月 19 日,横山县建新房地产开发有限公司开发的信天游商住小区经建设、监理、勘察、施工、设计五方单位竣工初验为合格工程。2015 年 6 月 6 日,地产公司发出交房通知书,交房时间为 2015 年 6 月 24 日至 2015 年 6 月 30 日。秦永飞在得知交房消息后,以所买被告开发的信天游商住小区的房屋未组织实施专项验收,从而不符合交付条件,况且信天游商住小区存在违建不能通过验收为由拒绝接受所购买的房屋。秦永飞遂提起诉讼至法院。

二、问题

横山县建新房地产开发有限公司向秦永飞履行交付商品房义务时,案涉合同商品房是否具备交付条件?

三、分析

首先,本案中,原告正是根据与被告之间存在合同因此向法院提起诉讼。原告秦永飞与被告横山县建新房地产开发有限公司签订的商品房买卖合同系双方当事人真实意思表示,内容未违反法律法规强制性规定,应认定为有效合同。

其次,根据《城市房地产开发经营管理条例》第十七条的规定,未经竣工验收合格的不得交付使用。该规定属于国家强制性规定。而法律法规并没有规定未经综合验收的不得交付使用,因此竣工验收合格才是交付的强制性条件。本案涉合同以商品房作为基础约定,验收内容为分期综合验收,约定的分期综合验收应系商品房建设工程的竣工验收,结合有关房地产交付实践情况,应当理解为竣工验收合格才是交付的强制性规定。信天游小区于 2015 年 6 月 19 日经建设、设计、监理、施工、勘察等单位验收,质量为合格。因此,该验收符合双方当事人合同项下约定的交付条件,案涉合同商品房具备交付条件。

案例 7-2

一、背景

2014 年 1 月 10 日,狮岭房地产开发公司作为甲方,林健、林冠峰作为乙方与狮岭皮具皮革城公司作为丙方签订《挂靠合同》,约定乙方挂靠甲方对"海逸苑"项目进行建设开发。土地使用性质为住宅用地。已取得该项目的《修建性详细规划》的审批,并办理了该项目的《国有建设用地规划许可证》。

二、问题

乙方提供该项目的土地,该项目土地权属人为乙方。甲方同意乙方在不违反法律法规和本合同约定的前提下,以甲方名义对该项目进行开发、建设、销售,乙方须向甲方支付挂靠管理费,甲方提供开发建设所需的有效资质,按照国家开发商品房的程序,协助办理房地产开发、报建、施工、办房产证等一切手续,甲方协助办理该项目有关的立项、规划、施工报批手续。乙方负责工程的招标、投资、开发、施工、销售、收款、宣传,若除上述以外因该项目所产生的开发经营涉及的其他一切费用、有关法律责任及相关的经济纠纷均由乙方负责。乙方不按本协议规定时间缴付挂靠费,则每日按拖欠款的万分之五向甲方缴付违约金。若超期一个月,甲方有权终止本协议的执行。合同并对其他权利义务进行了约定。各方均确认林健、林冠峰受圣地公司的委托签订《挂靠合同》。

问题:成立房地产开发企业,应当具备什么条件? 各方签订的《挂靠合同》是否有效,为什么?

三、分析

(1)《中华人民共和国城市房地产管理法》第三十条规定,房地产开发企业

是以营利为目的,从事房地产开发和经营的企业。设立房地产开发企业,应当具备下列条件:

①有自己的名称和组织机构;

②有固定的经营场所;

③有符合国务院规定的注册资本;

④有足够的专业技术人员;

⑤法律、行政法规规定的其他条件。

设立房地产开发企业,应当向工商行政管理部门申请设立登记。工商行政管理部门对符合本法规定条件的,应当予以登记,发给营业执照;对不符合本法规定条件的,不予登记。

《城市房地产开发经营管理条例》第五条第一款规定,设立房地产开发企业,除应当符合有关法律、行政法规规定的企业设立条件外,还应当具备下列条件:

①有100万元以上的注册资本;

②有4名以上持有资格证书的房地产专业、建筑工程专业的专职技术人员、2名以上持有资格证书的专职会计人员。

(2)各方签订的《挂靠合同》无效。

①国家对从事房地产开发经营实行严格准入制度,从事房地产开发经营应具备相应条件,房地产开发经营资质的取得属于行政许可范畴,该资质是市场准入的资格,即没有房地产开发资质的单位,不能进行房地产开发。除了第一问回答的相关规定,《中华人民共和国城市房地产管理法》第六十五条规定:"违反本法第三十条的规定,未取得营业执照擅自从事房地产开发业务的,由县级以上人民政府工商行政管理部门责令停止房地产开发业务活动,没收违法所得,可以并处罚款。"《城市房地产开发经营管理条例》第九条规定:"房地产开发主管部门应当根据房地产开发企业的资产、专业技术人员和开发经营业绩等,对备案的房地产开发企业核定资质等级。房地产开发企业应当按照核定的资质等级,承担相应的房地产开发项目。具体办法由国务院建设行政主管部门制定。"圣地公司并非房地产公司,不具有房地产开发资质。

②案涉的《挂靠合同》中的狮岭房地产公司仅出具资质,需要承担的义务为协助办理开发过程中需要的手续,获得的对价为固定的挂靠费,并不承担开发经营的风险亦不享有开发经营的收益,故案涉的合同实质上并非合资合作开发房地产。不具有房地产开发资质的圣地公司借用狮岭房地产公司的资质开发房地产,狮岭房地产公司出借资质,不参与任何开发活动,而借用人不具备开发能力,这种借用资质开发房地产行为模式与双方均无资质而开发房地产行为模式并无任何差异。借用资质挂靠开发本身系规避法律的行为,不为法律所允许。因此,案涉《挂靠合同》因违反了法律法规的强制性规定而无效,合同无效。

思考题

1. 请简述房地产法的概念。
2. 什么是土地使用权划拨？适用于哪些情况？
3. 什么是房屋征收与补偿，房屋征收补偿有哪些方式？
4. 什么是房地产抵押，它有哪些特征？
5. 简述我国当前的房地产管理制度。
6. 试述住宅小区物业管理的基本内容。
7. 住宅小区哪些属于业主共有的建筑物或其他构筑物和公共资源？
8. 选聘和解聘物业服务企业由谁决定？如何表决？
9. 物业服务收费的原则是什么？物业服务收费有哪几种形式？

本章测试

259

参考文献

[1] 陈燕,石义海.建设工程法规[M].武汉:武汉大学出版社,2013.

[2] 顾永才,杨雪梅.建设法规[M].2版.北京:科学出版社,2015.

[3] 纪婕.建筑工程法律法规[M].北京:清华大学出版社,2012.

[4] 金国辉.建设法规概论与案例[M].北京:清华大学出版社,2015.

[5] 李海霞,罗少卿.工程建设法规[M].长沙:中南大学出版社,2014.

[6] 李辉.建设工程法规[M].2版.上海:同济大学出版社,2013.

[7] 李永福.建设工程法规[M].北京:中国建筑工业出版社,2011.

[8] 刘庭江.建设工程合同管理[M].北京:北京大学出版社,2013.

[9] 刘文生,夏露.工程合同法律制度与工程合同管理[M].北京:清华大学出版社,2011.

[10] 马楠.建设工程法规实务[M].北京:清华大学出版社,2012.

[11] 王照雯,张建隽.建设法规与案例分析[M].北京:机械工业出版社,2001.

[12] 肖铭,潘安平.建设法规[M].2版.北京:北京大学出版社,2012.

[13] 俞洪良,毛义华.工程项目管理[M].杭州:浙江大学出版社,2014.

[14] 钟秀勇,厚大.钟秀勇讲民法[M].北京:中国政法大学出版社,2014.

[15] 中国交通建设监理协会.交通建设工程安全监理[M].2版.北京:人民交通出版社,2010.

[16] 中国建设监理协会.建设工程监理概论[M].北京:中国建筑工业出版社,2014.

[17] 中国建设监理协会.建设工程合同管理[M].北京:中国建筑工业出版社,2014.

[18] 全国人大常委会法制工作委员会.《中华人民共和国建筑法》释义[M].北京:中国建筑工业出版社,1997.

[19] 全国一级建造师执业资格考试用书编写委员会.建设工程法规及相关知识[M].北京:中国建筑工业出版社,2016.

[20] 杨立新.中华人民共和国民法典条文要义[M].北京:中国法制出版社.

[21] 刘红霞,柳立生,刘欣.建设法规[M].北京:中国水利水电出版社,2020.

[22] 顾永才.建设法规[M].6版.武汉:华中科学技术大学出版社,2021.

[23] 住房和城乡建设部高等学校土建学科教学指导委员会.建设法规教程[M].北京:中国建筑工业出版社,2011.

[24] 俞洪良,毛义华,宋坚达.建设法规与工程合同管理[M].杭州:浙江大学出版社,2017.